Christoph Kühberger (Hrsg.)

Geschichte denken

Österreichische Beiträge zur Geschichtsdidaktik
Geschichte – Sozialkunde – Politische Bildung
Band 7

Herausgegeben von
Reinhard Krammer und Christoph Kühberger

Christoph Kühberger (Hrsg.)

Geschichte denken

Zum Umgang mit Geschichte und Vergangenheit von Schüler/innen der Sekundarstufe I am Beispiel „Spielfilm"

Empirische Befunde – Diagnostische Tools – Methodische Hinweise

StudienVerlag
Innsbruck
Wien
Bozen

© 2013 by Studienverlag Ges.m.b.H., Erlerstraße 10, A-6020 Innsbruck
E-Mail: order@studienverlag.at
Internet: www.studienverlag.at

Buchgestaltung nach Entwürfen von Kurt Höretzeder
Satz: Studienverlag/Roland Kubanda, www.rolandkubanda.com
Umschlag: Studienverlag/Vanessa Sonnewend

Gedruckt auf umweltfreundlichem, chlor- und säurefrei gebleichtem Papier.

Bibliografische Information Der Deutschen Bibliothek
Die Deutsche Bibliothek verzeichnet diese Publikation in der Deutschen Nationalbibliografie; detaillierte bibliografische Daten sind im Internet über <http://dnb.ddb.de> abrufbar.

ISBN 978-3-7065-5260-8

Alle Rechte vorbehalten. Kein Teil des Werkes darf in irgendeiner Form (Druck, Fotokopie, Mikrofilm oder in einem anderen Verfahren) ohne schriftliche Genehmigung des Verlages reproduziert oder unter Verwendung elektronischer Systeme verarbeitet, vervielfältigt oder verbreitet werden.

Inhaltsverzeichnis

Vorwort	9

1. Ausgangspunkte der Untersuchung   11

  1.1. Forschungsstand zum geschichts- und mediendidaktischen Umgang mit Filmen
    Heinrich Ammerer   11

  1.2. Einbettung in die geschichtsdidaktische Diskussion
    Christoph Kühberger   20

  1.3. Historische De-Konstruktion als Teil der historischen Methodenkompetenz
    Christoph Kühberger   26
    1.3.1. Historische De-Konstruktion   26
    1.3.2. Aspekte der historischen De-Konstruktion   30

2. Grundlagen und Prinzipien der Untersuchung   33

  2.1. Forschungsfragen
    Christoph Kühberger/Elfriede Windischbauer   33

  2.2. Forschungsleitende Prinzipien
    Christoph Kühberger   35

3. Aufbau der Untersuchung
Christoph Kühberger   39

  3.1. Untersuchungsaufbau und seine Erhebungsinstrumente   39
  3.2. Auswahl des Filmausschnittes   40
  3.3. Auswahl der Erhebungsgruppe   41
  3.4. Schriftliche Befragung der Schüler/innen   42
  3.5. Qualitative Vertiefungen durch Interviews mit Schüler/innen   48
  3.6. Befragung der Lehrkräfte   48

4. Auswertung
Christoph Kühberger — 49

4.1. Quantitative Auswertung der Schüleressays
Christoph Kühberger/Bianca Schartner — 49

- 4.1.1. Elemente der deskriptiven Statistik — 49
- 4.1.2. Quantitative Erkenntnisse zur Unterscheidung von „Vergangenheit" und „Geschichte" — 53
- 4.1.3. Quantitative Erkenntnisse zur Nutzung von Konzepten — 54
- 4.1.4. Zusammenhangsberechnungen — 56
- 4.1.5. Lehrperson-Lernender-Zusammenhang — 58
- 4.1.6. Fazit zu den quantitativen Aspekten — 65

4.2. Qualitative Auswertung der Schüleressays
Christoph Kühberger — 66

- 4.2.1. Typen von Geschichtsverständnis
  Heinrich Ammerer/Christoph Kühberger — 68
  - 4.2.1.1. Verständnis der Aufgabenstellung — 68
  - 4.2.1.2. Typenbildung — 71
- 4.2.2. Empirische Ebene
  Christoph Kühberger — 81
- 4.2.3. Narrative Ebene
  Christoph Kühberger — 89
- 4.2.4. Normative Ebene
  Christoph Kühberger — 97
- 4.2.5. Metareflexive Ebene
  Christoph Kühberger — 98
- 4.2.6. Fallbeispiele
  Christoph Kühberger — 102
  - 4.2.6.1. Fallbeispiel „Schüler 24" — 103
  - 4.2.6.2. Fallbeispiel „Schüler 99" — 106
  - 4.2.6.3. Fallbeispiel „Schülerin 1" — 109
- 4.2.7. Kritik am Erhebungsinstrument
  Christoph Kühberger — 111

4.3. Filmanalyse – Wie man Helden macht
Sibylle Kampl — 113

5. Fachdidaktische Erkenntnisse und Konsequenzen
Christoph Kühberger — 139

5.1. Geschichtsdidaktische Befunde — 139

5.2. Geschichtsdidaktische Diagnose im Unterrichtsgeschehen — 143

5.2.1. Was ist fachdidaktische Diagnose?	143
5.2.2. Zugänge	144
5.2.3. Diagnostische Kompetenz von Lehrpersonen	145

5.3. Mögliche Diagnoseinstrumente — 147

- 5.3.1. Essays mit offenen Aufgabenstellungen — 147
- 5.3.2. Testformate mit geschlossenen und halboffenen Aufgabenstellungen — 150
- 5.3.3. Portfolios — 153
- 5.3.4. Mit dokumentierten Denk- und Lösungswegen arbeiten — 154

6. Umsetzungsmöglichkeiten für den Unterricht – „1492" als Beispiel — 157

6.1. Möglichkeiten der historischen De-Konstruktion am Beispiel von Spielfilmen über die Vergangenheit

Reinhard Krammer — 157

- 6.1.1. De-Konstruktionskompetenz – ein Ziel historischen Lernens — 157
- 6.1.2. Die Eigengesetzlichkeit des Films — 159
- 6.1.3. Fragen an einen Spielfilm — 162
- 6.1.4. Das Arbeiten mit dem Filmausschnitt — 164
- 6.1.5. Organisation der Filmarbeit – exemplarische Vorschläge für Zugänge zur Arbeit mit Filmen — 165
- 6.1.6. Der Ertrag der Filmarbeit — 166

6.2. Eine „Grammatik" zur historischen De-Konstruktion von Spielfilmen über die Vergangenheit

Christoph Kühberger — 167

- 6.2.1. Kameraperspektive — 169
- 6.2.2. Einstellungsgrößen — 173
- 6.2.3. Filmmusik und Geräusche — 176
- 6.2.4. Einstellungsprotokoll — 183

6.3. Bausteine für die Praxis — 193

- 6.3.1. Begegnung mit der empirischen Ebene des Filmausschnittes – „Das Bordbuch" des Columbus

  Sibylle Kampl — 193

  - 6.3.1.1. Das Bordbuch – Versuch einer Chronologie zur Entstehung einer historischen Quelle — 193
  - 6.3.1.2. Das Bordbuch im Unterricht — 194
  - 6.3.1.3. Systematischer Überblick zu problematischen Punkten der historischen Quelle — 194
  - 6.3.1.4. Ankunft und Landungsszene in einer Gegenüberstellung von Bordbuch und „1492" — 196

6.3.2. Normative Aspekte über die Protagonist/innen erschließen *Christoph Kühberger*	199
6.3.3. Narrative Bausteine in Spielfilmen und Dokumentationen erkennen *Christoph Kühberger*	201

7. Bibliographie 207

8. Anhang 225
8.1. Schriftliche Erhebung/Essayimpuls 225
8.2. Tiefeninterview Schüler/innen 226
8.3. Tiefeninterview Lehrer/innen 227

Abbildungsverzeichnis 228

Autoren/innen 231

Vorwort

Die vorliegende Untersuchung ist das publizierte Ergebnis des Forschungsprojektes *„Geschichte denken' – Medien- und fachdidaktische Diagnostik in der Sek. I als Ausgangspunkt für die Entwicklung von methodischen Kompetenzen im Unterricht im Fach ‚Geschichte und Sozialkunde/Politische Bildung'"*, welches vom *Bundesministerium für Unterricht, Kunst und Kultur* finanziert wurde und an der Pädagogischen Hochschule Salzburg mit Kooperationspartner/innen an der Pädagogischen Hochschule Wien, der Pädagogischen Hochschule Graz, der Universität Salzburg sowie der *Zentralen Arbeitsstelle für Geschichtsdidaktik und Politische Bildung* (ZAG) zwischen November 2010 und Oktober 2012 durchgeführt wurde. Ob das durchaus ambitionierte Ziel, die österreichische empirische fachdidaktische Forschung durch eine qualitative Studie zum Umgang mit Erzählungen über die Vergangenheit zu weiteren ähnlich gelagerten Forschungsvorhaben unter Einbeziehung von Schüler/innen und Lehrer/innen zu inspirieren, erreicht ist, wird sich erst in den nächsten Jahren zeigen. Was jedoch bereits heute festgestellt werden kann, sind die gelungene Kooperation zwischen den einzelnen Partner/innen dieses Projektes und der intensive interinstitutionelle Austausch entlang einer gemeinsamen Forschungsfrage.

Die in der vorliegenden Untersuchung aufgeworfene Frage nach dem Umgang von Schüler/innen der Sekundarstufe I mit Darstellungen der Vergangenheit, die in filmischer Form zur Verfügung gestellt und über konzeptionelle Zugänge der Lernenden erforscht wurden, konzentriert sich auf eine eng umgrenzte Thematik, die dazu im Stande ist, exemplarische Einblicke in die historischen Denkwelten der untersuchten Proband/innen zu liefern.[1] Ein derartiges Eindringen ermöglicht es Lehrer/innen, welche in der Praxis stehen, Anhaltspunkte über Schüler/innen-Vorstellungen zu gewinnen. Gleichzeitig gilt es jedoch zu beachten, dass die Interpretationen der Forschungsergebnisse hilfreich sein können, „wenn auch nicht leitend, denn eine Klasse ist niemals eine Stichprobe aus einer Gesamtheit, wie sie den Forschern[/innen] gegeben ist. Die Klasse ist für die Lehrperson selbst die Ganzheit, um die es geht. Die Ergebnisse der Forschung sind ‚Augenöffner', also Hinweise auf Möglichkeiten, was in der Klasse der Fall sein könnte. Die Varianz der Ergebnisse schützt aber vor zu schneller Homogenisierung, als seien alle Schüler und Schülerinnen gleich."[2] Aus diesem Grund sollen die hier vorgestellten Ergebnisse und die darüber hinaus entwickelten diagnostischen Tools durchaus auch zu selbstständigen fachspezifischen diagnostischen Erkundungen anregen, um weitere konkrete Schülergruppen mit den Ergebnissen in Verbindung zu setzen und um damit einen differenzierten Blick auf Lernende zu erhalten.

---

1   Peter Lee betont, dass die Erforschung von „metahistorical ideas", also von „second order concepts", für das Verstehen von fachspezifischen Entwicklungsprozessen unumgänglich sei. – Vgl. Lee 2004, 131.
2   Vgl. Reinhardt 2012, 144.

Ohne weitere Details vorwegnehmen zu wollen, gilt es an dieser Stelle vor allem den Kooperationspartner/innen des Projektes zu danken, die ihren jeweils spezifischen Beitrag zum Gelingen des Projektes einbrachten. So ergeht der Dank an Mag.[a] Sabine Hofmann (PH Wien) und Dipl. Päd.[in] Ernestine Schmidt (PH Steiermark) für die Durchführung der Befragungen der Schüler/innen und ihrer Lehrer/innen in Graz und Wien im Herbst 2011 sowie an Priv. Doz. Dr. Christoph Kühberger (PH Salzburg) und Dr.[in] Elfriede Windischbauer (PH Salzburg) für jene in Salzburg. Für die Unterstützung der empirischen Auswertung und ihrer Erfassung zeichneten Mag. Wolfgang Buchberger (ZAG), Dr. Heinrich Ammerer (ZAG) sowie Bianca Schartner, M.A., verantwortlich. Für die Verschriftlichung und Kontextualisierung des Forschungsprozesses und der Ergebnisse wird an dieser Stelle auch allen Autor/innen des vorliegenden Bandes gedankt. Nicht zuletzt muss dabei auch dem Grafiker Graham Wiseman ein Wort der Anerkennung ausgesprochen werden, da er durch seine bildlichen Umsetzungen zu den Filmszenen sowie zur Illustration theoretischer Aspekte des Arbeitens mit Filmen einen entscheidenden Beitrag zum vorliegenden Band leistete.

Christoph Kühberger, Mai 2013

1. Ausgangspunkte der Untersuchung

1.1. Forschungsstand zum geschichts- und mediendidaktischen Umgang mit Filmen

Heinrich Ammerer

Die für das Forschungsfeld „Medien- und geschichtsdidaktische Diagnostik in der Sekundarstufe I" relevante Literatur lässt sich modellhaft in einem Dreieck verorten, das die Thematik „Film" in Beziehung zu den Bereichen „Jugendliche (Sek. I)", „Medienrezeption" und „Geschichte" setzt. Zu jedem dieser Bereiche sowie zu ihren Wechselbeziehungen (Abb. 1.1.) und Schnittmengen haben sich in den letzten beiden Jahrzehnten geschichtsdidaktische, pädagogische, psychologische und soziologische Forschungsergebnisse angesammelt, jedoch in unterschiedlicher Dichte.

Abb. 1.1. Wechselbeziehungen im Umgang mit Filmen über die Vergangenheit

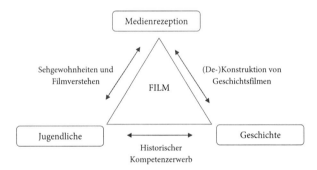

Empirische Erhebungen zum Bereich „Jugend und Film" sind naturgemäß nur innerhalb eines relevanten Zeitraums aussagekräftig, was die Reliabilität der Ergebnisse älterer Erhebungen heute einschränkt. Dass das Fernsehen aber auch 2010 generell noch eine große Relevanz für das Leben der Jugendlichen hat (88% sehen demnach mehrmals pro Woche fern), stellte die jüngste JIM-Untersuchung zum Medienumgang 12–19-Jähriger fest.[3] Das Fernsehen sei demnach heute nach Handy- und Internetnutzung die dominante Medienbeschäftigung in der Freizeit, wenngleich Fernsehen nur für die Hälfte der Jugendlichen als Freizeitbeschäftigung „wichtig" sei – wohingegen Musikhören (91%), Internetnutzung (87%) und Handynutzung (81%) von wesentlich mehr Jugendlichen als „wichtig" empfunden werde. Ferngesehen werde nach wie vor über das Fernsehgerät, nur 12% der Jugendlichen sähen 2010 via Internet fern (Videoplattformen wie Youtube.com

---

3 Vgl. Medienpädagogischer Forschungsverbund Südwest 2010.

nicht mitgerechnet). Im Durchschnitt verbrächten Jugendliche 2 Stunden täglich mit Fernsehen. Inhaltlich dominierten dabei mittlerweile Serienformate (vor allem Sitcoms wie „Two and a Half Men" und Zeichentrickserien wie „Die Simpsons"), gefolgt von Casting- und Unterhaltungsshows. Die letzte Ravensburger Jugendmedienstudie[4] ergab hinsichtlich der Geschlechterverteilung, dass Mädchen und Jungen in ähnlich geringem Ausmaß Filme bei ihrer Freizeitgestaltung präferieren (10% bzw. 8,8%), dass Soaps jedoch Mädchen in wesentlich größerem Maße ansprechen als Jungen (16,9% bzw. 1,4%). Diese Erhebungen bezogen sich auf Deutschland, aus einem binationalen Vergleich mit Daten einer Salzburger Landgemeinde ergaben sich für Timo Röcker 2007 jedoch Hinweise darauf, dass in Österreich das Fernsehen einen deutlich größeren Anteil an der Freizeit Jugendlicher einnimmt als in Deutschland.[5]

Von besonderem Interesse für die gegenständliche Untersuchung ist das Nutzungsverhalten Jugendlicher gegenüber Spielfilmen. Die Ravensburger Jugendmedienstudie ergab 2007, dass das Interesse Jugendlicher an Filmen zwischen dem 13. und dem 17. Lebensjahr langsam abnimmt (bei Jungen von 17,1% auf 10,3%, bei Mädchen von 10,3% auf 5,6%). Dirk Blothner untersuchte 2004 im Auftrag der Filmförderungsanstalt, für welche Art von Spielfilmen sich unterschiedliche Altersgruppen zwischen 1998 und 2002 interessieren. Während etwa Jugendliche zwischen 16 und 19 Jahren demnach Komödien und Horrorfilme bevorzugten, wollte die Altersgruppe der 10- bis 15-Jährigen im Kino „vor allem lachen und Spaß" haben und favorisierte demnach Komödien – vor allem solche, die den jugendlichen Reifungsprozess thematisierten (Teeniekomödien). Andere Genres, auch Dramen, seien hingegen bei den jüngeren Jugendlichen kaum von Interesse.[6] Die genauere Befragung von fast fünfzig Jugendlichen (Durchschnittsalter 13,7) von Marci-Boehncke und Rath 2007 ergab, dass Krimi, Horror und Romantik die Lieblingsgenres der Mädchen seien, wohingegen Jungen Action, Humor und Thriller bevorzugten. Inwieweit dabei historische Inhalte eine Rolle spielen, ist nicht ersichtlich – wie es überhaupt zum Konsum von Spielfilmen mit historischen Inhalten keine aussagekräftigen Daten gibt. Ein für das gegenständliche Projekt interessantes Ergebnis dieser Befragung ist, dass für Mädchen beim Filmkonsum Äußerlichkeiten im Mittelpunkt stünden (Kostüme, Style, Masken etc.), wohingegen für Jungen das Identifikationsangebot („wie ich die Filmfiguren finde", „wie ich an Stelle der Figuren handeln würde" etc.) und technische Aspekte (Filmmusik, Schnitte etc.) wesentlich seien.[7]

Zum Bereich „Geschichte und Film" ist aus einem kompetenzorientiertem Blickwinkel der Geschichtsdidaktik vor allem der Sammelband „Geschichte im Film"[8] aus der Reihe „Themenhefte Geschichte" des FUER-Projekts hervorzuheben.

---

4 Marci-Boehncke/Rath 2007.
5 Röcker 2007.
6 Blothner 2004.
7 Marci-Boehncke/Rath 2007. – Anhand einer kleinen österreichischen Probandengruppe liefert auch Martina Kienberger einige Daten zur Rezeption von filmischen Darstellungen der Vergangenheit: Kienberger 2008.
8 Schreiber/Wenzl 2006.

Reinhard Krammer beschreibt darin, inwieweit die De-Konstruktion von Spiel- und Dokumentarfilmen (bzw. von entsprechenden Ausschnitten) im Geschichtsunterricht zum Erwerb eines reflektierten und selbstreflexiven Geschichtsbewusstseins beitragen kann. Im Zentrum der Aufmerksamkeit stünden demnach weniger die historische Plausibilität der Darstellung als vielmehr „die durch die Filme begründeten oder weitergegebenen Geschichtsbilder" sowie die darin vermittelten „direkten und indirekten Urteile und Wertmaßstäbe".[9] Indem die Betrachter/innen sich darin üben, bei der Filmanalyse die drei Zeitebenen zu unterscheiden (nämlich jene, in der der Film gesehen wird, jene, die der Film darstellt und jene, in der der Film gedreht wurde) und zueinander in Beziehung zu setzen, vollziehen sie die im Kompetenzstrukturmodell der internationalen Projektgruppe FUER-Geschichtsbewusstsein[10] postulierten drei Basisoperationen des Geschichtsbewusstseins (Vergangenes feststellen, Vergangenes als Geschichte darstellen, Geschichte auf Gegenwart und Zukunft beziehen). Der Autor definiert die Analysebereiche (inhaltliche Dimension, personelle Konstellation, medienspezifische Formen, Intentionen, filmische Mittel) und skizziert dazu beispielhafte Aufgabenformate. Wesentlich für das gegenständliche Projekt zur fachspezifischen Kompetenzdiagnostik erscheint der abschließende Versuch des Autors, der Lernprogression entsprechende methodische Vorschläge zu umreißen und Arbeitsimpulse auf unterschiedlichen Kompetenz-Niveaus zu formulieren. Im selben Band widmet sich Bodo von Borries dem Erwerb historischer Kompetenzen durch die Arbeit mit Dokumentarfilmen.[11] Dabei ist vor allem der Versuch des Autors als wertvoll hervorzuheben, am bereits erwähnten Kompetenzmodell orientierte Fragestellungen und Arbeitsschritte in nicht geringer Anzahl zu formulieren – unter das zuversichtliche Postulat gestellt, dass „die Zahl der fruchtbaren Arbeitsaufgaben nahezu unendlich" sei.

Im Bereich der Medienrezeption und spezieller des Filmverstehens gibt es gegenwärtig eine Vielzahl von konkurrierenden Zugängen. Geimer offerierte dazu einen sehr brauchbaren Überblick über die kognitiven und systemtheoretischen Konzepte zur Film-Zuschauer/innen-Interaktion sowie zu den derzeit vorherrschenden Ansätzen aus dem Bereich der Cultural Studies.[12] Der Autor forschte selbst über die Praktiken der Verknüpfung eigener Alltagspraxis Adoleszenter mit einer filmisch inszenierten Praxis und wertete dazu 14 qualitative Interviews aus (da alle Befragten älter als 18 Jahre waren, sind die Ergebnisse im Rahmen dieses Projektes nur beschränkt von Bedeutung).

Daneben bietet die Theorie des Filmverstehens noch andere etablierte Zugänge, so etwa produktionsorientierte[13] oder „ganzheitliche"[14] Ansätze. Die unterrichtspraktischen Anwendungen der Filmanalyse können seit den 1980er-Jahren in medienkritische, filmästhetische und rezeptionsästhetische Ansätze unterteilt

---

9   Krammer 2006.
10 http://www.fuer-geschichtsbewusstsein.de/(24.4.2013)
11 Borries 2006.
12 Geimer 2010. – Einen fachspezifischen Zugang legt etwa Sommer 2010.
13 Z.B. Mikos 2003.
14 Z.B. Blothner 1999.

werden.[15] Eva und Dirk Fritschs Konzept einer „prozessorientierten Filmarbeit" verknüpfte beispielsweise die erwähnten Zugänge zum Filmverstehen mit einem „ganzheitlichen Filmerleben". Die von Werner Faulstich[16] eingeführten Analyseebenen (wer sind die Protagonisten und wie werden sie eingeführt, worum geht es genau, wie wird die Geschichte erzählt, wozu wird die Geschichte erzählt) wurden dabei in der Analyse der Filmgestaltungsebenen vertieft und mit den Prinzipien der „Neoformalistischen Filmanalyse" (speziell hinsichtlich der Unterscheidung zwischen konnotativer und denotativer Bedeutung filmischer Zeichen) Kristin Thompsons[17] in Übereinstimmung gebracht. Über ihre unterrichtspraktische Initiative „Lernort Film", die sich die schulische Entwicklung der „Filmkompetenz" als Teil der Medienkompetenz zum Ziel setzte, sowie über ihre diesbezüglichen Erfahrungen in der Lehrerfortbildung berichteten sie 2007.[18]

Wo das Filmverstehen heute als unabdingbare und durch die Schule bestmöglich zu entwickelnde Fähigkeit angesehen wird, erscheint die Forderung Hanne Walbergs umso interessanter, neben der (berechtigten) Förderung analytischer Fähigkeiten auch das bewusste Nicht-Verstehen von Filmen als Teil des Bildungsprozesses zuzulassen. Walberg forderte ein gelegentliches „Aushalten der Differenz" zwischen der Perspektive der Rezipient/innen und der filmischen Darstellung und eine Abwendung vom Ziel, dem Rezipienten/der Rezipientin die Souveränität dem Film gegenüber unter allen Umständen zu verschaffen.[19]

Nachfolgend nun ein Aufriss der für die vorliegende Untersuchung relevanten deutschsprachigen Publikationen der letzten beiden Jahrzehnte. Der aktuelle Diskussionsstand zum Themenbereich „Filme im Geschichtsunterricht" präsentiert sich, zumindest soweit es den europäischen Raum und die letzten beiden Dezennien betrifft, doch recht übersichtlich. Studien zur medien- und fachdidaktischen Diagnostik, speziell in der Sekundarstufe I, liegen bis dato nicht vor, jedoch kann auf thematisch relevante Grundlagen zu Aufbau, Wirkung und Nutzung von Spielfilmen inner- und außerhalb des Unterrichts zurückgegriffen werden.[20]

Zunächst zum Umgang Jugendlicher mit Filmen und den dazu erarbeiteten Evidenzen. Dieter Baacke, Horst Schäfer und Ralf Vollbrecht erarbeiteten 1994 Datensätze und Materialen zum Verhältnis von Jugend und Kino,[21] Birgit Kreuzinger und Mathrin Maschke untersuchten den Einfluss der Mediennutzung auf das gewalttätige Verhalten von Schüler/innen.[22] Elizabeth Prommer untersuchte in einer Studie anhand der Befragung von 100 Kinobesucher/innen in München und Leipzig, wie sich der Kinobesuch im Laufe des Lebens ändert und welche Filme

---

15 Decke-Cornill/Luca 2007.
16 Faulstich 1994.
17 Thompson 1995.
18 Fritsch/Fritsch 2007.
19 Walberg 2007.
20 Qualitative Untersuchungen zum Zusammenhang zwischen filmischer Darstellung und subjektiven Geschichtsbildern existieren jedoch, so etwa zu Geschichtsstudierenden: Sommer 2010; Neitzel 2010. – Verstärkt auf die Rezeption zielen für den schulischen Bereich Bergold 2010 oder für den privaten Nutzungsbereich Meyen/Pfaff 2006; Schröter/Zöller 1998.
21 Baacke/Schäfer/Vollbrecht 1994.
22 Kreuzinger/Maschke 1995.

besonders in Erinnerung bleiben.[23] Patrick Glogner schloss mit einer kultursoziologischen Studie an, die ebenfalls auf den altersabhängigen Umgang mit Filmen abzielte.[24] Einem völlig anderen Aspekt des Filmnutzungsverhaltens widmete sich 2005 die Deutsche Filmförderungsanstalt, die aus der repräsentativen Befragung von 10.000 Personen auf das Kopieren und Downloaden von Spielfilmen und damit auf den privaten Filmkonsum schloss.[25] Yvonne Ehrenspeck, Achim Hackenberg und Dieter Lenzen stellten 2006 ein DFG-Forschungsprojekt vor, das sich am Beispiel von Todesdarstellungen der Frage widmete, wie Jugendliche der Sekundarstufe II Spielfilme rezipieren.[26] Ein Team um Daniel Süss untersuchte 2008 den Umgang Schweizer Jugendlicher mit Medien im Allgemeinen und mit Film und Kino im Besondern.[27]

Empirische Untersuchungen zur allgemeinen Medienrezeption und -sozialisation sind in der Regel breiter gestreut. Michael Charlton fundierte dafür bereits 1993 eine Methodik für die Erforschung von Medienaneignungsprozessen.[28] Brigitta Höijer führte 1996 eine Untersuchung zu kognitiven Schemata und Genreerwartungen bei Fernsehzuschauer/innen durch.[29] Stuart Fischoff, Joe Antonio und Diane Lewis analysierten die Beliebtheit von Filmgenres und Filmen anhand von ethnischen, geschlechtlichen und altersbezogenen Kategorien.[30] Jürgen Barthelmes reflektierte bereits 1997 den Nutzen der Medien für 13–14-Jährige[31] und betrachtete 2001 in einer Längsschnittuntersuchung an Adoleszenten die Bedeutung der Medien im Prozess des Heranwachsens.[32] Wie Jugendliche Medien generell nutzen, untersuchten Albrecht Kutteroff und seine Mitautor/innen[33] sowie ein Forscherteam um Klaus Peter Treumann.[34] Holger Schramm, Werner Wirth und Helena Bilandzic veröffentlichten 2005 einen Sammelband zur empirischen Unterhaltungsforschung, der ein breites Spektrum an Forschungsfragen bezüglich der Medienangebote, ihrer Rezeption und ihrer Wirkung auf Männer und Frauen abdecken sollte.[35] Aus diesem Band sind hinsichtlich der Filmrezeption besonders die Beiträge von Volker Gehrau[36] zur geschlechtsspezifischen Rezeption und von Silke Kaiser, Claudia Töpper und Lothar Mikos zum Kinderfernsehen[37] zu erwähnen. Camille Zubayr und Heinz Gerhard analysierten im Jahr darauf zudem die veränderten Fernsehgewohnheiten und -reichweiten.[38] Ulrike Wagner publizierte

---

23 Prommer 1999.
24 Glogner 2002.
25 Filmförderungsanstalt 2006.
26 Ehrenspeck/Hackenberg/Lenzen 2006.
27 Süss/Waller/Häberli/Luchsinger et al. 2008.
28 Charlton 1993.
29 Höijer 1996.
30 Fischoff/Antonio/Lewis 1998.
31 Barthelmes/Sander 1997.
32 Barthelmes 2001.
33 Kutteroff/Behrens/König/Schmid (10.2.2011)
34 Treumann/Meister/Sander et al. 2007.
35 Schramm/Wirth/Bilandzic 2005.
36 Gehrau 2005.
37 Kaiser/Töpper/Mikos 2005.
38 Zubayr/2007.

2008 eine Untersuchung zur Medienaneignung von Hauptschülerinnen und Hauptschülern in Deutschland.³⁹ Britta Almut Wehen liefert in dieser Gemengelage die einzige Publikation, die sich im Kern mit einer ähnlichen Fragestellung beschäftigt wie die vorliegende Untersuchung, jedoch nur mit deutschen Lehrer/innen arbeitet. In ihrer empirischen Untersuchung zum Einsatz von historischen Spielfilmen im Geschichtsunterricht ergründet sie den Zugang der Fachlehrer/innen zu diesem Gebiet per Online-Fragebogen.⁴⁰

Auf der theoretischen Ebene näherten sich dem Themenbereich „Film und Geschichtsunterricht" in den letzten 25 Jahren zahlreiche Autor/innen an. Bodo von Borries stellte 1985 grundlegende Überlegungen zu Dokumentar- und Spielfilmen im Geschichtsunterricht an,⁴¹ Werner Schulz befasste sich kurz darauf mit der methodischen Umsetzung.⁴² In thematisch fokussierten Ausgaben der geschichtsdidaktischen Zeitschriften „Praxis Geschichte", „Geschichte Lernen" und „Geschichte in Wissenschaft und Unterricht" reflektierten unter anderem Hans-Dieter Kübler,⁴³ Joachim Paschen,⁴⁴ Karl Nebe,⁴⁵ Sigfried Vatter,⁴⁶ Peter Meyers⁴⁷ und Jens Schillinger⁴⁸ über den Film als Untersuchungsgegenstand im Unterricht. Hans-Jürgen Pandel skizzierte 1998 Ansätze einer „Didaktik der ‚Bildgeschichte'",⁴⁹ Ulrich Baumgärtner versammelte 2004 in einem Band Beiträge zu Spiel-, Dokumentar- und Unterrichtsfilmen.⁵⁰ Didaktische und Methodische Handbücher für Geschichtelehrer/innen und Studierende beinhalten seit den 1990er-Jahren eigene Beiträge zur Filmarbeit im Geschichtsunterricht, so etwa Bergmanns „Handbuch der Geschichtsdidaktik",⁵¹ Pandels und Gerhard Schneiders „Handbuch Medien im Geschichtsunterricht",⁵² Schreibers „Erste Begegnungen mit Geschichte"⁵³ Günther-Arndts „Praxishandbuch für die Sekundarstufe I und II"⁵⁴ oder Reekens „Handbuch Methoden im Sachunterricht".⁵⁵ Hinsichtlich des kompetenzorientierten Unterrichtens sind vor allem eine Materialsammlung von Reinhard Krammer⁵⁶ und der bereits skizzierte Sammelband des FUER-Projekts aus der Reihe „Themenhefte Geschichte"⁵⁷ zu erwähnen. Daneben gibt es eine Vielzahl von Betrachtungen

---

39 Wagner 2008.
40 Wehen 2012.
41 Borries 1990.
42 Schulz 1986.
43 Kübler 1992.
44 Paschen 1994.
45 Nebe 1994.
46 Vatter 1994.
47 Meyers 2001.
48 Schillinger 2006.
49 Pandel 1998.
50 Baumgärtner 2004.
51 Rother 1997.
52 Schneider 1999.
53 Baumann 1999.
54 Zwölfer 2003.
55 Reeken 2003.
56 Krammer 2002.
57 Schreiber/Wenzl 2006.

zur Verwendung von Filmen als historische Quelle – innerhalb und außerhalb des schulischen Rahmens –, so etwa Margit Szöllösi-Janzes Beispiel des Heimatfilms der fünfziger Jahre,[58] Karin Kneile-Klenks Analyse von DDR-Unterrichtsfilmen über die NS-Zeit[59] oder Peter Meyers' Betrachtungen zu den Realitätsprojektionen in deutschen Filmen der NS-Zeit und der Bundesrepublik.[60] Unter den geschichtsdidaktischen Publikationen im angelsächsischen Raum sind die Arbeiten Marlette Rebhorns,[61] Marnie Hughes-Warrington[62] und der von Allan Markus herausgegebene Sammelband zum Film im Geschichtsunterricht[63] hervorzuheben.

Die unterrichtspraktische Filmarbeit wird in der Literatur durch eine Vielzahl von konkreten Unterrichtsbeispielen illustriert. Neben den zahlreichen Arbeiten auf Seminarniveau, die mittlerweile auch online oder on demand verfügbar sind, sind hier beispielhaft etwa Hellmut Friedls Analyse der Aufnahme von „Im Westen nichts Neues",[64] Christiane Grüners unterrichtspraktische Bearbeitung von „Panzerkreuzer Potemkin"[65] oder Julia Gädickes Vergleich zweier unterrichtsrelevanter Filme zum Themenbereich „Napoleon" zu erwähnen.[66] „Praxis Geschichte" widmete der unterrichtspraktischen Filmarbeit 2006 ein Themenheft,[67] das Institut für Film und Bild in Wissenschaft und Unterricht fügte einer weiteren Ausgabe zu elektronischen Medien 2009 eine Beilage hinzu.[68] Dem Themenbereich „Holocaust und Nationalsozialismus im Film" wurde in der Literatur besondere Aufmerksamkeit geschenkt: Norbert Zwölfer betrachtete bereits 1986 die Einsatzbedingungen der Schulfernsehserie „Jugend unter Hitler",[69] Hans-Jürgen van der Gieth widmete sich 1994 in einem Lernzirkel „Schindlers Liste".[70] Tilo Werner schloss hier 2004 an und arbeitete auch „Der Pianist", „Drei Tage im April" und „Das Leben ist schön" auf,[71] während das Haus der Geschichte Baden-Württemberg 2008 eine Handreichung zum schwierigen Unterrichtseinsatz von „Jud Süß" anbot.[72] Während all diese Arbeiten sich vorwiegend mit der Dekonstruktion von Filmen beschäftigten, bot sich für Jürgen Kinter[73] und Mathias Bollmann[74] auch der umgekehrte Weg der Videoproduktion im Unterricht an.

Wie der Spielfilm außerhalb des Geschichtsunterrichts eingesetzt wird, demonstrierten beispielsweise für den Deutschunterricht Gerhard Bechthold und

---

58 Szöllösi-Janze 1993.
59 Kneile-Klenk 2000.
60 Meyers 1998.
61 Rebhorn 1998.
62 Hughes-Warrington 2009.
63 Markus 2010.
64 Friedl 1992.
65 Grüner 1994.
66 Gädicke 2010.
67 Praxis Geschichte 2006: Praxis Geschichte 5/2006.
68 Institut für Film und Bild in Wissenschaft und Unterricht 2009.
69 Zwölfer 1986.
70 Gieth 1995.
71 Werner 2004.
72 Trümner 2008.
73 Kinter 1994.
74 Bollmann 2009.

Detlef Gericke-Schönhagen,[75] für den Englischunterricht Carola Suhrkamp[76] und Ursula Ostkamp[77] oder für den Religionsunterricht Wilhelm Gräb, Jörg Herrmann und Christian Nottmeier.[78] Für letzteres Fach boten auch Dieter Baackes Monographie zur Sinnstiftung durch Filme[79] und Jörg Hermanns Buch zur Religion im populären Film Hebelpunkte.[80] Alain Bergala legte 2006 fächerübergreifend dar, wie sich die Grundlagen der Filmsprache und des Filmverständnisses in der Schule allgemein unterrichten lassen.[81] Welche Spielfilme Teil einer „filmischen Allgemeinbildung" sein sollten, bleibt immer noch zu verhandeln – Alfred Hollighaus skizzierte diesbezüglich für die deutsche Bundeszentrale für Politische Bildung 2005 einen Kanon aus 35 Filmen,[82] von denen vierzehn englischsprachig waren. Obwohl die meisten Filme „historisch" waren in dem Sinne, als es sich um Filmklassiker aus acht Jahrzehnten handelte, waren nur wenige davon Geschichtsfilme mit historischem Setting. Hinsichtlich der Empfehlungen zum außerschulischen Filmkonsum ist der Ratgeber für Eltern von Ben Bachmair,[83] der sich später auch den Grundlagen der Mediensozialisation widmete,[84] beispielhaft anzuführen.

Verlässt man die Ebene der Pädagogik bzw. Didaktik und wendet sich dem Aufbau und der Wirkung von Spielfilmen zu, verdienen vor allem Publikationen zur Filmpsychologie, zur Filmanalyse und zu den Konstruktionsprinzipien Beachtung. Die Psychologie des Filmes ist ein Gebiet, auf dem vor allem die Arbeiten Peter Ohlers über die mentale Repräsentation,[85] Dirk Blothners über die unbewusste Wirkung[86] und Peter Wuss' über die Informationsverarbeitung von Filmen Beachtung verdienen.[87] Stephan Schwan ging der Frage nach, warum komplexe Filme mental leicht verarbeitbar sind,[88] Achim Hackenberg reflektierte den Instruktionscharakter von Filmen allgemein und speziell auf Jugendliche bezogen.[89] Besonders hervorzuheben gilt es hier die medienpsychologische Studie von Wilhelm Hofmann, Anna Baumert und Manfred Schmitt über die Wirkung des Films „Der Untergang" auf Schüler/innen der neunten und zehnten Klasse.[90]

Den Neuen Medien und ihrer asymmetrischen Wahrnehmung spürte Waldemar Vogelsang nach,[91] einem unterrichtsrelevanten Aspekt der Filmpsychologie widmete sich Tillmann Gangloff, indem er Strategien skizzierte, belastende

---

75 Bechthold/Gericke-Schönhagen 1991.
76 Suhrkamp 2004.
77 Ostkamp 2002.
78 Gräb 2004.
79 Baacke 1997.
80 Herrmann 2002.
81 Bergala 2006.
82 Holighaus 2005.
83 Bachmair 1994.
84 Bachmair 2007.
85 Ohler 1994.
86 Blothner 1999.
87 Wuss 1999.
88 Schwan 2001.
89 Hackenberg 2004; Hackenberg 2005.
90 Vgl. Hofmann/Baumert/Schmitt 2005.
91 Vogelsang 2000.

Medieneindrücke zu verarbeiten.[92] Hinsichtlich der Konstruktionsprinzipien von Spielfilmen sind vor allem Karel Reisz' und Gavin Millars[93] sowie Hans Bellerts Handbücher zur Filmmontage[94] von Interesse. Geläufige Abhandlungen zur Filmdramaturgie sind die Kompendien Peter Rabenalts,[95] Jens Eders,[96] Michaela Krützens[97] sowie Kerstin Stutterheims und Silke Kaisers Handbuch der Filmdramaturgie.[98] In einem deutschdidaktischen Beitrag widmete sich Michaela Krützen zudem der Frage, wie Beginn und Ende von Filmen in einer narrativen Beziehung zueinander stehen.[99] Rüdiger Steinmetz erläuterte in seinem Werk zur Filmästhetik grundlegende Beobachtungskriterien für die Arbeit mit Filmen, die auch als Basis für die Filmanalyse im Unterricht dienen können.[100]

Schließlich sind noch die gängigen Werke zu Theorie und Verfahren der Spielfilmanalyse anzuführen. Werner Faulstich publizierte 1995 ein grundlegendes Handbuch zur Filminterpretation[101] und ergänzte es durch einen Kursus in Filmanalyse.[102] Lothar Mikos bot eine Anleitung zur struktur-funktionalen Film- und Fernsehanalyse an.[103] Der Analyse von Filmkommunikation widmeten sich ein medienpädagogisches Team um Barbara Drink,[104] Rainer Winter bettete die Filmanalyse in die Cultural Studies ein.[105] Yvonne Ehrenspeck ging zusammen mit Dieter Lenzen das Thema Filmanalyse aus sozialwissenschaftlicher Sicht an,[106] fokussierte zusammen mit Alexander Geimer und Steffen Lepa auf die Inhaltsanalyse[107] und zusammen mit Alexander Geimer auf die qualitative Filmanalyse.[108] Ralf Bohnsack schließlich analysierte Möglichkeiten der dokumentarischen Filminterpretation und der qualitativen Videointerpretation.[109]

Verzichtet wird an dieser Stelle aus Gründen der Übersichtlichkeit darauf, allgemeinere medienpädagogische/-soziologische/-psychologische Literatur anzuführen, die auch das Thema „Film" behandelt; dies würden den Rahmen der Relevanz für dieses Projekt verlassen.

---

92 Gangloff 2002.
93 Reisz/Millar 1988.
94 Bellert 1993.
95 Rabenalt 1999.
96 Eder 2000.
97 Krützen 2004.
98 Stutterheim/Kaiser 2009.
99 Krützen 2005.
100 Steinmetz 2005.
101 Faulstich 1995.
102 Faulstich 2002.
103 Mikos 1996; Mikos 2003.
104 Drink/Ehrenspeck/Hackenberg/Hedenigg/Lenzen 2001.
105 Winter 2003.
106 Ehrenspeck/Lenzen 2003.
107 Ehrenspeck/Geimer/Lepa 2008.
108 Geimer/Ehrenspeck 2010.
109 Bohnsack 2009.

1.2. Einbettung in die geschichtsdidaktische Diskussion
Christoph Kühberger

Die Rahmenbedingungen für schulisches Lernen und damit für abverlangte Leistungen von Schüler/innen haben sich in den letzten Jahrzehnten grundlegend verändert. Die Gesellschaft fordert zunehmend Flexibilität und Eigenständigkeit in bestimmten Lebensbereichen. Gesellschaftliche und wissenschaftliche Trends erhöhen die Bedeutung internationaler Leistungsvergleichsstudien wie PISA, PIRLS oder TIMMS, bei denen Österreich meistens ein Mittelmaß attestiert wird. Diese Entwicklungen erfordern im Rahmen des schulischen Lernens jedoch u. a. einen Paradigmenwechsel von der Inhaltsorientierung hin zur Kompetenzorientierung.[110]

Diese Veränderung wurde durch den ersten PISA-Schock im Jahr 2000 ausgelöst. Das Bildungssystem im deutschsprachigen Raum reagierte darauf mit einem systematischen Hinterfragen der Grundlagen des schulischen Lernens. Eine Expertise, die im Auftrag der deutschen Kultusministerkonferenz verfasst wurde (*Klieme-Papier*), sollte nahezu zeitgleich auch auf die Entwicklungen in Österreich Einfluss nehmen. Auf diese Weise setzte sich im deutschsprachigen Raum eine Definition von Franz E. Weinert durch, die unter Kompetenzen „die bei Individuen verfügbaren oder durch sie erlernbaren kognitiven Fähigkeiten und Fertigkeiten [versteht], um bestimmte Probleme zu lösen sowie die damit verbundenen motivationalen, volitionalen und sozialen Bereitschaften und Fähigkeiten, um die Problemlösungen in variablen Situationen erfolgreich und verantwortungsvoll nutzen zu können."[111] Bei diesen Kompetenzen handelt es sich in der Interpretation bei Klieme et al. um „erworbene, also nicht von Natur aus gegebene Fähigkeiten, die an und in bestimmten Dimensionen der gesellschaftlichen Wirklichkeit erfahren werden und zu ihrer Gestaltung geeignet sind, Fähigkeiten zudem, die der lebenslangen Kultivierung, Steigerung und Verfeinerung zugänglich sind, so dass sie sich intern graduieren lassen, z.B. von der grundlegenden zur erweiterten Allgemeinbildung; aber auch Fähigkeiten, die einen Prozess des Selbstlernens eröffnen, weil man auf Fähigkeiten zielt, die nicht allein aufgaben- und prozessgebunden erworben werden, sondern ablösbar von der Ursprungssituation, zukunftsoffen und problemoffen."[112]

Neben der Definition des pädagogisch neu fixierten Begriffs der „Kompetenz" gingen vom *Klieme-Papier* auch entscheidende Impulse aus, den fachdidaktischen Diskurs mit Blick auf die Schulfächer neu zu strukturieren und dabei vor allem das Fachspezifische („Domänenspezifik") herauszustellen. Um die „Grundprinzipien

---

110 An den österreichischen Entwicklungen hin zur Kompetenzorientierung in der Geschichts- und Politikdidaktik sowie in Kooperation mit dem BMUKK haben die Mitarbeiter/innen dieses Projektes zentrale wissenschaftliche Beiträge und Bücher vorgelegt. – vgl. Kühberger 2008a; Kühberger 2009; Krammer/Kühberger/Windischbauer et al. 2008; Krammer/Kühberger/Windischbauer 2009.
111 Weinert 2001, 27f.
112 Klieme 2003, 65.

der Disziplin bzw. des Unterrichtsfachs"[113] in einem domänenspezifischen Kompetenzmodell auszuweisen, stützte man sich maßgeblich auf die Fachdidaktiken, da diese vorrangig – auch aus der Sicht der Allgemeinen Pädagogik[114] – dazu in der Lage sind, die fachbezogenen Fähigkeiten und das fachbezogene Wissen zu beschreiben. Damit zeichnet sich bereits ein markanter Unterschied zu der Anwendung des Kompetenzbegriffes in der bisherigen pädagogischen und allgemeindidaktischen Diskussion ab, da dieser dort meist für allgemeine, fächerübergreifende Fähigkeiten und Fertigkeiten verwendet wurde (Sozial-, Selbstkompetenz o. ä.).[115] Durch eine Hinwendung zu den domänenspezifischen bzw. fachspezifischen Kompetenzen, also zu jenen Fähigkeiten, Fertigkeiten und Bereitschaften, die eben vorrangig durch ein bestimmtes Fach angebahnt werden, kommt es unweigerlich zu einer Stärkung der Fachdidaktiken als Wissenschaftsdisziplinen gegenüber der Pädagogik, die lange Zeit die Ausgestaltung der Lehrpläne an den speziellen fachlichen Profilen der Unterrichtsfächer vorbei festlegte.[116] Der Geschichtsdidaktiker Matthias Martens erkennt darin den Versuch seitens einer von der amerikanischen *literacy*-Bewegung geprägten bildungswissenschaftlichen Perspektive, den traditionellen Bildungsbegriff im Humboldtschen Sinn aufzugreifen, um eine Harmonisierung zwischen den Konzepten „Kompetenzorientierung" und „Bildung" zu erreichen.[117]

Während in Österreich einige derzeit gültige Lehrpläne den damit verbundenen Wechsel bereits vollzogen haben und die domänenspezifische Kompetenzorientierung, insbesondere in jenen Fächern, die in Zukunft nationalen Standardüberprüfungen unterzogen werden (Deutsch, Englisch, Mathematik), bereits in Schulbüchern und Unterrichtsmaterialien berücksichtigt wird, fehlen derzeit weitgehend grundlegende fachdidaktische Entwicklungsschritte der Lernstandsdiagnose, um den neuen Anforderungen in den unterschiedlichsten Schulfächern gerecht zu werden und diese zu stützen.

So zum Beispiel gibt es derzeit im Bereich der geschichtsdidaktischen Forschung keine grundlegenden Forschungsergebnisse (vor allem auch nicht für Österreich), die darüber Auskunft geben können, wozu Schüler/innen in einem Teilbereich des domänenspezifischen Lernens zu einem bestimmten Zeitpunkt ihrer Schullaufbahn in der Lage sind. Dies ist kein spezifisch österreichisches Problem oder ein Problem des Unterrichtsfaches Geschichte, sondern vielmehr eines sämtlicher Fächer, die nicht im Rahmen der großen ländervergleichenden Bildungsstudien erforscht und getestet wurden. Aufgrund des weitgehenden Fehlens eines vertretbaren Forschungsstandes zu Lernstandsdiagnose, Leistungsmessung und Notengebung im Fach „Geschichte und Sozialkunde/Politische Bildung"[118] scheint es sinnvoll, sich zunächst auf jüngste Erkenntnisse der Erziehungswissenschaften zu stützen. Vertreter/innen dieser Domäne forcieren in der aktuellen Debatte die so

---

113 Klieme et al. 2003, 24.
114 Vgl. Klieme 2003.
115 Tschirner 2003, 34.
116 Vgl. Weißeno 2004, 72f.
117 Martens 2010, 41.
118 Borries 2007a, 654.

genannte „pädagogische Diagnostik", welche über die Ziele der Leistungsfeststellung und -beurteilung weit hinaus geht. Sie will unter der Einbeziehung motivationaler und emotionaler Aspekte Voraussetzungen und Bedingungen planmäßiger Lehr- und Lernprozesse ermitteln, Lernprozesse analysieren und Lernergebnisse feststellen. Im Zentrum der pädagogischen Diagnostik steht das Individuum mit seinen Fähigkeiten, Fertigkeiten und Bereitschaften.[119]

Lernstandsdiagnosen gehören lehrerseitig – auch im Fachunterricht – in einigen Bereichen zur unterrichtspraktischen Routine, insbesondere im Bereich des Wissenserwerbs (Faktenwissen).[120] Eine Herausforderung stellt jedoch das Feststellen von domänenspezifischen Kompetenzen bzw. der Kompetenzerweiterung dar. Bereits evaluierte Vorschläge liegen derzeit jedoch nur in jenen Unterrichtsfächern (Deutsch, Englisch, Mathematik) vor, die seit 2009 in Österreich der Standardüberprüfung unterliegen.

Im Fach „Geschichte und Sozialkunde/Politische Bildung" liegt ein Grund für fehlende Forschungsergebnisse und Leitfäden zur kompetenzorientierten Lernstandsdiagnostik darin begründet, dass die Kompetenzorientierung erst seit dem Schuljahr 2008/09 verpflichtend im Lehrplan verankert wurde und daher noch keine wissenschaftlich evaluierten Erfahrungsberichte oder andere Erhebungen vorliegen.

Um Aussagen über die zu erwartenden Potentiale der Schüler/innen tätigen zu können, die als empirische Basis für die domänenspezifische Unterrichtsentwicklung genutzt werden können, wird im Rahmen der hier präsentierten Untersuchung eine repräsentative qualitative Erhebung in der Sekundarstufe I (Hauptschule, Neue Mittelschule, Gymnasium) aus dem Schuljahr 2011/12 ausgewertet. Ziel war es dabei, die Schüler/innen unvermittelt mit den Problemen, die in der De-Konstruktion von Erzählungen über die Vergangenheit in Form eines Spielfilms angelegt sind, zu konfrontieren, um danach zu fragen, inwieweit domänenspezifische Denk- und Verstehensleistungen aus einem Teilbereich der historischen Methodenkompetenz bereits ohne spezifische Stützung durch Lernunterlagen oder Unterricht bei den Schüler/innen angelegt sind.

Im Zusammenhang mit der Umsetzung des vorliegenden Forschungsprojektes fragte sich die Forschergruppe durchaus, ob Filme mit historischen Inhalten angesichts der immer schneller werdenden Entwicklungen rund um die Neuen Medien überhaupt noch zeitgemäß sind. Gerade das Abspielen eines Filmausschnittes von einer DVD eines Spielfilms aus 1994 vor Schüler/innen, die am Ende des vorigen Jahrhunderts geboren wurden, weckte die Frage nach der Projektion von Vorlieben und medialen Zugängen der Forscher/innen auf die Schüler/innen. Berechtigter Weise muss man danach fragen, ob Schüler/innen überhaupt noch Kinofilme (zumindest im Fernsehen) konsumieren? Unabhängig von einer derart irritierenden Frage kann man eines mit Gewissheit feststellen, nämlich dass die Gattung „Spielfilm" – vorläufig zumindest – auch in den Neuen Medien überlebte. Wer sich mit Computerspielen beschäftigt, wissenschaftlich

---

119 Horstkemper 2006, 4; vgl. auch Hesse/Latzko 2009.
120 Vgl. Adamski/Bernhardt 2012, 409f.

oder aus hedonistischem Lustgewinn, wird festgestellt haben, dass auch dort die altbewährten historischen Medien wie Rekonstruktionszeichnungen (nun eben animiert und in bester Qualität) oder Spielfilmsequenzen (als Übergangsnarrationen zwischen Levels oder einzelnen Spielabschnitten) zum Einsatz kommen.[121] Zudem kann man auch auf *youtube* verschiedene Spielfilme – in 9-Minuten-Schnippsel zerteilt – abrufen, und sie in der Form eines der meist genutzten Jugendvergnügen unserer Tage ansehen.[122] Welchen Einfluss dieses postmoderne Schnippselschauen von Dokumentationen oder Filmen hat, gilt bisher jedoch noch als weitgehend unerforscht.

Diese Worte sollen jedoch nicht von den oben gestellten Fragen ablenken: Geht man überhaupt noch ins Kino? Im Zeitalter des Internets möchte man meinen, dass das Medium Kinofilm bereits längst an Zuspruch verloren hätte. Schaut man jedoch in die einschlägigen Statistiken, zeigt sich ein anderes Bild. Kinder und Jugendliche (10–19) bilden in Deutschland mit 25% und auch Twens (20–29) mit 26% die Hauptgruppen, welche ins Kino gehen. 2010 ist gegenüber 2001 ein starker Rückgang zu verzeichnen, bei den Twens etwa um 44%.[123] Auch in Österreich ist Ähnliches zu beobachten. Der/die durchschnittliche Kinobesucher/in wird immer älter, „auch wenn der überwältigende Anteil der Kinobesuche auf Personen unter 30 Jahre entfällt. Nach den tatsächlichen Besuchen (also unter Einbeziehung der höheren Besucherfrequenz der Jüngeren) sind die Besucher/innen im Schnitt 32 Jahre alt, auf die Person bezogen (ohne Berücksichtigung der Frequenz) sind die Besucher/innen durchschnittlich mittlerweile 34,8 Jahre alt."[124] Die Jugend sitzt aber dennoch nach wie vor im Kino. Aber konsumiert sie dabei auch Filme mit historischen Inhalten? Hier existieren leider nur Zahlen, die sich auf die Gesamtpopulation Deutschlands beziehen, wenngleich dies – vor allem für das historische Lernen – ohnedies ein wichtiges Indiz darstellt, denn auch die Geschichtsdidaktik verweist stets darauf, „für das Leben" zu lernen und nicht für die Schule. Geschichtskulturelle Produkte, wie eben Spielfilme über die Vergangenheit, werden auch noch lange nach der Schullaufbahn konsumiert werden und stellen daher einen wichtigen Bereich dar, in dem man erworbene fachspezifische Kompetenzen ausspielen sollte.

In dem von Britta Nörenberg ausgewerteten Zeitraum zwischen 2007 und 2009 wurden in deutschen Kinos insgesamt 3.599 Filme gezeigt.[125] Davon waren nur 1% (30 Filme) so genannte Historienfilme.[126] Da im Untersuchungszeitraum 396 Millionen Eintrittskarten verkauft wurden und davon 1% sich auf Historienfilme

---

121 Vgl. Kühberger 2012b; Kühberger 2011a. – Als ein aktuelles Beispiel dafür gilt „Assassin's Creed" in unterschiedlichen Editionen.
122 Vgl. Greif 2011; Schorb 2009, 7ff; Medienpädagogischer Forschungsverbund 2011, 34.
123 FFA 2011.
124 Film Institut o.J., 45.
125 „Es wurden alle in den Jahren 2007 bis 2009 im Kino gelaufenen, programmfüllenden Filme mit einer Mindestlaufzeit von 58 Minuten und wenigstens einem Kinobesucher in die Analyse aufgenommen. Insgesamt konnten somit 3.599 Filme ausgewertet werden. Davon waren 2.217 im Jahr 2007, 2.211 im Jahr 2008 und 2.273 Filme in 2009 in den deutschen Kinos zu sehen." – Nörenberg 2010, 5.
126 Nörenberg 2010, 6.

bezogen, kommt man auf eine Besucherzahl von 3,96 Millionen. Zudem sollte jedoch beachtet werden, dass viele Filme mit historischen Inhalten, die sich mit der Vergangenheit auseinandersetzen oder Geschichte erzählen, in der Erhebung der FFA (Filmförderanstalt) gar nicht in die Kategorie *Historienfilme* fielen (z.B. die *Animationsfilme* „Asterix bei den Olympischen Spielen" mit 1,5 Millionen und „Lissi und der wilde Kaiser" mit 2,25 Millionen oder der *Kinderfilm* „Wicki und die starken Männer" mit 4,9 Millionen Besucher/innen, die Komödie „Mein Führer" mit 0,8 Millionen sowie die (in diesen Jahren am erfolgreichsten *Dramen*) „Die Welle" mit 2,9 Millionen, „Der Baader Meinhof Komplex" mit 2,4 Millionen und „Der Vorleser" mit 2,2 Millionen, „Operation Walküre" mit 1,3 Millionen, „Inglourious Basterds" mit 2,1 Millionen, „Buddenbrocks" mit 1,2 Millionen, „Das Leben der Anderen" mit 0,7 Millionen, „Nordwand" mit 0,6 Millionen).[127] Dies bedeutet, dass die derzeitigen Auswertungen nur bedingt Auskünfte geben können über die Anzahl jener Filme, die im Sinn einer umfassenden Definition von „Geschichtskultur" in das Genre „Filme über die Vergangenheit" fallen. Rechnet man alleine die hier angeführten Top-Filme aus unterschiedlichsten Genres zu den Historienfilmen hinzu, steigt der Wert bereits auf 6,8 % der Kinobesucher/innen (26,81 Millionen Besuche) an.[128]

Welche Auswirkungen der Konsum solcher Kinofilme im Alltag hat, zeigt sich aber nicht allein im Kino. Es sind vor allem ihre „Dauerschleifen" im privaten und öffentlich-rechtlichen Fernsehen, die vielen Filmen mit historischen Inhalten, eben auch Dokumentationen, zu einer größeren Verbreitung verhelfen. Der Sendeanteil von so genannten „Geschichtssendungen" im deutschen Fernsehen liegt nach einer Errechnung von Edgar Lersch und Reinhold Vierhoff 1995 bei 1,4%, 1999 bei 1,7% und 2003 bei 2,4%.[129] Wie zu erwarten dominieren dabei Sendungen für den Zeitabschnitt 1939–45 mit 11% (n=848). Etwa gleichauf um die 3,5% befinden sich je Sendungen über die Ur-/Frühgeschichte (3,9%), 1945–1960 (3,5%) und 1800–1870 (3,3%).[130] Fernsehfilme über die Vergangenheit mit Spielfilmcharakter erreichen dabei vor allem rund um so genannte „Event-Produktionen" ein Millionenpublikum (z.B. „Dresden" (2006) von ZDF und team worx erreichten 11,97 Millionen Zuschauer/innen, „Die Frau vom Checkpoint Charlie" von ARD und UFA 11 Millionen oder „Die Gustloff" von ZDF und UFA 8,16 Millionen).[131]

Anhand dieses Datenmaterials kann davon ausgegangen werden, dass die filmische Form der Geschichtsdarstellung jene ist, die den meisten Schüler/innen auch in Zukunft begegnen wird. Zudem gilt es zu beobachten, dass Filmen über die Vergangenheit bei der Tradierung von Erzählmustern und Bewertungen von vergangenem Geschehen eine entscheidende Rolle zukommt. Sie generieren innere Vorstellungsbilder, welche sich als schwer revidierbare „conceptions" etablieren

---

127 Nörenberg 2010, 8. – Hinzu kämen eigentlich auch historisierte Fantasyfilme (z.B. „Herr der Ringe" oder „Harry Potter"), die bislang noch gar nicht hinsichtlich ihrer Auswirkungen auf das Geschichtsbewusstsein befragt wurden.
128 Nörenberg 2010, passim.
129 Lersch/Vierhoff 2009, 93.
130 Lersch/Vierhoff 2009, 95; vgl. dazu eine Detailanalyse Lersch/Vierhoff 2007.
131 Gangloff 2009, 28; vgl. Handro 2007.

können und Geschichtsbilder mitbestimmen.[132] Aus diesem Grund sollte die kritische Auseinandersetzung mit Darstellungen von Geschichte, wie dies die hier vorliegende Untersuchung am Beispiel eines Spielfilmes exemplifiziert, bereits in der Schule grundgelegt werden. Die ältere Illusion der Geschichtsdidaktik, dass vor allem in der mit Schüler/innen praktizierten historischen Quellenkritik alles Heil des historischen Denkens zu suchen sei, haben aus diesem Grund auch Fachvertreter von damals bereits um die Jahrtausendwende relativiert.[133] Historische Quellen werden als grundlegendste Erkenntnismöglichkeit nicht von historischen Lernprozessen ausgeschlossen, da man sie letztlich auch für kritische Analysen von Darstellungen der Vergangenheit benötigt, doch gleichzeitig muss darüber nachgedacht werden, wie das derzeitige Ungleichgewicht zwischen einer platten Inhalts- und in Teilen einseitigen Quellenorientierung durch die viel häufiger und anhaltend benötigte Analyse von geschichtskulturellen Produkten ausgeglichen werden kann. Heutige Schüler/innen werden – übrigens wie auch die Generationen zuvor – in ihrer Zukunft eben eher mit „fertiger Geschichte" konfrontiert (u.a. in Zeitungen, im Fernsehen, in Sachbüchern, in Computerspielen, im Internet etc.) und werden vermutlich keine Archive aufsuchen, um über Quellen Vergangenheit zu re-konstruieren. Deshalb ist es sinnvoll, verstärkt über das „Lesen" bzw. „Rezipieren" von geschichtskulturellen Produkten herauszufinden. Zu bedenken gilt es jedoch, dass die hier intendierte (historische) Denkleistung eine durchaus anspruchsvolle ist, da das Medium des Films versucht „das Reale im Modus der Künstlichkeit" zu vermitteln. Es wird – gerade bei Spielfilmen über die Vergangenheit – versucht, „eine Illusion der Realpräsenz des Dargestellten" zu schaffen, „verbunden mit einem nicht zu überwindenden Gefühl der Distanz", welche letztlich den Anker für das kritische Nachdenken darstellen sollte.[134] Um dabei die filmische Darstellung von Vergangenheit entlang ihrer gattungsspezifischen Merkmale zu hinterfragen und einschätzen zu lernen, gilt es auch besonders jene Stilmittel analysierbar zu machen, welche sich nach Tobias Ebbrecht zusehends als konstituierende Merkmale herausbildeten (u.a. trivialisierende Reduktion komplexer Zusammenhänge, Exklusion von historischen Details, Orientierung an klassischen Dreiakt-Schemata, parteiische und bewertende Perspektiven auf die Vergangenheit, klare Unterscheidung zwischen Held/innen und Gegenspieler/innen, moralische Gut-Böse-Schemata, simple Plots durch repräsentative und verdichtete Figuren, Gegenwartsbezüge, Einweben von romantischen Beziehungen, bewusster Aufbau eines pseudo-authentischen Settings durch detaillierte Nachbauten und filmische Patina, Authentifizierung).[135] Einem Teil davon geht auch die vorliegende Untersuchung nach.

---

132 Sommer 2010, 258; vgl. auch Erll 2008, 397.
133 Borries 2008, 141f.
134 Hediger bezieht sich in seiner Darstellung ursprünglich auf das Kino, jedoch scheint mir eine Anwendung seiner Sichtweise auch auf einen Spielfilm zuzutreffen: Hediger 2006, 45.
135 Ebbrecht 2010, 343.

1.3. Historische De-Konstruktion als Teil der historischen Methodenkompetenz
Christoph Kühberger

1.3.1. Historische De-Konstruktion

Unter historischer De-Konstruktion versteht man jenen analytischen Akt, der im Rahmen des historischen Denkens eine Darstellung der Vergangenheit in ihren Bestandteilen erfasst und dabei in ihre Tiefenstrukturen eindringt, um den Konstruktionscharakter der historischen Erzählung („Geschichte") zu durchdringen.[136] Die dabei angewandten methodischen Wege versuchen, die der Darstellung über die Vergangenheit innewohnenden Perspektiven, die beeinflussenden Rahmenbedingungen und Intentionen sowie die gewählten Erklärungs- und Sinnbildungsmodelle offen zu legen.[137]

Die De-Konstruktion wird im domänenspezifischen Kompetenzmodell des historischen Denkens der internationalen Forschergruppe FUER-Geschichtsbewusstsein als Teilbereich der historischen Methodenkompetenz klassifiziert.[138] Dabei werden besonders analytische Fähigkeiten, Fertigkeiten und Bereitschaften für den Lebensvollzug fokussiert,[139] indem es bei der Anbahnung dieser Kompetenz eben u. a. auf die Aneignung eines kritischen Instrumentariums zur Prüfung von historischen Darstellungen, wie sie in allen Lebenswelten auftreten (TV-Dokumentation, Roman, Spielfilm, Computerspiel, Sachbuch etc.), ankommt. Aufgrund dieses Lebensweltbezuges ist es für schulische Lernprozesse notwendig zu erkennen, dass Erzählungen über die Vergangenheit in unterschiedlichsten Ausprägungen in der Lage sind, das Geschichtsbewusstsein in unterschiedlicher Art und Weise zu beeinflussen. Indem Geschichtserzählungen bildliche, haptische, multimediale oder schriftliche Vergangenheitswelten aufblühen lassen, gilt es die dabei im weitesten Sinn entstehenden geschichtskulturellen Produkte stets beispielsimmanent und intertextuell zu hinterfragen und in größere gesellschaftliche Kontexte zu setzen, denn nicht alle derartigen Darstellungen sind unter Berücksichtigung der Grundsätze der geschichtswissenschaftlichen Methode konstruiert. Oft sind vielmehr ökonomische, politische, ästhetische oder andere Faktoren für die Ausgestaltung der Narration ausschlaggebend. Der Zweck der Erzählung bestimmt in dieser Hinsicht eben den Bauplan grundlegend mit. Ein Beispiel dafür sind marktorientierte Unterhaltungsmagazine, die sich mit historischen Inhalten beschäftigen, aber primär einer sachorientierten Unterhaltung dienen wollen (z.B. Geo Epoche).[140]

Die bei einer historischen De-Konstruktion anzustrebenden Operationen beziehen sich auf drei Fokussierungen, die in einer idealtypischen Matrix ausdifferenziert wurden (Abb. 1.2.). Anhand dieser Matrix wird deutlich, dass in Erzäh-

---
136 Schreiber/Körber/Borries 2007, 28.
137 Krammer 2005, 50.
138 Vgl. Körber/Schreiber/Schöner 2007.
139 Vgl. Martens 2010, 74.
140 Kühberger 2009a, 52.

lungen über die Vergangenheit die Zeitdimensionen Vergangenheit, Gegenwart und Zukunft sinnbildend miteinander in Verbindung stehen und sich letztlich in einer Narration (Geschichte) niederschlagen. Die hier vorgenommene analytische Trennung der Fokussierungen soll verdeutlichen, welche Momente im Zusammenhang mit welcher Fokussierung besonders in den Mittelpunkt gestellt werden. Es wäre jedoch utopisch anzunehmen, dass es im Rahmen des schulischen Lernens möglich ist, eine umfassende De-Konstruktion einer Darstellung über die Vergangenheit vorzunehmen, die versucht, allen Teilaspekten einer in einer Erzählung re-konstruierten Vergangenheit nachzuspüren oder offen zu legen. Dennoch wird es darauf ankommen, den Schüler/innen immer wieder anhand unterschiedlicher geschichtskultureller Produkte geeignete Einsichten zu bieten, um ein grundlegendes Verständnis für den Aufbau und das Funktionieren von historischen Darstellungen zu ermöglichen.[141]

Abb. 1.2. Teilaspekt der Matrix der Projektgruppe „FUER Geschichtsbewusstsein"/ Basisoperation De-Konstruktion[142]

	Fokussierung auf Vergangenheit	**Fokussierung auf Geschichte**	**Fokussierung auf Gegenwart/Zukunft**
	Vergangenes feststellen	Vergangenes in Kontexte setzen und als „Geschichte" darstellen	Geschichte auf Gegenwart und Zukunft beziehen
De-Konstruktion von Geschichte	- Inventarisieren des über die Vergangenheit Berichteten - Abklären der Geltungssicherheit des Mitgeteilten durch Quellenbezug - Klären der Repräsentativität des über das Vergangene Mitgeteilten	- Offenlegen der leitenden Hinsichten - Offenlegen der Perspektivität - Offenlegen des Standortes des Urhebers - Überprüfen der Transparenz des Theoriegebrauches - Offenlegen und Analysieren der Diskursivität - Offenlegen der Aussageabsichten	- Aufdeckung der dem narrativen Konstrukt zugedachten (ästhetischen, politischen, kognitiven) Funktion - Eruieren der Sinnbildungsebene (traditional, exemplarisch, kritisch, genetisch), auf der das unterbreitete Sinnbildungsangebot sich bewegt - Bewerten des historischen Sinnbildungsangebotes im Hinblick auf gegenwärtige subjektive und kollektive Orientierungsprobleme
Umgang mit Geschichte	Vergangenes aus fertigen Narrationen de-konstruieren	Deutungszusammenhänge aus historischen Narrationen de-konstruieren	Historische Narration auf ihre Orientierungsfähigkeit hin prüfen

---

141 Kühberger 2009, 53.
142 http://www.1.ku-eichstaett.de/GGF/Didaktik/Projekt/Intern/Darstellungen.html (Interne Homepage des Projektes) (16.5.2006) – zitiert nach Kühberger 2009c, 16.

Diese zentrale Basisoperation des Kompetenzmodells FUER-Geschichtsbewusstsein findet sich jedoch auch in anderen domänenspezifischen Kompetenzmodellen der Geschichtsdidaktik, die damit ebenfalls die Unterscheidung zwischen dem Umgang mit Vergangenheit in Form von Quellen und den Umgang mit Darstellungen über die Vergangenheit (Geschichte) als zwei differente Operationen positionieren.

Dieser Umstand führt dazu, dass in der geschichtsdidaktischen Kompetenzdebatte auch andere domänenspezifische Kompetenzmodelle den Bereich der De-Konstruktion herausstellen, wenngleich er oftmals mit anderen Begriffen bezeichnet wird. Hans-Jürgen Pandel begründet etwa sein Kompetenzmodell über die Logik des historischen Erinnerns.[143] Im Zusammenhang mit dem Umgang mit Darstellungen der Vergangenheit fällt bei Pandel vor allem die „Gattungskompetenz" auf, über die er die Darstellungsformen von Geschichte, die eben über die kategorialen und methodischen Erschließungen sowie Fragestellungen hinausgehen, als einflussnehmende Faktoren sichtbar macht. Unter Gattungen werden dabei grundsätzlich alle Darbietungsformen, die historischen Sinn bilden, verstanden, eben auch die oftmals vernachlässigten geschichtskulturellen Modi.[144] Pandel definiert daher:

> „Gattungskompetenz – im Amerikanischen *historical literacy* genannt – verlangt, dass Schülerinnen und Schüler mit den verschiedenen Textgattungen umgehen können, die sich mit dem Themenbereich Geschichte befassen und diese auf ihren Aussagewert hin bewerten und sie gattungsmäßig korrekt gebrauchen können. Der Gattungskompetenz geht es um Klios Medien, in denen sich das kulturelle Gedächtnis ‚auslagert' (Assman). Ihr liegt das Wirklichkeitsbewusstsein des Geschichtsbewusstseins zugrund."[145]

Er verweist damit darauf, dass eigentlich seit den 1960er Jahren zwischen Quellen und Darstellungen als Gattungen unterschieden wird, aber dennoch – so Pandel weiter – „trotz aller Diskussionen über den quellenorientierten Geschichtsunterricht" die grundlegende Differenzierung noch längst nicht zum Allgemeingut geworden wäre.[146] Aus diesem Grund betont er die notwendige schülerseitige Auseinandersetzung mit der argumentativen Trennung zwischen Ficta und Facta oder der Aneignung von Verfahren, um Triftigkeiten im Umgang mit Geschichte (ansatzweise) feststellen zu können.[147] Bei Pandel spielt im Rahmen der vorliegenden Untersuchung für das Arbeiten mit Darstellungen der Vergangenheit jedoch auch seine „Interpretationskompetenz" sowie seine „geschichtskulturelle Kompetenz" eine Rolle, die beide versuchen, Darstellungen hinsichtlich ihrer verwendeten Begriffe und die in ihnen ruhenden Theorien und Modelle, ästhetischen

---

143 Pandel 2005, 44.
144 Körber 2007a, 116.
145 Pandel 2005, 27.
146 Pandel 2005, 27.
147 Vgl. Pandel 2005, 43.

Dimension, Sinnbildungsmuster, kontroversen Ausdeutungen uvm. zu befragen.[148] Wolfgang Hasberg hat Pandels Modell wegen der darin auffindbaren Inkonsistenz kritisiert und fragt dabei nach Momenten, die auch für die hier vorliegende Untersuchung relevant sind. So stellt sich etwa die nicht unberechtigte Frage, weshalb die „Gattungskompetenz" nicht als Teil der „geschichtskulturellen Kompetenz" angesehen wird, da ja die Formen der Sinnbildung einer gegenwärtigen Gesellschaft als das Gerüst angesehen werden können, „in dem Sinn zu allererst zum Ausdruck kommen kann!"[149]

Peter Gautschi fokussiert in seinem Kompetenzmodell für den Geschichtsunterricht, welches – ähnlich wie das Kompetenzmodell der internationalen Forschergruppe FUER-Geschichtsbewusstsein – eng an die geschichtstheoretischen Begründungen von Jörn Rüsen angelehnt ist, den Bereich des Umgang mit Darstellungen der Vergangenheit in vier Kompetenzbereichen, die aus allgemeinen Operationen des Denkens abgeleitet werden und durch ein inhaltliches Wenden entlang der bearbeiteten historischen Fallbeispiele, im hier besprochenen Fall Manifestationen der Geschichtskultur, fachspezifisch ausdifferenziert werden. Es handelt sich damit um ein Prozess- und Strukturmodell historischen Lernens, das eben auch Darstellungen der Vergangenheit hinsichtlich folgender Bereiche analysierbar machen möchte:[150]

a) *Wahrnehmungskompetenz für Veränderungen in der Zeit*: Kompetenzbereich zur Wahrnehmung von Veränderungen in der Zeit, zur Begegnung mit Zeugnissen aus dem Universum des Historischen und Präsentation aus der Geschichtskultur. Entsprechende Handlungen sind die Formulierung von eigenen Fragen sowie Vermutungen an Quellen und Darstellungen.

b) *Erschließungskompetenz für historische Quellen und Darstellungen*: Kompetenzbereich zur Entwicklung, Überprüfung und Darstellung von historischen Sachanalysen anhand von Quellen und Darstellungen, zum konkreten und kompetenten Umgang mit verschiedenen Gattungen. Dieser Kompetenzbereich umfasst Handlungen, die zu einer eigenen Sachanalyse führen.

c) *Interpretationskompetenz für Geschichte*: Kompetenzbereich zur Analyse und Deutung, zur Interpretation, zur Herleitung und zum Aufbau sowie zur Darstellung historischer Sachurteile im Universum des Historischen.

d) *Orientierungskompetenz für Zeiterfahrung*: Kompetenzbereich zur Sinnbildung über Zeiterfahrung, zur Werturteilsprüfung an Zeiterfahrung, zur Reflexion des historischen Lernens, zum Aufbau von Einstellungen und Haltungen, zur eigenen Orientierung in der gegenwärtigen Lebenspraxis. Dieser Kompetenzbereich umfasst Handlungen, die ein eigenes Werturteil ermöglichen.

---

148 Pandel 2005, 32ff und 40ff.
149 Hasberg 2009, 215f.
150 Gautschi 2009, 50ff; Barricelli/Gautschi/Körber 2012, 223.

Obwohl die theoretische Fundiertheit der einzelnen domänenspezifischen Kompetenzmodelle in der deutschsprachigen Geschichtsdidaktik ganz unterschiedlich gelagert ist,[151] kann festgehalten werden, dass der Bereich des kritischen Umgangs mit Darstellungen der Vergangenheit, eben mit Geschichte in der wissenschaftlichen Auseinandersetzung als ein notwendig zu beherrschender Teil des historischen Denkens und Lernens gilt.[152] Strittig bleibt jedoch die Rückbindung an Modelle der Geschichtstheorie.

In der hier vorliegenden Untersuchung wird vor allem auf das Modell der Forschergruppe FUER-Geschichtsbewusstsein zurückgegriffen, ohne dabei die existierenden Synergien und theoretischen Verknüpfungen zu ähnlich gelagerten Modellen der Geschichtsdidaktik zu negieren. Eine derartige Ausrichtung macht vor allem vor dem Hintergrund der österreichischen Situation Sinn, in der das *Bundesministerium für Unterricht, Kunst und Kultur* im überarbeiteten Lehrplan für das Unterrichtsfach „Geschichte und Sozialkunde/Politische Bildung" aus dem Jahr 2008 das FUER-Modell als theoretische Grundlage der normativen Vorgaben heranzog.[153] Darüber hinaus erhielt das Modell durch die derzeit laufende gymnasiale Oberstufenreform in Österreich eine weitere pragmatische Berechtigung, da für den darin vorgesehenen kompetenzorientierten Geschichtsunterricht sowie für die damit im Zusammenhang stehende Reifeprüfung ebenfalls dieses Modell dem Schulsystem anempfohlen wurde.[154] Bei all dieser Pragmatik darf jedoch aus der Sicht der Geschichtsdidaktik nicht übersehen werden, dass alle hier vorgestellten Modelle eines domänenspezifischen Kompetenzerwerbs letztlich auf je spezifischen geschichtstheoretischen Erkenntnissen beruhen, die mit normativen Vorgaben und pragmatischen Erwartungen in Verbindung gesetzt wurden, mit dem Wunsch ein konsistentes Modell vorzulegen. Keines der im deutschsprachigen Raum diskutierten Modelle ist empirisch abgesichert, wodurch es sich in letzter Konsequenz um idealtypische Systematiken des historischen Lernens bzw. Denkens handelt.[155]

1.3.2. Aspekte der historischen De-Konstruktion

In der Auseinandersetzung mit Darstellungen der Vergangenheit (i.e. Geschichte) können verschiedene theoretische Modelle gewählt werden, um die historischen Narrationen hinsichtlich ihres Aufbaues und ihrer Qualität zu befragen.[156] Als Hintergrund für die hier vorliegende Untersuchung wird auf die von Jörn Rüsen

---

151 Vgl. Körber 2007a, 90–154; Martens 2010, 63ff; Heil 2010, 42ff; Barricelli/Gautschi/Körber 2012. – An dieser Stelle sei angemerkt, dass es über die hier referierten Modelle weitere Modelle gibt – vgl. etwa Verband der Geschichtslehrer Deutschlands 2006. – Sauer 2002.
152 Selbst das in wissenschaftlichen Kreisen wenig positiv rezipierte Kompetenzmodell des Verbands der Geschichtslehrer Deutschlands führt diesen Bereich in seiner Medien-Methoden-Kompetenz aus. – Vgl. Verband der Geschichtslehrer Deutschlands 2006, 15f.
153 Vgl. Kühberger 2008a.
154 Mittnick 2011.
155 Martens 2010, 300.
156 Vgl. Schreiber 2005, 217–225.

theoretisch begründeten Triftigkeiten Bezug genommen, die nach Rüsen als „Wahrheitskriterien" herangezogen werden können. Er unterscheidet zwischen der empirischen, narrativen und normative Triftigkeit von historischen Erzählungen, die dann im Rahmen einer historischen De-Konstruktion überprüft werden:

a) Unter *empirischer Triftigkeit* kann eine besondere Form der Begründungsobjektivität verstanden werden, welche sich auf den belegbaren Tatsachengehalt der in einer historischen Narration präsentierten Geschehnisse und Sachverhalte bezieht:[157] „Die empirische Triftigkeit beruht […] darauf, dass ihre Behauptung darüber, was in der Vergangenheit der Fall war, durch die Erfahrung davon abgesichert ist, was von der Vergangenheit noch gegenwärtig ist, also als Zeugnis ihrer vergangenen Wirklichkeit zitiert, begründend angegeben werden kann."[158] Im Rahmen der geschichtswissenschaftlichen Forschung wird dies dadurch gesichert, dass Historiker/innen sich dem Beleggebot von Erkenntnissen aus der Arbeit mit historischen Quellen unterwerfen, um damit „den Erfahrungsgehalt ihrer Geschichtsschreibung durch Forschung zu sichern, zu steigern und intersubjektiv überprüfbar zu machen."[159]

b) Unter *normativer Triftigkeit* versteht man die Stimmigkeit der wesentlichen Kernpunkte in Bezug auf die der Darstellung der Vergangenheit zu Grunde gelegten Normen und Werte sowie auf die in ihr getätigten Bedeutungszuweisungen als Orientierung für die gegenwärtige bzw. zukünftige Lebenspraxis. Es geht also um den normativen Geltungsanspruch, den eine Erzählung über die Vergangenheit für sich beanspruchen kann.[160] „Für die Geschichte als Wissenschaft heißt dies, daß sich die Historiker der Regel unterwerfen, den normativen Gehalt ihrer Geschichtsschreibung durch Reflexion und Begründung ihres Standpunktes zu sichern, zu steigern und intersubjektiv überprüfbar zu machen […]."[161]

c) Unter *narrativer Triftigkeit* wird grundlegend die Angemessenheit eines „Textes" hinsichtlich seines Funktionssystems verstanden.[162] Im Bezug auf historische Narrationen geht es daher – im Sinn Jörn Rüsens – um das Erstellen einer in sich sinnvollen Erzählung über die Vergangenheit, welche „die Tatsächlichkeit und die Bedeutung vergangenen menschlichen Handelns und Leidens" vermittelt.[163] Die narrative Triftigkeit „zielt auf die innere Einheit von Tatsachen und Normen, die durch Sinnbildungsleistungen des historischen Er-

---

[157] Rüsen 1997, 161.
[158] Rüsen 1983, 91.
[159] Rüsen 1997, 161.
[160] Vgl. Kühberger 2009d, 154.
[161] Rüsen 1997, 161f.
[162] Nitsche 2008, 109.
[163] Rüsen 1997, 162.

zählens realisiert wird."¹⁶⁴ Im Kern geht es dabei um eine Methodisierung der historischen Sinnbildung über eine offene konstruktive Theoriebildung, „mit der der Sinngehalt einer Geschichte explizit, durch Explikation überprüfbar und durch Überprüfung erweitert, vertieft und gesichert werden kann."¹⁶⁵

Auf der Grundlage dieser Triftigkeiten soll verdeutlicht werden, was Peter Lee so ausdrückte:

„There is no one true story about the past, but a multiplicity of complementary, competing, or clashing stories. [...] Alternative stories are encountered not just in school or university, but outside in the wider world. Such stories do not come only in written texts purporting to tell us about the past, but in a variety of other ways too. Nor are they confined to the media, although film and television have much to say about the past."¹⁶⁶

Findet der Geschichtsunterricht einen Zugang zur historischen De-Konstruktion bzw. zu den in ihr lagernden Absichten und Konzepten, sollte es gelingen, ein zeitgemäßes Verständnis von historischem Lernen zu entwickeln. Lee stellt dazu fest:

„,Learning what happened' cannot be an adequate account of history education, because ,what happend' is never a given, and even where there is a consensus among historians, students will meet rival versions outside school or college."¹⁶⁷

Der Erwerb von epistemischen Konzepten, welche in der hier vorliegenden Untersuchung u.a. an die oben vorgestellten Überlegungen zu Triftigkeiten rückgebunden werden, erscheint daher für eine differenziert ausgeführte historische De-Konstruktion unumgänglich.¹⁶⁸

---

164 Rüsen 1983, 84.
165 Rüsen 1983, 110f.
166 Lee 2004, 129.
167 Lee 2004, 130.
168 Vgl. Kühberger 2012a, 53.

2. Grundlagen und Prinzipien der Untersuchung

2.1. Forschungsfragen

Christoph Kühberger/Elfriede Windischbauer

Die Skizze der im Kapitel 1 vorgenommenen theoretischen und fachlichen Verortung der hier vorliegenden Untersuchung im Rahmen der domänenspezifischen Kompetenzorientierung und der fachdidaktischen Diagnostik[169] führt zu den Forschungsfragen. Wie die Ausführungen des letzten Kapitels zeigen, verfügt die geschichtsdidaktische Forschung über wenig empirisches Wissen darüber, wie Schüler/innen der Sekundarstufe I mit dem Problem der historischen De-Konstruktion umgehen und wie geschichtskulturelle Produkte, wie eben etwa ein Spielfilm über die Vergangenheit, rezipiert bzw. gelesen werden.[170] Die Untersuchung hat es sich daher zum Ziel gesetzt, einen Beitrag zum besseren Verständnis eines Teilbereiches dieses Problemfeldes aufzugreifen und auf der Grundlage von empirischen Daten einen Einblick in historische Denkstrukturen von Schüler/innen zu geben. Die Untersuchung liefert, vor allem in ihrer qualitativen Dimensionierung, empirische Grundlagen, um Aussagen darüber treffen zu können, über welche historische Teilkompetenzen Schüler/innen am Beginn der 7. Schulstufe in Bezug auf die Wahrnehmung des Mediums „historischer Spielfilm" als (Re-)Konstruktion der Vergangenheit verfügen. Ausgehend von der epistemologischen Überzeugung, dass es sich bei „Geschichte" um Erzählungen über die Vergangenheit handelt,[171] leiten folgende Fragestellungen die Untersuchungen:

1) Welche Durchdringungstiefe der Unterscheidung zwischen „Geschichte" und „Vergangenheit" weisen Schüler/innen der 7. Schulstufe (Sek. I) im Bezug auf einen historischen Spielfilm auf? Während man unter „Vergangenheit" nämlich das unwiederbringliche vergangene Geschehen meint, stellt „Geschichte" eine Darstellung der Vergangenheit dar, die zwangsläufig eine partiale, perspektivische und subjektive (Re-)Konstruktion darstellt, die man auf unterschiedlichen Ebenen hinterfragen kann. Ein Spielfilm ist damit „Geschichte" und kein Abbild der Vergangenheit. Es gilt daher danach

---
169 Vgl. dazu Kapitel 5.2.
170 Im Unterschied etwa zu der Studie von Martens wird bei der vorliegenden Untersuchung bewusst auf ein geschichtskulturelles Produkt zurückgegriffen, welches den Lernenden auch im Alltag begegnet. Martens verwendet nämlich gekürzte Texte von Historikern. – Vgl. Martens 2008, 68.
171 Vgl. Das Projekt folgt dabei der konstruktivistischen Perspektive innerhalb der Geschichtswissenschaft vgl. Rüsen 1983. – Zur geschichtsdidaktischen Rezeption vgl. Schreiber/Körber/Borries et al. 2006; Kühberger 2009a.

zu fragen, inwieweit die Proband/innen dies als Novizen und Novizinnen des historischen Lernens argumentieren.

2) Anhand welcher Beispiele nehmen Schüler/innen – in diesem Zusammenhang – in ihren Begründungen Triftigkeitsprüfungen der historischen Darstellung vor? Sind diese an konkrete Details der filmischen Darstellung der Vergangenheit gebunden oder auch metakognitiv verfasst? Aus geschichtstheoretischer Perspektive wissen Darstellungen der Vergangenheit („Geschichte") normative, narrative und empirische Gründe anzugeben, warum die aufgebaute Erzählung über die Vergangenheit als „wahr" (lies: plausibel, stimmig, intersubjektiv nachvollziehbar) gelten kann. Entlang dieser Triftigkeiten ist es möglich, den geschichtswissenschaftlichen Wert einer Darstellung zu überprüfen. Es gilt daher danach zu fragen, auf welchen Ebenen die Proband/innen diese Problematik wahrnehmen.

3) Nehmen Schüler/innen am Beginn der 7. Schulstufe die Normativität der vorgeführten historischen Darstellung und ihre Auswirkungen auf die Erzählung der Vergangenheit in ausreichendem Maße wahr? Neben empirischen Momenten (z.B. Bezug zu historischen Quellen) und narrativen Strukturen (z.B. Wahrnehmen von stilistischen Mitteln) spielt die normative Ebene (z.B. radikal einseitige Perspektive) in Erzählungen über die Vergangenheit für deren Bewertung eine bedeutende Rolle.

4) Welche Aspekte des Mediums „Spielfilm" werden von den Schüler/innen als konstituierend in Hinblick auf die darin umgesetzte historische (Re-)Konstruktion aktiv wahrgenommen? Im Gegensatz zu schriftlich verfassten Erzählungen über die Vergangenheit besitzen Filme besondere Ebenen (u.a. Musik, Kameraperspektiven, Ausstattung, Beleuchtung), mit denen bestimmte Aspekte herausgearbeitet werden (u.a Wertungen, Gefühle, Erzähllinien).

Die Forschungsfragen sowie das damit in Verbindung stehende Untersuchungssetting sind zudem durch eine Vorannahme gekennzeichnet, die davon ausgeht, dass zum Zeitpunkt der empirischen Erhebung in der Sekundarstufe I geschichtskulturelle Produkte als zu kritisierende mediale Inszenierungen von Vergangenheit an Österreichs Schulen noch nicht die Regel waren bzw. vermutlich sogar weitgehend ignoriert wurden. Dies kann einerseits auf die erst jüngst erfolgte explizite normative Einführung des kritischen Umgangs mit Produkten der Geschichtskultur mit der Lehrplanadaptierung für das Unterrichtsfach *„Geschichte und Sozialkunde/ Politische Bildung"* (2008) sowie die noch hinterherhinkenden Entwicklungen am Schulbuchmarkt zurückgeführt werden,[172] weshalb es ein erklärtes Ziel darstellt,

---

172 Der österreichische Schulbuchmarkt ist derzeit für Geschichtslehrwerke stark in Bewegung. Einige Schulbuchreihen haben bereits auf die normativen Vorgaben und auch die Empfehlungen des Bundesunterrichtsministeriums reagiert und haben ihre Bücher überarbeitet, erweitert oder gänzlich neue Produkte auf den Markt gebracht. – Vgl. zu den Empfehlungen des Bundesministeriums für Unterricht, Kultur und Kunst: Krammer/Kühberger 2011.

eine Ist-Standserhebung – im Sinn einer fachdidaktischen Diagnostik – zu einem Teilbereich dieser Problematik durchzuführen. Damit kann man hier auch von einer fachspezifischen Medienwirkungsforschung sprechen, in der individuelle Denkleistungen im Umgang mit medialen Produkten erforscht werden. Im besonderen Fokus stehen dabei die Gestaltung und der gebotene Inhalt des Mediums.[173] Hinsichtlich vergleichbarer Untersuchungen, welche sich mit fachspezifischen Rezeptionsprozessen im Umgang mit Spielfilmen über die Vergangenheit beschäftigen, setzt sich die vorliegende Untersuchung insofern ab, da nicht die Messung eines über das filmische Medium vermittelte Faktenwissen im Mittelpunkt steht,[174] sondern domänenspezifische konzeptionelle Vorstellungen.

2.2. Forschungsleitende Prinzipien

Christoph Kühberger

Im Mittelpunkt der geschichtsdidaktischen Fragestellung steht damit der Lernende/die Lernende als Subjekt des historischen Denkens, an dem/der sich der gesamte Untersuchungsaufbau grundlegend orientiert. Gerade im Zusammenhang mit der Annäherung an die Performanz von historischen Kompetenzen erscheint es unerlässlich, ein methodisches Forschungsdesign zu kreieren, das die Subjektorientierung von historischen Denk- und Verarbeitungsprozessen als zentralen Angelpunkt auswählt. Damit soll diese Untersuchung einen Beitrag zur subjektorientierten Geschichtsdidaktik leisten, die versucht, historisches Lernen vor allem als individuellen Lernprozess zu verstehen, in dem die Lernenden (Subjekte) und ihre je personalen Aneignungsprozesse bzw. ihr persönlicher Lernstand[175] eines Umgangs mit Vergangenheit und Geschichte vor dem Hintergrund eines anzubahnenden reflektierten und (selbst)reflexiven Geschichtsbewusstseins in den Mittelpunkt gestellt werden.[176]

In der empirischen Phase der Untersuchung wurden qualitative und – an sie gebundene bzw. von ihnen abgeleitete – quantitative Erhebungsverfahren miteinander kombiniert. Die dabei zur Anwendung gebrachte Subjektorientierung als erkenntnisleitendes Prinzip zeigt sich in der Untersuchung an mehreren Stellen:
- Durch die zentrale Positionierung von historischen Denkprozessen bzw. vor allem deren Repräsentation in manifesten Objektivationen (Essays) von Individuen werden vor allem subjektive Vorstellungen

---

173 Vgl. Schweiger 2007, 24.
174 Vgl. etwa dazu das Forschungsdesign zur Rezeption von Dokumentationen bei Neitzel 2010, 490ff. – Obwohl auch Bergold in seiner Rezeptionsforschung zu einem TV-Zweiteiler durchaus ein differenzierteres Verständnis von filmischer Wahrnehmung und die daran gekoppelte Verarbeitung präsentiert, spielt auch bei ihm die „subjektive Wissenseinschätzung" zum bearbeiteten Thema eine Rolle: Bergold 2010, 506f. – Auch Meyen/Pfaff zeigen in ihrer Rezeptionsforschung zu TV-Dokumentationen, dass die Erwartungen an diese Formate durch Wissensaneignung mitgeprägt sind: Meyen/Pfaff 2006, 105.
175 Die Erhebung des persönlichen Lernstandes steht im Mittelpunkt der vorliegenden Untersuchung.
176 Kühberger 2012a, 60.

über das Funktionieren von Geschichte und den Umgang mit Vergangenheit als Teil individueller (historischer) Sinnbildung in den Mittelpunkt der empirischen Erhebung gestellt und damit zum Forschungsgegenstand und Ausgangspunkt der geschichtsdidaktischen Exploration.
- Durch einen Bezug zur Lebenswelt der Proband/innen, der sich durch das von den Schüler/innen zu analysierende geschichtskulturelle Produkt in Form eines Spielfilmes ausdrückt, wurde die Möglichkeit geboten, Einsichten aus dem eigenen Erfahrungsraum der Jugendlichen im Zusammenhang mit deren Medienkonsum einzubringen.
- Neben den schriftlichen Erhebungen wurden auch fokussierte Vertiefungsinterviews mit Proband/innen geführt, um über ein verschriftlichtes Verständnis hinaus eine Möglichkeit zu schaffen, zumindest ausschnittsweise und exemplarisch in die Rezeptions- und Denkwelten der Schüler/innen einzudringen („retrospektive Introspektion"), um weitere Deutungsmuster, Wahrnehmungen und Verstehensakte offen zu legen.
- Soziographische Daten und Mediennutzungsdaten, die im Rahmen der empirischen Phase mit erhoben wurden, ermöglichen es darüber hinaus, die jeweilige mediale Nutzung in der Lebenswelt der Schüler/innen mit zu berücksichtigen, um Verbindungen herzustellen zwischen der analytischen Perspektive auf den Film und einigen für die Untersuchung relevanten Mediennutzungsgewohnheiten.

Bei derart ausgerichteten empirischen Forschungsvorhaben sind jedoch auch forschungsethische Fragen zu berücksichtigen, um etwa die Anonymität der Befragten zu wahren oder den Verwertungszusammenhang offen zu legen. Im Forschungsalltag treten dabei eine Vielzahl an ethischen Fragen auf, die es im Sinn eines reflektierten Nachdenkens über Moral zu lösen gilt. Im Regelfall müssen diese entlang einer guten wissenschaftlichen Praxis bewältigt werden, indem ungeschriebene, informelle, implizite Regeln, die jedoch letztlich auf einem geteilten Fundament der Bildungswissenschaften beruhen, zur Anwendung gebracht werden.[177]

Auch in der hier vorliegenden Arbeit wurden verschiedene ethisch-moralische Grundprinzipien, wie sie in den Sozial- und Bildungswissenschaften zur Anwendung kommen, berücksichtigt.[178] So wurden zwar die schriftlichen und mündlichen anonymen Erhebungen mit der jeweiligen Genehmigung der Schulaufsicht durchgeführt, wie dies in Österreich üblich ist, es wurde jedoch den Proband/innen zusätzlich die Möglichkeit geboten, die Aufgabenstellung nicht zu bearbeiten. Von diesem Recht machte im Bereich der schriftlichen Erhebung kein Schüler/keine Schülerin der getesteten Schulklassen Gebrauch. Anders verhielt sich dies bei den ergänzenden Vertiefungsinterviews. In der Regel meldeten sich in den

---

177 Vgl. Kühberger/Sedmak 2008, 31.
178 Vgl. Bischur/Sedmak o.J.

für diese qualitativen Befragungen vorgesehenen Klassen nur jeweils drei bis vier Schüler/innen, die dann auch tatsächlich die Chance erhielten, Teil dieser freiwilligen Zusatzerhebung zu sein. Nur in einem Fall lag die Zahl derer, die sich in einer Klasse für ein solches Interview zur Verfügung stellten, weit über den Möglichkeiten dieses Projektes, so dass eine willkürliche, aber geschlechterparitätische Auswahl getroffen wurde.[179]

Die Freiwilligkeit, die den Proband/innen zugestanden wurde, stellte sich nur im Zusammenhang mit den ebenfalls interviewten Klassenlehrer/innen im Unterrichtsfach „Geschichte und Sozialkunde/Politische Bildung" als Problem heraus, da die Mehrheit der Lehrer/innen nicht bereit war, ein digital aufgezeichnetes qualitatives Interview zum eigenen Unterricht zu geben. Die Erhebung in diesem Bereich musste sich daher auf eine handschriftliche Mitschrift des Interviewers oder eine im Nachhinein erstellte schriftliche Antwort seitens der befragten Lehrer/innen beschränken. Persönliches Unterrichtsmaterial wurde von keinem der befragten Lehrpersonen zur Verfügung gestellt. Die dazu vorliegende Datenlage ist dementsprechend dünn oder in Teilen nicht im intendierten Umfang verwertbar. Dieser Umstand steht wahrscheinlich mit den in Österreich laufenden bildungswissenschaftlichen Erhebungen im Rahmen der PISA- und nationalen Bildungsstandardüberprüfungen im Zusammenhang. Durch die derzeitig verstärkte empirische Beforschung des österreichischen Schulsystems kommt es in dieser Hinsicht zu einer Ermüdungserscheinung, die sich aufgrund der empirischen Ausrichtung aller bildungswissenschaftlichen Fächer (Soziologie, Erziehungswissenschaft, Fachdidaktiken uvm.) in Zukunft vermutlich noch weiter verschärfen wird. Auch die Unsicherheit im Umgang mit den erhobenen Daten rund um die Bildungsstandards und den derzeit für Österreich noch nicht absehbaren Rückwirkungen auf den einzelnen Lehrer/die einzelne Lehrerin könnten ebenfalls ein möglicher Grund für die distanzierte Haltung gewesen sein.

Darüber hinaus wurden alle Proband/innen vor den Befragungen darüber informiert, dass es sich bei der Erhebung um ein wissenschaftliches Projekt handelt, das sich mit dem historischen Denken von Schüler/innen auseinandersetzt und die vertraulichen Daten, die im Rahmen der empirischen Erhebung produziert wurden, so weiterverarbeitet werden, dass eine Zuordnung zu bestimmten Schulen und Personen verunmöglicht wird.[180]

---

179 Durch dieses Vorgehen wird vor allem der „Respect for People's Rights, Dignity, and Diversity" umgesetzt. – Vgl. American Educational Research Association/AERA 2011, 147.
180 Die hier angesprochene „Confidentiality" steht im Einklang mit dem „Code of Ethics" der American Educational Research Association (AERA). – Vgl. AERA 2011, 149f.

3. Aufbau der Untersuchung

Christoph Kühberger

3.1. Untersuchungsaufbau und seine Erhebungsinstrumente

Die Untersuchung ist insgesamt als eine mehrstufig aufgebaute, deskriptive und in Teilen explorative Querschnittsstudie zu verstehen, auf deren Grundlage im Verwertungszusammenhang Aussagen für eine geschichtsdidaktische Pragmatik in fachspezifischen Lehr-Lernprozessen abgeleitet wurden.

Die dazu gewählten Erhebungsinstrumente versuchten daher einerseits besonders qualitative Aspekte in den Vordergrund zu stellen, andererseits Datenmaterial, das sowohl die schulische als auch die Erhebungssituation kontextualisiert. In der empirischen Phase der Studie wurden daher qualitative und an sie gebundene quantitative Erhebungsverfahren miteinander kombiniert, indem nämlich Schüler/innen entlang einer vorgegebenen Aufgabenstellung je ein Essay verfassten, welches in einigen Fällen durch vertiefende Interviews mit ausgewählten Lernenden ergänzt wurde. Zudem wurde eine Befragung der Geschichtslehrer/innen der Schüler/innen hinsichtlich deren kritischen Beschäftigung mit Filmen im Unterricht der befragten Klassen durchgeführt, um auch eine Rückbindung an schulische Lernerfahrungen der Proband/innen zu erreichen (Abb. 3.1.). In Bezug auf den gezeigten Filmausschnitt wurde eine detaillierte Filmanalyse zu den zentralen Einflussgrößen des Mediums vorgenommen.

Abb. 3.1. Erhebungsaufbau

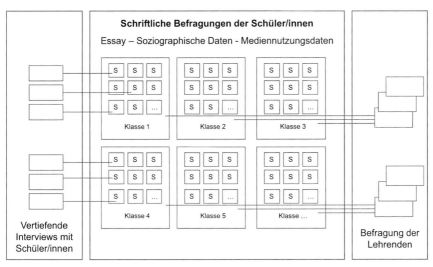

Damit bettete sich die vorliegende Untersuchung in jene geschichtsdidaktische Forschungstradition ein, die versucht, das historische Denken zu ergründen, um dabei domänenspezifische Denkwege, perspektivische Voraussetzungen und nicht zuletzt Entwicklungsvoraussetzungen von Lernenden im Umgang mit Vergangenheit und Geschichte offen zu legen.[181] Auf diese Weise wird ein empirischer Zugang operationalisiert, den die allgemeine Unterrichtsforschung nicht hinreichend berücksichtigt, nämlich das Fokussieren auf „facheigene Denkstrukturen".[182] Gleichzeitig muss jedoch anerkannt werden, dass im Ergründen derartiger Strukturen die Spezifik der geschichtsdidaktischen Forschung zu erkennen ist, ihr Proprium also ist – so Wolfgang Hasberg – in ihrem eigenen Erkenntnisinteresse zu erkennen, nicht aber in Gegenständen, die sie eben nicht für sich alleine beanspruchen kann. Die Geschichtsdidaktik verfügt dabei jedoch über kein eigenes Methodenrepertoire. Sie entlehnt es aus anderen wissenschaftlichen Disziplinen.[183]

3.2. Auswahl des Filmausschnittes

Für die Beurteilung der Schüleressays ist es zentral, welche inhaltlichen und filmtechnischen Aspekte im vorgeführten Filmausschnitt gezeigt wurden, da von diesen Impulsen ausgehend das historische Denken der Proband/innen angeregt wurde. Aus diesem Grund ist es für derartige, strukturierte empirische Erhebungen bedeutsam, welcher Spielfilm ausgewählt bzw. welcher Filmausschnitt für die Studie herangezogen wird. Für die vorliegende Untersuchung wurde Ridley Scotts Spielfilm „1492 – Die Eroberung des Paradieses" verwendet, der zum 500-jährigen Jubiläum der „Entdeckung" Amerikas durch Kolumbus und seine Mannschaft gedreht wurde. Innerhalb dieses 149-minütigen Spielfilms über die Vergangenheit wurde die Landungsszene (6 Minuten 57 Sekunden) ausgewählt. Diese Wahl wird damit begründet, dass mit dieser Szene eines der bekanntesten historischen Ereignisse der Epoche um 1500 filmisch inszeniert wurde, welches in der Regel auch bereits Schüler/innen vor einer curricularen Bearbeitung bekannt ist und zudem gesichert stattfand. Auf diese Weise ist es möglich, die grundsätzliche Frage danach, ob das Ereignis stattgefunden hat, auszuschließen, wenngleich sich die auch für diese Untersuchung zentrale Frage nach dem „Wie" auftut. In diesem Sinn unterscheidet sich die ausgewählte Szene von rein fiktionalen Erzählsequenzen (anderer Spielfilme) über die Vergangenheit, wie etwa melodramatische Ausschnitte aus Filmen, in denen fiktive Einzelschicksale in quasi authentischer Umgebung präsentiert werden, die letztlich als Ereignis aber stets „Ficta" bleiben.[184] Zudem kann auf diese Weise sicher gestellt werden, dass der Inhalt des Fallbeispieles („substative content") und die implizit abgefragten epistemischen Konzepte („second order ideas") sich nicht negativ konkurrenzieren, sondern vielmehr in den Ausführun-

---
181 Vgl. Gautschi 2009, 111.
182 Vgl. Hasberg 2001, 537.
183 Hasberg 2007, 24f.
184 Vgl. Zimmermann 2008, 139.

gen der Schüler/innen zu dem konkreten Fall zu Tage treten.[185] Gleichzeitig bietet der Ausschnitt eine Vielzahl an gut erkennbaren filmischen Mitteln (u.a. eindeutige Kameraeinstellungen und -perspektiven, Nutzung der Abspielgeschwindigkeit des Films) sowie detaillierte Aufnahmen der Ausstattung, wodurch filmkritische Zuschauer/innen in ihrer Fragehaltung gegenüber dem Medium durchaus herausgefordert werden.

Ein Aspekt, der mit den oben genannten in enger Verbindung steht, ist der Umstand, dass dieser Filmausschnitt seit einigen Jahren in der Lehrer/innen-Aus-, Fort- und Weiterbildung an der Universität Salzburg und an der Pädagogischen Hochschule Salzburg eingesetzt wurde und bei den Studierenden und Lehrer/innen im Schuldienst stets auf eine positive Rezeption stieß und erfolgreiche Umsetzungen in Klassenzimmern folgten.[186] Um ein möglichst vielfältiges Spektrum an gattungstypischen Facetten des Filmausschnittes herauszuarbeiten und mit den Aussagen der Schüler/innen in Verbindung setzen zu können, wurde eine detaillierte Filmanalyse mit Einstellungsprotokoll und Kontextualisierung der Entstehungsbedingungen vorgenommen, die sich an der von Werner Faulstich vorgeschlagenen Vorgangsweise orientiert.[187]

3.3. Auswahl der Erhebungsgruppe

Um eine Ist-Standserhebung hinsichtlich des in der Fragestellung positionierten Erkenntnisinteresses durchzuführen, wurde im September 2011 bei 260 Schüler/innen der 7. Schulstufe (Sekundarstufe I) in 11 Klassen in Salzburg, Wien und Graz (in einer annähernden Normalverteilung[188] zwischen Gymnasien und Hauptschulen bzw. Neuen Mittelschulen) eine schriftliche Befragung in Form eines Essays durchgeführt. Insgesamt haben 5 Schulen an der Untersuchung teilgenommen. Aus Schule 1 nahmen 43 Schüler/innen an der Untersuchung teil, aus Schule 2 82 Schüler/innen, aus Schule 3 46 Schüler/innen, aus Schule 4 42 Schüler/innen und aus Schule 5 43 Schüler/innen. Somit sind die Jugendlichen über die Schulformen der Sekundarstufe I relativ gleichverteilt, nur aus Schule 2 stammen ca. doppelt so viele Jugendliche als bei allen anderen Schulen. Die Auswahl der Schulen erfolgte

---

185 Vgl. Lee/Dickinson/Ashby 2006, 230f; Lee 2011.
186 Vgl. Krammer 2010. – Ich selbst habe diesen Ausschnitt im Rahmen eines Seminars von Reinhard Krammer kennengelernt und die in ihm für Lernzwecke lagernden Potentiale auch mehrmals im Geschichtsunterricht erprobt, weshalb auch die erste Erhebung zu diesem Film bereits 2007 stattfand. – Vgl. Kühberger 2010a.
187 Faulstich 2002. – Vgl. Kapitel 4.3.
188 Im Schuljahr 2009/10, welches als Datengrundlage für die Schülerzahlen herangezogen wurde, besuchten 32% der Schülerpopulation der Sekundarstufe I (n=358.358) gymnasiale Unterstufen und 65% Hauptschulen/Neuen Mittelschulen. Der Rest besuchte sonstige allgemeinbildende (Statut) Schulen und Schulen mit ausländischem Lehrplan. – vgl. Statistik Austria – http://www.statistik.at/web_de/statistiken/bildung_und_kultur/index.html (15.11.2011) – Bei der Erhebung zur hier vorliegenden Untersuchung stammen die Schüler/innen je zur Hälfte aus Hauptschulen/Neuen Mittelschulen bzw. gymnasialen Unterstufen. Alle Schulen befinden sich im städtischen Milieu (Salzburg, Wien, Graz).

dabei jedoch nicht nach einem reinen Zufallsprinzip, sondern nach Kriterien, welche die Schultypen beachteten, um eine Ausgewogenheit entlang der österreichischen Schullandschaft zu erreichen.

Durch diese Auswahl und die Durchführung der Erhebung am Beginn der 7. Schulstufe konnte sichergestellt werden, dass die Schüler/innen noch nicht im curricularen Zusammenhang mit dem inhaltlichen Thema (hier: Ankunft Kolumbus' in Amerika) konfrontiert waren. Auf diese Weise gelang es, eine vorcurriculare Erhebung[189] der epistemischen *believes* der Proband/innen durchzuführen. Dass sich dieser Zugang bewährte, zeigte sich etwa darin, dass keine/r der Proband/innen eine vorgefertigte Gegenerzählung zum Spielfilmausschnitt oder erkennbares reproduziertes Wissen aus einem schulischen Zusammenhang in die Bewältigung der aufgeworfenen Arbeitsaufgabe einfließen ließ.

3.4. Schriftliche Befragung der Schüler/innen

Die Konstruktion der schriftlichen Aufgabe, die in Form eines kurzen Essays beantwortet werden sollte, wurde in Anlehnung an eine Erhebung von Kühberger aus dem Jahr 2007 konzipiert.[190] Die Hauptintention der schriftlichen Erhebung kann darin erkannt werden, dass die Schüler/innen nach der Vorführung eines Filmausschnittes aus einem Spielfilm über die Vergangenheit danach befragt werden sollten, inwiefern der Spielfilm dazu in der Lage ist, die Vergangenheit abzubilden. Damit wurde im Rahmen der Möglichkeiten des Projektes „Geschichte denken" ein epistemischer Teilaspekt innerhalb der historischen De-Konstruktion fokussiert.

Einer der Hauptaugenmerke bei der Konstruktion der Aufgabenstellung (Abb. 3.2.) für die qualitative Erhebung wurde darauf gelegt, dass der Leseanteil für die Bewältigung der Aufgabe und die dafür benötigte Zeit möglichst gering sein sollte. Wurde bei der Erhebung 2007 innerhalb einer relativ kleinen Testgruppe (n=28) noch eine sehr kurze Arbeitsanweisung gegeben,[191] wurde versucht, den Proband/innen in der vorliegenden Untersuchung eine umfassendere Anweisung zu geben, die (a) einen Hinweis auf die erfolgte Vorführung eines Filmausschnittes aus einem modernen Kinofilm gibt, (b) danach fragt, ob dieser Filmausschnitt zeigt, wie die Ankunft des Kolumbus 1492 stattgefunden hat und (c) eine Anweisung über die Länge der erwarteten Verschriftlichung der Überlegungen angibt. Aus Erfahrungen aus dem im Mai 2011 durchgeführten Pretest wurde ein zusätzliches Wort in die Aufgabenstellung eingefügt, das die Schüler/innen auffordert „alle" Überlegungen aufzuschreiben, da eine Tendenz feststellbar war, dass die Proband/innen nur ein Argument im Essay präsentierten.

---

189 Es wurde im Rahmen der Untersuchung nicht abgefragt, inwieweit in den Klassen auch Repetent/innen an der Erhebung teilnahmen, um diese spezielle Gruppe nicht zu diskriminieren.
190 Vgl. Kühberger 2010a.
191 Die Aufgabenstellung lautete: „Zeigt uns der Film, wie die Ankunft Kolumbus stattgefunden hat? Begründe deine Antwort!" – Kühberger 2010a, 640.

Abb. 3.2. Aufgabenstellung zur Abfassung der Essays durch die Schüler/innen

> „Du hast einen Ausschnitt aus einem modernen Kinofilm gesehen. Zeigt uns dieser Filmausschnitt, wie die Ankunft des Kolumbus 1492 stattgefunden hat? Schreibe *alle* deine Überlegungen dazu in mindestens 50 Wörtern auf."

Durch diese Art der Herangehensweise gelang es, konzeptionelle Vorstellungen der Schüler/innen in analysierbaren Manifestationen festzuhalten, die einerseits Auskunft über die vorhandenen individuellen Denkwege und Überlegungen zum aufgeworfenen Problem gaben, aber auch andererseits in Summe einen Einblick über die in der untersuchten Schülerpopulation nachweisbaren Konzepte im Umgang mit Spielfilmen über die Vergangenheit ermöglichten, die an medien- und geschichtstheoretische Momente rückgebunden werden konnten.[192]

Um die Schüleressays auswerten zu können, wurde auf eine qualitative Inhaltsanalyse zurückgegriffen, die zum einen Teil in Anlehnung an Philipp Mayring entwickelt wurde, indem eine textimmanente und koordinierende Interpretation durch eine Analyse der Textbestandteile unter Einbezug des Entstehungskontextes vorgenommen wurde.[193] Mayrings Zugang wurde aber zum anderen Teil um eine hermeneutisch angelegte „Extraktion"[194] nach Jochen Gläser/Grit Laudel erweitert, um die für die Forschungsfrage relevanten Aspekte erschließen zu können.[195] Auf diese Weise konnte in dem verwendeten Erhebungsraster zur Analyse der Essays auch die methodische Herangehensweise des Concept-Mappings von Judith Torney-Purta integriert werden, die ausgehend von den kognitionspsychologischen Konzepten der mentalen Modelle die konzeptionellen Denkstrukturen zu fassen sucht. Dabei wird davon ausgegangen, dass historisches Denken sich über konzeptionelle Vorstellungen ordnet, die sich aufgrund einer vielfältigen Begegnung mit Objekten, Personen, Situationen und Handlungen herausgebildet haben. Es handelt sich dabei im Kern um eine Methode, um kognitive Verstehensakte und ihre gedankliche Komplexität sichtbar zu machen. Dies kann, wie dies Torney-Purta in einigen Studien umsetzte, über visualisierte „Concept-Maps" der Denkstrukturen, die von Wissenschaftler/innen aus gedanklichen Manifestationen abgeleitet werden, geschehen,[196] oder, wie dies in der hier vorgestellten Studie durchgeführt wurde, über eine kategorial angelegte Erschließung, die den klassischen Auswertungsrahmen von Mayring um die entsprechenden konzeptionellen Erhebungs-

---

192 Man könnte an dieser Stelle von „medialisiertem Wissen" sprechen. Indem nämlich danach gefragt wird, inwieweit Schüler/innen die im Medium des Spielfilms gebotenen Informationen, die eben erst durch Verarbeitung und Aneignung durch das Subjekt zu Wissen werden, auch durch kritische Aspekte des historischen Denkens anreichern. – Vgl. Kübler 2010, 313.
193 Mayring 2003, 27ff.
194 Darunter werden über ein Suchraster entnommene Informationen verstanden, die kategorial eng an die Fragestellung gebunden sind.
195 Vgl. Gläser/Laudel 2010, 199ff; Froschauer/Lueger 2003, 158ff.
196 Vgl. Torney-Purta 1989. – Einen ähnlichen Zugang wählte auch Leinhardt zur Visualisierung von Vorstellungen über „Geschichte". – Vgl. Leinhardt 2010. – Vergleichbar, jedoch weit weniger transparent das „Node-link diagramm" von Gaea Leinhardt zum Fallbeispiel „Paul". – Leinhardt 2000, 233ff.

ebenen ergänzt (Abb. 3.4.). Letztlich wird damit versucht individuelle Wissensstrukturen zumindest ausschnitthaft zu visualisieren bzw. zu erheben.[197]

Die für die derart angelegte qualitative Inhaltsanalyse herangezogenen Analysekategorien wurden aus der geschichtstheoretischen und geschichtsdidaktischen Debatte generiert. Hauptbezugspunkt waren dabei die von Jörn Rüsen entwickelten Triftigkeiten des historischen Denkens,[198] die jedoch zur Erschließung der von den Schüler/innen in ihren Essays verwendeten Konzepten in verschiedene Ebenen umgearbeitet wurden (Abb. 3.3.), um auf diese Weise die von den Proband/innen verwendeten konzeptionellen Zuschnitte codieren zu können.[199]

Erhoben wurden bei der Auswertung jedoch nicht nur Konzepte, denen aus wissenschaftlicher Sicht zuzustimmen ist, sondern auch jene, mit denen die Jugendlichen sich die gestellte Frage erklären, die etwa im falschen Kontext auftauchen oder deren Nennung schlichtweg sachlich falsch sind. Auf diese Weise kann es gelingen im Sinn eines diagnostischen Verfahrens, die Breite jener (*prior*) *conceptions* in der Schülerpopulation auszumachen, an denen im Unterricht, sofern sie auftauchen, gearbeitet werden sollte, um eine Weiterentwicklung im historischen Denken zu ermöglichen. Unter *prior conceptions* werden hier (wenig elaborierte) Konzepte des fachspezifischen Denkens und ihre Verbindung untereinander verstanden, welche die Jugendlichen heranziehen, um die mit der Aufgabenstellung aufgeworfene Problematik zu erklären. Dabei handelt es sich um individuelle Wissensstrukturen, die aufgrund der eigenen Welterfahrung und damit in Verbindung stehenden Analogien entstehen, durchaus aber domänenspezifische Wissensanteile besitzen können.[200] Gelingt es in Lernprozessen nicht an die darin lagernden Konzepte anzuschließen, bleiben die Vermittlungsversuche rudimentär bis erfolglos, oder es kommt zu unbeabsichtigten Verknüpfungen im kognitiven System.[201]

Wie Pretests im Rahmen dieser Untersuchung und frühere ähnliche Erhebungen zeigten,[202] sind die Verwendung einer narrativen, normativen und empirischen Ebene als geschichtstheoretische Strukturen zwar hinreichend für eine Erfassung von konkreten inhaltlichen Denkvorgängen der Proband/innen, gleichzeitig war es jedoch notwendig, die Auswertungsstruktur um den Aspekt einer rein theoretisch ausgeprägten Ebene zu erweitern, damit auch jene Denkwege von Schüler/innen erfasst werden, die aus einer Meta-Reflexion erwachsen und bei der geschichtstheoretisch bzw. formal über Vergangenheit und Geschichte oder auch über die Rolle von Filmen ganz allgemein nachgedacht wird, ohne jedoch eine Rückkoppelung an einen konkreten inhaltlichen Aspekt der im Rahmen der Essays besprochenen Darstellungen über die Vergangenheit vorzunehmen.

---

197 Vgl. Lange 2011, 109f. – Im Unterschied zu empirischen Versuchen, wie etwa bei Lange, wird in der vorliegenden Untersuchung von den Schüler/innen kein Concept Map (externalisierte Wissensrepräsentation) erstellt, über das man hofft, auf interne Wissensstrukturen schließen zu können. In Anlehnung an Torney-Purta wird vielmehr aus einem Schüleressay ein Concept Map abgeleitet.
198 Vgl. Kapitel 1.3.2.
199 Vgl. dazu Schreiber 2005, 222ff; Schreiber/Schöner 2005; Kühberger/Mellis 2009; Kühberger 2010a, 642.
200 Vgl. Kühberger 2010b, 43.
201 Sander 2005, 55.
202 Vgl. Kühberger 2010a.

Abb. 3.3. Ebenen für die Auswertung der von den Proband/innen verwendeten Konzepte

Empirische Ebene	Konkrete Überlegungen, die danach fragen, ob bestimmte Taten, Orte, Dinge, Ereignisse etc. tatsächlich auf diese Weise in der Vergangenheit vorhanden waren oder stattgefunden haben. Auf diese Weise wird auf die Geltungssicherheit bzw. die fachliche Richtigkeit Bezug genommen.
Narrative Ebene	Konkrete Überlegungen, die jene Aspekte aufdecken und reflektieren, inwiefern das Medium selbst oder Personen auf die Erzählung Einfluss nehmen bzw. dessen Konstruktion beeinflussen. Dazu zählt u. a. die Erzählstruktur, Konstruktionsprinzipien, Aufbau.[202]
Normative Ebene	Konkrete Überlegungen, die nach der in der Darstellung eingenommenen Perspektive fragen oder nach impliziten/expliziten Bewertungen (entlang von Normen und Werten), die in der Erzählung als Grundlage verwendet werden, um Orientierung für die Gegenwart/Zukunft anzubieten.
Metareflexive Ebene	Theoretische Überlegungen, die auf historische Meta-Reflexion abzielen, ohne an ein konkretes Beispiel aus der Darstellung zu verweisen (z.B. Quellenkritik, methodischer Umgang mit Quellen/Darstellungen, geschichtswissenschaftliche Konzepte)

Würde man das Essay des Schülers 93 als Concept-Map im Sinn von Torney-Purta darstellen, würde man den verschiedenen kategorialen Ebenen Symbole zuordnen, um das Concept-Map möglichst schnell erfassen zu können (z.B. empirische Ebene □; narrative Ebene ○; normative Ebene ◊, meta-reflexive Ebene ∆). Konzeptionelle Verbindungen würden durch eigene Verbindungslinien gekennzeichnet werden. Um die Möglichkeiten dieses Auswertungstools zu verdeutlichen, wird im Folgenden das Essay von Schüler 93 (Abb. 3.5.) aus der vorliegenden Studie als Concept-Map vorgestellt, aber auch ein Essay aus einer kleineren Probandengruppe aus dem Jahr 2007 (Schülerin 20), da ein derartig komplexes Ergebnis einen Sonderfall über alle Proband/innen hinweg darstellt, dabei aber besonders gut die konzeptionellen Verbindungen verdeutlicht werden können (Abb. 3.6.).

---

203 Damit wird hier vor allem der akzidentielle Charakter von historischen Narrationen mitberücksichtigt, der u.a. in filmtechnischen, rhetorischen, vielleicht sogar poetischen Momenten der Narration zu suchen ist. Dies wird damit begründet, dass in dem kurzen Filmausschnitt, der dieser Untersuchung zu Grunde liegt, die Dimension „Zeit" im Sinn von Kontinuität, Wandel o. ä. eine nachrangige Rolle spielt. Damit steht die hier ausgewiesene narrative Ebene nicht primär den theoretischen System von Jörn Rüsen nahe, sondern vielmehr der geschichtsdidaktischen Erweiterung, welche eben auch medien- und literaturwissenschaftliche Aspekte darin subsumiert. – Vgl. Schreiber 2005, 223; van Norden 2011, 31; Rüsen 1997, 162.

Abb. 3.4. Exemplarischer Auswertungsraster (Essay Schüler 93)

Text Schüler/in	Korrektur (oder Paraphrase) der Sinneinheit	Extrakt	Anmerkung	Normativ	Narrativ	Empirisch	Meta-reflexiv
Nein, weil es die Ansicht des Regiseures wie Kolumbus Amerika entdeckt hatte, aber es kann auch so gewesen sein, es gibt dafür eben keine Beweise, weil es nicht überliefert wurde wie Kolumbus Armerika entdeckt hatte.	Nein, weil es die Ansicht des Regiseurs ist, wie Kolumbus Amerika entdeckt hatte, aber es kann auch so gewesen sein, es gibt dafür eben keine Beweise, weil es nicht überliefert wurde, wie Kolumbus Amerika entdeckt hatte.	Regisseur Quellenlage			1		1
Die Szennen waren sehr realistisch, besonders auf dem Boot. Im Urwald war es ein bisschen übertrieben. Ich fand den Film realistisch.	Die Szenen waren sehr realistisch, besonders auf dem Schiff. Im Urwald war es ein bisschen übertrieben. Ich fand den Film realistisch.	Schiff Darstellung	„realistisch"/ „übertrieben" beziehen sich auf die Darstellung	1			

Abb. 3.5. Concept Mapping/Schüleressay Nr. 93 (2011)

„Nein, weil es die Ansicht des Regiseures wie Kolumbus Amerika entdeckt hatte, aber es kann auch so gewesen sein, es gibt dafür eben keine Beweise, weil es nicht überliefert wurde wie Kolumbus Armerika entdeckt hatte. Die Szennen waren sehr realistisch, besonders auf dem Boot. Im Urwald war es ein bisschen übertrieben. Ich fand den Film realistisch."

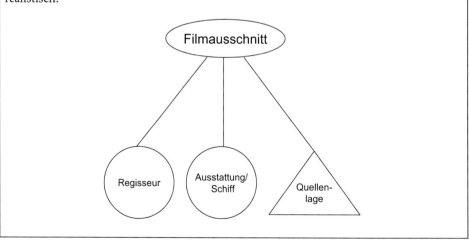

Abb. 3.6. Concept Mapping/Schüleressay Nr. 20 (2007)[204]

„Nur wie die Schauspieler/der Regisseur es sich vorgestellt haben/hat. Man kann es eigentlich nicht genau wissen, da es damals noch keine Fotoapparate/Filmkameras/etc. gab. Der Film wurde schließlich etwa 500 Jahre später gedreht, die Ankunft wird also aus der Sicht der heutigen Menschen dargestellt. Manches könnte ähnlich gewesen sein, etwa dass Kolumbus (?) und die Matrosen sich am Strand auf die Knie werfen. Es war sicher wie ein Wunder, dass sie das Land gefunden haben, außerdem war es bestimmt eine Erleichterung, nach (?) Monaten am Schiff an Land zu gehen. Aber man kann nicht wissen, welche Fahnen sie trugen, oder wie die Schiffe aussahen, was sie anhatten … Würde man es mit anderen Quellen vergleichen, wären wahrscheinlich einige Sachen ähnlich, bestimmt sind aber auch viele andere Sacher erfunden, um den Film dramatischer zu machen. Das ist jedoch, bei den meisten Quellen so, dass es interessanter/dramatischer/etc. dargestellt wird. Auch bei mündlichen Weiterleitungen werden Details dazugegeben, weggelassen, verändert, usw. Es gibt zwar gute Quellen, aber um zu wissen, wie es wirklich war, bräuchte man eigentlich eine ‚Zeitmaschine'."

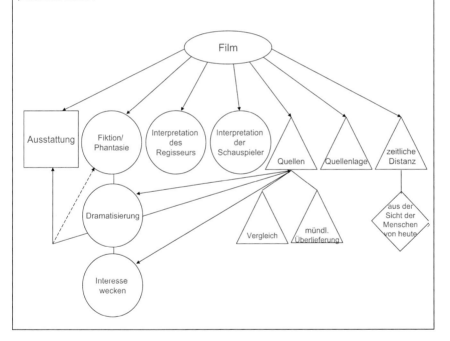

---

204 Kühberger 2010a, 644.

3.5. Qualitative Vertiefung durch Interviews mit Schüler/innen

Im Anschluss an die Erstellung des Essays der 260 befragten Schüler/innen konnten sich pro Klasse je ca. drei Jugendliche für freiwillige qualitative Vertiefungen melden, um darüber einerseits über Fallbeispiele vertiefende Einblicke in die schriftliche Befragung zu erhalten sowie andererseits um die Möglichkeiten und Grenzen des Erhebungsinstrumentes hinsichtlich der damit erhebbaren und sich manifestierenden historischen Denkstrukturen zu erhalten. Bei diesen kurzen Interviews, die unmittelbar nach der schriftlichen Erhebung durchgeführt wurden, wurde mit einem stark strukturierten Fragebogen und offenen Fragen gearbeitet, auf die der Interviewer/die Interviewerin zur Klärung der vorgebrachten Erklärungen individuell eingehen konnte.[205] Als Ausgangspunkt wurde dabei das schriftliche Essay gewählt. Nachdem der Interviewer/die Interviewerin das Essay als Vorbereitung zum Interview gelesen hatte, stieg man mit der gleichen Frage in das Interview ein, die in der schriftlichen Erhebung gestellt wurde, um die Möglichkeit zu erhalten, klärende Nachfragen zu stellen. Im Anschluss wurden verschiedene Aspekte herausgegriffen, welche Auskunft (a) über das Medienverhalten im Zusammenhang mit Spielfilmen über die Vergangenheit geben sollten, (b) über die Vorstellungen zu den empirischen Grundlagen des Wissens über die Vergangenheit sowie (c) über drei ausgewählte filmische Mittel (Zeitlupe, Spannung, Casting).[206]

3.6. Befragung der Lehrkräfte

Zur Erhebung der Kontextdaten wurden zudem die jeweiligen Geschichtslehrer/innen der befragten 11 Klassenverbände (n=8 Personen) mittels eines leitfadengestützten Fragebogens, der einen offenen Charakter besaß, hinsichtlich einflussnehmender Faktoren (Filmeinsatz im bisherigen Geschichtsunterricht, Anbahnung von De-Konstruktionskompetenz bisher etc.) befragt.[207] Die Vorbehalte der Klassenlehrer/innen, welche bereits im Kapitel 2.2. beschriebenen wurden, hatten zur Folge, dass nur zwei Interviews digital aufgezeichnet werden konnten, sechs weitere Interviews nur in verschriftlichten Versionen (durch Mitschriften der Testleiterinnen oder durch selbstständiges Ausfüllen der Lehrpersonen) vorliegen.

---

205 Vgl. Kapitel 8.2.
206 Vgl. den Fragebogen „Tiefeninterview Schüler/innen" im Anhang. – Kapitel 8.3.
207 Vgl. den Fragebogen „Tiefeninterview Lehrer/innen" im Anhang – Kapitel 8.3.

4. Auswertung
Christoph Kühberger

Der Untersuchungsaufbau berücksichtigt Daten verschiedener Provenienz, die aus mehreren Quellen des Untersuchungssettings stammen, um sie im Sinn einer Data-Triangulation für die Auswertung heranzuziehen:
a) Essays der Schüler/innen
b) Interviews mit Schüler/innen
c) Befragung der Geschichtslehrer/innen der Klassenverbände
d) Analyse des Filmausschnittes

Ziel war es dabei, unterschiedliche Aspekte und Einflussfaktoren desselben Phänomens zu erfassen, um über deren Berücksichtigung – mit Blick auf die Forschungsfragen – eine pluriperspektivische und verdichtete Erfassung, Beschreibung und Erklärung der erhobenen historischen Denkstrukturen der Schüler/innen zu ermöglichen.[208] Um bei der Analyse der einzelnen Datensätze subjektive Sichtweisen in Interpretationen zu erweitern, zu korrigieren bzw. zu überprüfen, kam bei der Auswertung zudem eine Investigator-Triangulation zum Einsatz, indem ein Team aus Wissenschaftler/innen der *Pädagogischen Hochschule Salzburg*, der *Zentralen Arbeitsstelle für Geschichtsdidaktik und Politische Bildung* sowie des *Fachbereichs Geschichte der Universität Salzburg* die Auswertung gemeinsam vornahmen.[209] In diesem Team waren damit sowohl praktizierende Geschichtslehrer/innen als auch Forscher/innen aus dem Bereich der Geschichtsdidaktik vertreten, so dass entsprechend der Zusammensetzung der Arbeitsgruppe verschiedene Perspektiven auf die einzelnen Fälle (Essays) eingebracht wurden.[210]

4.1. Quantitative Auswertung der Schüleressays
Christoph Kühberger/Bianca Schartner

4.1.1. Elemente der deskriptiven Statistik

Die im Folgenden vorgestellten Ergebnisse der deskriptiven Statistik sollen zum einen die Stichprobe der vorliegenden Untersuchung genauer vorstellen und zum anderen die verschiedenen Variablen der Untersuchung darstellen.

An der Untersuchung „Geschichte denken" waren insgesamt 260 Schüler/innen beteiligt, 43,8% davon waren weiblich, 54,2% männlich. Von 5 Schüler/innen (1,9%) fehlt die Angabe zum Geschlecht. Das Alter der an der Untersuchung beteiligten

---
208 Kelle/Erzberger 2003, 303f; Beilner 2003, 302.
209 Vgl. Flik 2003, 312.
210 Vgl. Treumann 2005, 210; Flick 2011, 37.

Schüler/innen, die je in der dritten Klasse der Sekundarstufe I befragt wurden, reicht von 11 bis 16 Jahren (Mittelwert=12,84, SD=,72). Die meisten Jugendlichen (137) waren zum Zeitpunkt der Untersuchung 13 Jahre alt (Abb. 4.1.).

Abb. 4.1. Verteilung der Proband/innen nach Alter

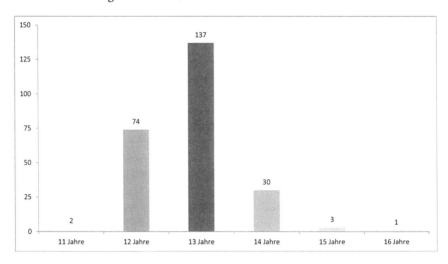

Die beiden Schultypen, welche an der Untersuchung beteiligt waren (Hauptschule/ Neue Mittelschule und gymnasiale Unterstufe), sind mit jeweils 128 Jugendlichen gleichverteilt.

Insgesamt nahmen fünf Schulen an der Untersuchung teil. Die Schüleranzahl bewegt sich zwischen 42 Schüler/innen in Schule 4 und 82 Schüler/innen in Schule 2 (Abb. 4.2.).

Abb. 4.2. Verteilung der Proband/innen auf die teilnehmenden Schulen

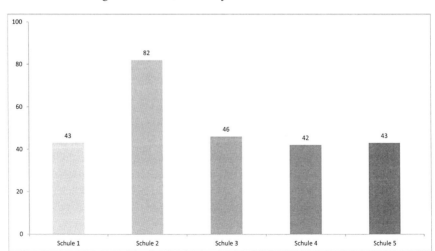

Die Schüler/innen wurden im Rahmen der Untersuchung auf einer 4-stufigen Skala nach ihrem täglichen Fernsehkonsum gefragt. Acht Schüler/innen (3,1%) gaben an, gar nicht fernzusehen, 115 Schüler/innen (44,2%) gaben an, „weniger als 2 Stunden täglich" am TV zu sitzen, 100 Jugendliche (38,5%) gaben an, „mehr als 2 Stunden täglich" vor dem Fernsehapparat zu verbringen und 29 Jugendliche (11,2%) antworteten, dass sie täglich „mehr als 4 Stunden" ihrer Freizeit mit dem Medium Fernseher beschäftigt wären. Von acht Schüler/innen wurde diese Frage nicht beantwortet (Abb. 4.3.).[211]

Abb. 4.3. Fernsehkonsum der befragten Schüler/innen

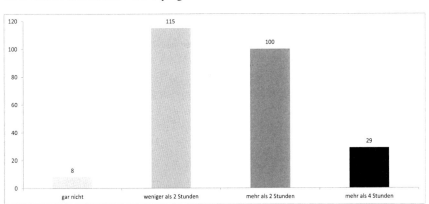

Die Schüler/innen wurden zudem auf einer 4-stufigen Skala nach ihrem täglichen Internetkonsum befragt. Ein Großteil der befragten Schüler/innen (57,5%) beantwortete diese Frage mit „weniger als 2 Stunden". Nur 8,3% der Schüler/innen gaben an, „mehr als 4 Stunden" täglich im Internet zu surfen (Abb. 4.4.).

Abb. 4.4. Internetkonsum der Schüler/innen

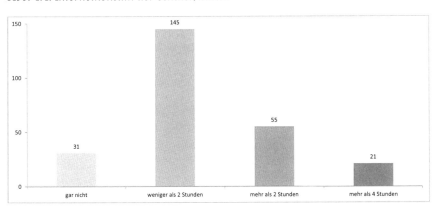

---

211 Diese Daten stimmen mit ähnlichen Erhebungen aus der Schweiz bei Kindern und Jugendlichen im Alter zwischen 9 und 16 Jahren überein. – Vgl. Süss 2004, 131.

Da sich die vorliegende Untersuchung auch mit Spielfilmen beschäftigt, wurde mit einer weiteren Frage erhoben, welches monatliche Pensum an Kinobesuchen auszumachen ist.

Die Mehrheit der befragten Jugendlichen (161) gab an, einmal im Monat ins Kino zu gehen. 17% der befragten Schüler/innen gaben an, nie das Kino zu besuchen, 14% der Schüler/innen gaben an, 2 bis 4 mal monatlich einen Kinobesuch zu machen und 3% gaben an, mehr als viermal monatlich einen Kinofilm zu konsumieren (Abb. 4.5.).

Abb. 4.5. Anzahl der Kinobesuche pro Monat

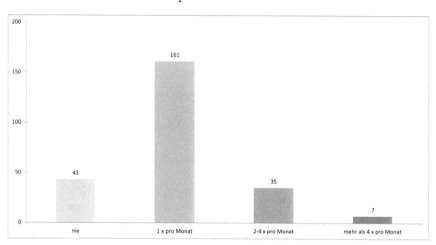

Die Einstellung zum Unterrichtsfach „Geschichte und Sozialkunde/ Politische Bildung" wurde mithilfe einer 4-stufigen Skala von ‚mag das Fach gar nicht' bis ‚mag das Fach sehr gern' erhoben. Mehr als zwei Drittel der befragten Schüler/innen gaben an, das Fach sehr gern oder zumindest gern zu mögen. Ein Viertel der Schüler/innen gaben an, dass ihnen das Fach „egal" sei und weniger als 10% gaben an, dieses Fach gar nicht zu mögen (Abb. 4.6.).

Abb. 4.6. Einstellung zum Unterrichtsfach „Geschichte und Sozialkunde/Politische Bildung"

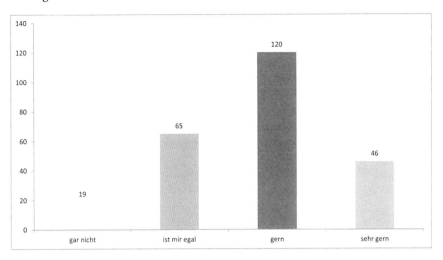

4.1.2. Quantitative Erkenntnisse zur Unterscheidung von „Vergangenheit" und „Geschichte"

Die Frage, die im Zentrum der hier vorliegenden Untersuchung steht, ist jene nach der durch die Schüler/innen vorgenommenen und artikulierten Unterscheidung zwischen „Vergangenheit" und „Geschichte". Es sollte herausgefunden werden, ob den Schüler/innen bewusst ist, dass der ihnen vorgeführte Ausschnitt aus einem Spielfilm über die Vergangenheit (hier: „1492 – Die Eroberung des Paradieses") eben nicht die Realität von 1492 abbilden kann und nur eine filmische Rekonstruktion darstellt.[212] Die quantitativ gewendeten Ergebnisse der Essayanalyse zeigen, dass 77 Jugendliche (43,7%) davon ausgehen, dass der Filmausschnitt die Vergangenheit eher nicht bzw. nicht zeigt. 52 Jugendliche (20%) argumentieren, dass der Film nicht die Vergangenheit zeigt, während 25 Jugendliche (9,6%) meinen, dass der Filmausschnitt eher nicht die Vergangenheit zeigt. 22 Schüler/innen (8,5%) gehen davon aus, dass der Filmausschnitt die Vergangenheit eher zeigt, während 59 Jugendliche (22,7%) überhaupt der Ansicht sind, dass der Filmausschnitt in der Lage wäre, die Vergangenheit wiederzugeben. Unentschieden waren in Bezug auf die aufgeworfene Problematik 18 Schüler/innen (6,9%), die Frage nicht beantwortet haben 84 Schüler/innen (32,3%).

---

212 Hierfür konnten nur 176 Schüleressays herangezogen werden, welche nach einer Inhaltsanalyse (vgl. Kapitel 3.4.) eindeutig einer Kategorie zugeordnet werden konnten.

Abb. 4.7. Überlegungen der Proband/innen zu der Frage, ob der Film die Vergangenheit zeigt

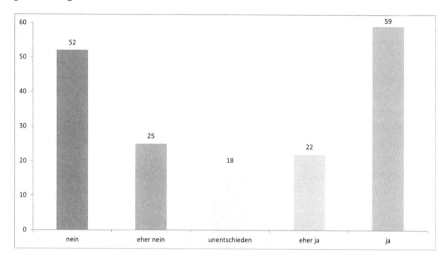

4.1.3. Quantitative Erkenntnisse zur Nutzung von Konzepten

Normative Konzepte konnten in der Untersuchung bei keinem der 260 untersuchten Schüler/innen festgestellt werden.

Narrative Konzepte konnten bei 14% der untersuchten Schülerinnen und Schüler (insgesamt 36) identifiziert werden. Es konnte bei 18 Jugendlichen jeweils ein narratives Konzept festgestellt werden, 8 Jugendliche hatten zwei narrative Konzepte, 5 Jugendliche verwendeten drei narrative Konzepte und fünf Schüler/innen hatten mehr als 3 narrative Konzepte (Abb. 4.8.).

Abb. 4.8. Anzahl der verwendeten narrativen Konzepte (naK)

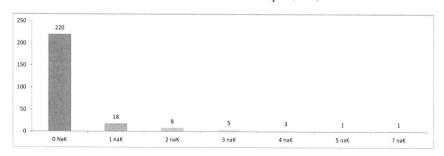

Empirische Konzepte konnten in der vorliegenden Studie bei rund 30% der untersuchten Schüler/innen identifiziert werden. Mindestens ein empirisches Konzept konnte bei 35 Proband/innen gefunden werden, 26 Jugendliche hatten zwei empirische Konzepte, sechs Schüler/innen hatten 3 empirische Konzepte und acht Schüler/innen wiesen vier oder mehr empirische Konzepte auf (Abb. 4.9.).

Abb. 4.9. Anzahl der verwendeten empirischen Konzepte (eK)

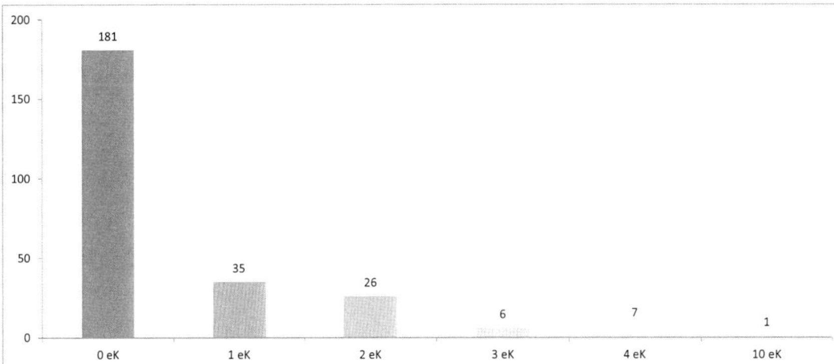

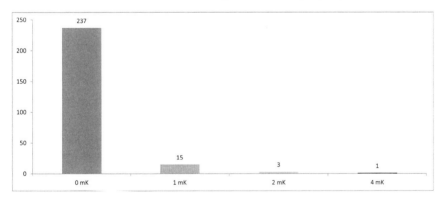

Die Anzahl der metareflexiven Konzepte in der Untersuchung war sehr begrenzt. Weniger als 8% der untersuchten Schülerinnen und Schüler hatten überhaupt ein metareflexives Konzept und nur ein kleiner Teil davon hatte mehr als ein derartiges Konzept (5 Schüler/innen).

Abb. 4.10. Anzahl der verwendeten metareflexiven Konzepte (mK)

Am seltensten konnten innerhalb der verschiedenen Ebenen konzeptionelle Verbindungen bei den Schüler/innen identifiziert werden. Insgesamt konnten bei 7 Jugendlichen (3%) konzeptionelle Verbindungen festgestellt werden. Sechs der befragten Schüler/innen hatte eine konzeptionelle Verbindung und ein/e Schüler/in wies zwei derartige Verbindungen auf.

Abb. 4.11. Anzahl der verwendeten konzeptionellen Verbindungen (kV)

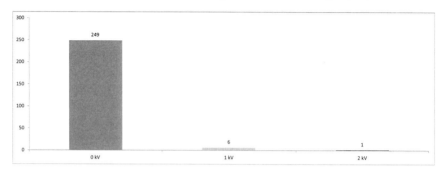

Die folgende Grafik (Abb. 4.12.) zeigt, wie viele Konzepte/Verbindungen insgesamt in der Untersuchung identifiziert werden konnten.

Abb. 4.12. Gesamtgrafik der Anzahl der verwendeten Konzepte/Verbindungen.

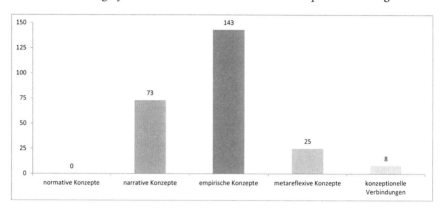

4.1.4. Zusammenhangsberechnungen

Um die Frage beantworten zu können, ob es Zusammenhänge zwischen den erhobenen Variablen gibt, wurden diverse Korrelationsberechnungen durchgeführt. Je nach Skalierung der Variablen wurden die entsprechenden Korrelationskoeffizienten berechnet.

Um die Frage zu untersuchen, ob das Erkennen der „Nichtabbildbarkeit" der Vergangenheit im Filmausschnitt („Filmfrage") mit den Konzepten bzw. den konzeptionellen Verbindungen in Zusammenhang steht, wurden Korrelationsberechnungen nach Spearman durchgeführt.[213] Die Ergebnisse der Korrelationsberechnungen finden sich in der Tabelle Abb. 4.13.

---

213 Da kein Schüler bzw. keine Schülerin normative Konzepte zur Begründung seiner/ ihrer Antworten heranzog, konnten in diesem Kontext keine Zusammenhangskoeffizienten berechnet werden. Es wurden Spearman Korrelationen berechnet, da die Antworten auf die Filmfrage ordinal skaliert sind (4-stufige Skala) und die Anzahl der Konzepte rechtssteil verteilt ist und damit signifikant von der Normalverteilung abweicht.

Abb. 4.13. Zusammenhang zwischen der Filmfrage und der Anzahl der jeweiligen Konzepte (Spearman Korrelationen)

Filmfrage	r_s	p
Anzahl der narrativen Konzepte	-.379**	.000
Anzahl der empirischen Konzepte	-.302**	.000
Anzahl der metareflexiven Konzepte	-.160*	.034
Anzahl der konzeptionellen Verbindungen	-.164*	.030

** $p < .01$, * $p < .05$, 2-seitig.

Je höher die Anzahl der jeweiligen Konzepte, desto häufiger wird die Antwort „nein" auf die Filmfrage gegeben. Alle Zusammenhänge sind negativ und signifikant.

Weiters interessiert die Frage, ob und inwieweit der Medienkonsum und das Erkennen der Nichtabbildbarkeit der Vergangenheit im Filmausschnitt zusammenhängen. In Abb. 4.14. finden sich die entsprechenden Korrelationskoeffizienten.

Abb. 4.14. Zusammenhang zwischen der Filmfrage und dem Medienkonsum (Spearman Korrelationen)

Filmfrage	r_s	p
TV Konsum	-.213**	.005
Internetkonsum	-.105	.171
Anzahl der Kinobesuche	-.017	.828

** $p < .01$, 2-seitig.

Es zeigt sich ein signifikanter und negativer Zusammenhang zwischen dem TV-Konsum und der Beantwortung der Filmfrage: Je mehr die Schüler/innen fernsehen, desto häufiger beantworten sie die Filmfrage mit „nein".

Sieht man sich die Zusammenhänge getrennt für Jungen und Mädchen an, so ergeben sich ähnliche Zusammenhänge (Abb. 4.15.)

Abb. 4.15. Zusammenhang zwischen der Filmfrage und dem Medienkonsum getrennt nach Geschlechtern (Spearman Korrelationen)

Filmfrage	r_s	p	r_s	p
	Mädchen		Buben	
TV Konsum	-.257*	.028	-.202*	.045
Internetkonsum	.175	.139	.259**	.009
Anzahl der Kinobesuche	-.094	.431	.033	.753

** $p < .01$, * $p < .05$, 2-seitig.

Auch hier ergeben sich signifikante und negative Zusammenhänge zwischen TV-Konsum und Einschätzen der Filmfrage: Je öfter die Kinder/Jugendlichen fernsehen, desto realistischer ist die Antwort auf die Filmfrage. Bei den Buben ergibt sich zusätzlich ein signifikanter und negativer Zusammenhang mit dem Internetkonsum: Je öfter im Internet gesurft wird, desto besser ist die Einschätzung in der Filmfrage.

4.1.5. Lehrperson-Lernende-Zusammenhang

Die Lehrer/innen der untersuchten Klassen (9) wurden in der Untersuchung ebenfalls miteinbezogen und befragt. Die dabei erhobenen Daten versuchen, einerseits den Geschichtsunterricht und seine – im Hinblick auf den Einsatz von Spielfilmen über die Vergangenheit – Voraussetzungen zu klären sowie andererseits die Einschätzungen der Lehrer/innen über die erwarteten Schülerleistungen abzufragen.

Die Befragung nach dem Einsatz von Filmen im Unterricht ergab, dass eine Lehrperson selten Filme einsetzt, drei Lehrpersonen manchmal (2- bis 3-mal/Semester) Filme für die Unterrichtsgestaltung heranziehen, weitere drei Lehrpersonen oft (4- bis 5-mal/Semester) auf den Filmeinsatz zurückgreifen und zwei Lehrer/innen gaben an, sehr oft (> 5-mal/Semester) mit dem Medium Film im Geschichtsunterricht zu arbeiten (Abb. 4.16.).

Abb. 4.16.: Einschätzung der Lehrer/innen zum Einsatz von Filmen im eigenen Geschichtsunterricht (Lehrer/innen)

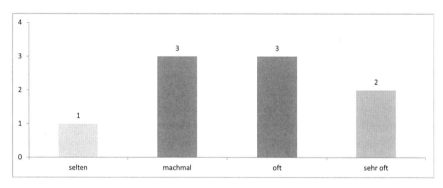

Die Interviews mit den Lehrer/innen der einzelnen Klassen wurden aber auch hinsichtlich des von den Befragten erörterten Einsatzes von Filmen im Geschichtsunterricht kategorial erschlossen. Dabei wurde vor allem darauf geachtet, inwiefern die Lehrpersonen einen kritischen Filmeinsatz im Sinn eines kompetenzorientierten Geschichtsunterrichtes favorisierten bzw. inwieweit es ihnen dabei um die Konstruktion von filmisch dargestellter Geschichte geht.[214] Anhand der Interviews

---

214 Die dazu verwendeten Kategorien waren: (a) Kein kritischer Filmeinsatz im Geschichtsunterricht zu erkennen; (b) Punktuelle Momente eines kritischen Filmeinsatzes im Geschichtsunterricht

kann daher festgehalten werden, dass in den Erklärungen von Lehrpersonen von 3 Klassen kein kritischer Filmeinsatz erkennbar ist. Dies drückt sich etwa dort aus, wo Spielfilme (z.B. „Gladiator", „Der Bockerer", „Mühlviertler Hasenjagd") nur als inhaltliche Ressource angesehen werden:

Interviewerin:	*Nach welchen Kriterien wählen Sie diese Filme oder Filmausschnitte aus, wenn Sie welche im Geschichtsunterricht einsetzen?*
Lehrerin:	Ob es thematisch dazu passt. Oft eigentlich so als erster Einstieg in die Thematik, also eher vom Inhaltlichen her und vom Filmanalytischen her dann eigentlich erst in der Oberstufe.
Interviewerin:	*Und was ist Ihnen beim Einsatz von Filmen oder Filmausschnitten im Geschichtsunterricht besonders wichtig? Welche Ziele verfolgen Sie damit?*
Lehrerin:	Ja eher die Informations... also Filme als Informationsquelle und ja, mit den höheren Klassen dann schon auch sozusagen kompetenzorientierte Filmkritik oder Filmanalyse.[215]

Eine andere Lehrerin betont etwa, dass sie Filme auszuwählen versucht, welche keine zu lange Spieldauer haben, kindgemäß sind und „objektiv auf Geschichte" eingehen.[216]

Bei den Lehrpersonen von fünf Klassen kann ein kritischer Filmeinsatz punktuell festgestellt werden. Diese Gruppe lässt erkennen, dass ihnen bestimmte Aspekte des Filmeinsatzes wichtig sind, wie z.B. die historische Kontextualisierung des Dargestellten, die Art der Darstellung oder die Illusionsbildung im Film.

In einem Interview[217] von einer Lehrperson, welche zwei Klassen unterrichtet, konnte ein qualitativ hochwertiger kritischer Filmeinsatz im Geschichtsunterricht erkannt werden:

Interviewer:	*Wie oft setzen Sie durchschnittlich Filme oder Filmausschnitte im Geschichtsunterricht in den ersten drei Lernjahren ein?*
Lehrer:	Ich setze regelmäßig Filme oder Filmausschnitte im Geschichtsunterricht ein, wobei ich in den höheren Klassen öfter Filme/Filmausschnitte zeige, als in der 2. [Klasse]. Gerade bei bestimmten Themen der 4. Klasse (NS/ 2. Weltkrieg, Kalter Krieg sind Themen, bei denen

---

zu erkennen; (c) Ansatzweiser ausdrücklicher kritischer Filmeinsatz im Geschichtsunterricht zu erkennen; (d) Differenzierter kritischer Filmeinsatz im Geschichtsunterricht zu erkennen; (e) Qualitativ hochwertiger kritischer Filmeinsatz im Geschichtsunterricht zu erkennen

215 Tiefeninterview Lehrerin 3/ September 2011.
216 Tiefeninterview Lehrerin 8/ September 2011.
217 Dieses „Interview" wurde schriftlich seitens des Lehrers verfasst. – Lehrer1/September 2011.

	es Originalfilmaufnahmen gibt) sehe ich mir mit meinen Schüler/innen z.T. wöchentlich kurze Dokumentationen und Filmausschnitte (10–15 min) an.
Interviewer:	*Welche Filme haben Sie im Geschichtsunterricht bereits eingesetzt?*
Lehrer:	Zum Teil verwende ich die vom Medienverleih angebotenen Filme und Dokumentationen, zum Teil zeige ich Clips bzw. Filmaufnahmen auf Youtube. Spielfilme verwende ich selten. Filme, die ich bisher öfter verwendet habe, waren beispielsweise „[Mühlviertler] Hasenjagd" und „Goodbye, Lenin".
Interviewer:	*Nach welchen Kriterien wählen Sie diese Filme/ Filmausschnitte aus?*
Lehrer:	Bei der Auswahl stelle ich mir verschiedene Fragen: Passt die Länge des Films/Filmausschnitts? Werden „eindrucksvolle" Bilder gezeigt? Ist die Sprache/Ausdrucksweise für die Schüler/innen verständlich?
Interviewer:	*Was ist Ihnen beim Einsatz von Filmen/ Filmausschnitten im Geschichtsunterricht besonders wichtig? Welche Ziele verfolgen sie damit?*
Lehrer:	Ich möchte mit den von mir gezeigten Filmen den Unterricht lebendig machen. Sehen die Schüler/innen beispielsweise Aufnahmen vom Bau der Berliner Mauer, bleibt vielen das mehr in Erinnerung, als einen Text im Buch zu lesen oder jemanden (Lehrer/in) darüber reden zu hören. Andererseits versuche ich den Schüler/innen auch klarzumachen, dass Filme/ Filmausschnitte nicht eine „absolute Wahrheit" zeigen, sondern nur eine Darstellung der Vergangenheit sind, da ja gerade Spielfilme gerne historische Fakten „verbiegen", um mehr Platz für eine spannende Handlung zu machen. Die Schüler/innen sollen außerdem begreifen, dass auch Geschichtsdokumentationen nicht unbedingt immer 100%ig wahr sind.
Interviewer:	*Welche Probleme sehen Sie beim Einsatz von Filmen/ Filmausschnitten im Geschichtsunterricht?*
Lehrer:	Ich denke, eine große Gefahr ist, dass Lehrer/innen die „Filme den Unterricht machen lassen". Immer wieder bekommt man mit, dass Kollegen/innen (etwa in schwierigen Klassen bzw. gegen Schulschluss) nur noch den Fernseher ins Klassenzimmer schieben und die Schüler/innen so mit dem Lehrstoff vertraut machen wollen. Ebenfalls problematisch empfinde ich, dass man den Schüler/innen kommentarlos Filme zeigt und diese dann von den Schüler/innen als DIE Wahrheit angesehen werden und sie sich nicht kritisch damit auseinandersetzen.

Interviewer:	*Wie bereiten Sie den Einsatz eines Filmes/ Filmausschnittes vor und nach?*
Lehrer:	Setze ich Spielfilme ein, bespreche ich mit den Schüler/innen zuerst kurz die Prämisse des Filmes. Worum geht es? Welche Hintergründe müssen erwähnt werden? Danach versuche ich meistens, das Gesehene mit Fragen (z.T. Fragen, die eine Diskussion auslösen können/sollen) aufzuarbeiten. Wenn ich sehe, dass die Schüler/innen während des Zusehens etwas nicht verstehen oder Fragen aufkommen, stoppe ich den Film/Filmausschnitt manchmal auch und versuche, die Unklarheiten zu beseitigen.
Interviewer:	*Im Film „1492 – Die Eroberung des Paradieses" aus dem Jahr 1994 wird die Landung des Columbus in Amerika dargestellt. Wie würden Sie den gezeigten Ausschnitt einsetzen? Welches Ziel/ welche Ziele würden Sie damit verfolgen?*
Lehrer:	Ich denke, ich würde diesen Filmausschnitt als Einstieg verwenden. Zuerst würde ich ihn einmal – kommentarlos – zeigen. Anschließend würde ich ein Lehrer-Schüler-Gespräch beginnen: „Was habt ihr gesehen? Woran könnt ihr euch erinnern? Worum ging es in diesem Filmausschnitt? Was wird nachgestellt?" Danach würde ich den Filmausschnitt in einen Kontext stellen und erklären (falls wir im Gespräch noch nicht darauf gekommen sind), worum es geht. Als Nächstes würde ich den Ausschnitt noch einmal ansehen und den Schüler/innen Beobachtungsaufträge erteilen. Dazu würde ich die Klasse in Gruppen einteilen, wobei sich jede Gruppe auf ein anderes Detail des Filmausschnitts konzentrieren soll (z.B. Musik und Geräusche, Farben, Ausstattung, Darstellung, Mimik, Gestik, Körperhaltung usw.) Nach dem zweiten Betrachten werden die Ergebnisse gemeinsam besprochen. Abschließend sollen die Schüler/innen ihre Kommentare zum Filmausschnitt abgeben. Meine Ziele: • Analysieren, wie die „neue Welt" in diesem Film dargestellt wird • Filminhalte mit der Wirklichkeit vergleichen • Diskutieren, wodurch im Film Stimmungen erzeugt werden (Musik etc.) • Interesse wecken für das Thema „Entdeckungsfahrten"
Interviewer:	*Wie schätzen Sie Ihre Schüler/innen ein? Wie viel Prozent der Klasse werden erkennen, dass der Film nicht die Ver-*

	gangenheit zeigen kann, sondern nur eine Darstellung/ Inszenierung ist?
Lehrer:	[...] Unsere Schule ist Partnerschule eines [Sportvereins[218]], d.h. pro Jahrgang sind in den [...] Klassen 10–15 [Nachwuchssportler]. Die meisten von ihnen sind sehr ehrgeizig und viele auch sehr leistungsstark. Darum kann man sagen, dass diese [Klassen] leistungsmäßig oft besser sind als die „Regelklassen".
	Ich denke, was dem Großteil der Schüler/innen in allen Klassen bewusst sein wird, ist, dass der Film keine „Aufnahme der Vergangenheit" ist (d.h., dass keine Kameras bei der Landung in Amerika dabei waren). Dass der Filmausschnitt nur eine Inszenierung und die Landung in Amerika so nicht eins zu eins passiert ist, werden sicher nur wenige bedenken bzw. erkennen. In der [...] Klasse [mit Schüler/innen des Sportvereins] werden das sicherlich mehr sein (geschätzt etwa ein Drittel) als in der „Regelklasse" (geschätzt etwa drei oder vier Schüler/innen). [...][219]

Abb. 4.17.: Einschätzung zum kritischen Filmeinsatz im Geschichtsunterricht pro Klasse entlang der Lehrerinterviews

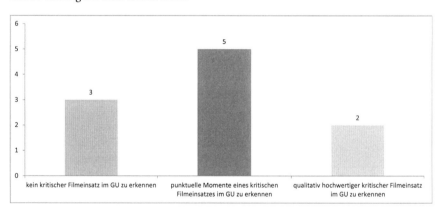

Die Lehrpersonen wurden gefragt, ob ihre Schüler/innen erkennen, dass der Filmausschnitt eben nicht die Vergangenheit zeigt, sondern nur eine vermutete Darstellung der Ereignisse rund um die Ankunft von Kolumbus ist. 5 Lehrer/innen gaben an, dass 0–20 % ihrer Schüler/innen dies richtig erkennen würden, eine Lehrperson ging davon aus, dass 21–40% der eigenen Schüler/innen die Frage richtig beantworten würden, eine weitere Lehrperson meinte, dass 41–60% der

---

218 Name des Sportvereins ist dem Autor bekannt. Er wurde hier jedoch anonymisiert.
219 Interview Lehrer 1/ September 2011.

Schüler/innen erkennen würden, dass der Film die Vergangenheit nicht zeigt und 2 Lehrerinnen waren der Meinung, dass 61–80% der Schüler/innen ihrer Klasse den Umstand richtig erkennen würden, nämlich dass der Film nicht die Vergangenheit zeigt (Abb. 4.18.).

Abb. 4.18. Einschätzung pro Klasse durch die Lehrer/innen, welcher Anteil ihrer Schüler/innen erkennt, dass der Filmausschnitt nicht die Vergangenheit zeigt

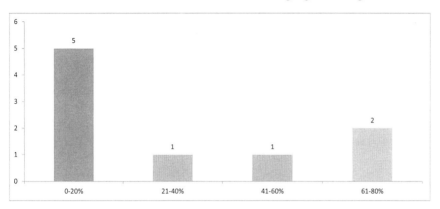

Versucht man nun einen Zusammenhang zwischen der Lehrperson und der von ihr unterrichteten Klasse, welche in dieser Untersuchung als Erhebungseinheit diente, herzustellen, kann gezeigt werden, dass in den auswertbaren 9 Fällen die Lehrpersonen in 6 Fällen die Leistungen ihrer Schüler/innen hinsichtlich der gestellten Aufgabenstellung (mit Schwerpunkt auf jene Schüler/innen, welche angeben, dass der Film nicht dazu in der Lage ist, die Vergangenheit darzustellen) weitgehend treffsicher einschätzen.[220] In einem Fall (Klasse 5) unterschätzte die Lehrperson ihre Schüler/innen. Was vor allem insofern ein interessantes Ergebnis darstellt, da die Lehrperson zwar oft (4–5x/Semester) Filme im Unterricht einsetzt, jedoch nicht im Sinn eines kritischen Filmeinsatzes. In den anderen Fällen überschätzen die Lehrpersonen die Performanz der Schülerleistungen mit einer Abweichung von über 50% zum erhobenen Ergebnis. Beide Lehrpersonen zeichnen sich dadurch aus, dass sie im Interview punktuelle Momente eines kritischen Filmeinsatz im Geschichtsunterricht erkennen ließen sowie angaben, Filme manchmal (2–3x/ Semester) einzusetzen.[221]

Nimmt man jedoch eine andere Perspektive gegenüber diesen Daten ein, so ist es auffällig, dass die Lehrpersonen in einer derart zentralen Frage des historischen Lernens, nämlich in der Unterscheidung zwischen „Geschichte" und „Vergangenheit" in einer medialen Repräsentation, am Beginn des zweiten Lernjahres in der Sekundarstufe I derart geringe Erwartungen an ihre Schüler/innen haben. Die beiden Überschätzungen der Schülerleistungen könnten daher dahingehend inter-

---

220 Vgl. Kapitel 8.4. – Klasse 1, 2, 3, 4, 7 und 9.
221 Vgl. Kapitel 8.4. – Klasse 6 und 8.

pretiert werden, dass diese Lehrpersonen davon ausgehen, dass die Schüler/innen durchaus in der Lage sein müssten, diese Aufgabe ausreichend zu bearbeiten.

Einen wichtigen Hinweis für die Gesamtinterpretation dieser Daten liefern aber vor allem jene beiden Klassen, welche von Lehrperson 1 unterrichtet wurden. Die Lehrperson verfügt über einen Reflexionsgrad im Umgang mit Filmen, den man als qualitativ hochwertig einstufen kann. Auch ist es die einzige Lehrperson, welche im Interview angab, im Geschichtsunterricht sehr oft (öfter als 5x/Semester) Filme bzw. Filmausschnitte einzusetzen. Die Lehrperson schätzt ihre Schüler/innen dennoch hinsichtlich ihrer gezeigten Leistungen, welche in einem Bereich von unter 20% liegen, richtig ein. Dies kann als Hinweis gedeutet werden, dass es sich bei dieser epistemischen Frage für die Schüler/innen der Sekundarstufe I um kein triviales Problem handelt.

Abb. 4.19. Ergebnisse der Schüleressays ("Nein") und Einschätzung der Lehrperson pro Klasse

	Ergebnis Schüleressays	Einschätzung der Lehrperson
Klasse 1	13,6	0–20
Klasse 2	9,5	0–20
Klasse 3	37	41–60
Klasse 4	22,2	0–20
Klasse 5	35,7	0–20
Klasse 6	34,8	61–80
Klasse 7	4,3	0–20
Klasse 8	23,8	61–80
Klasse 9	28,6	21–40

Bringt man dieses Ergebnis mit der empirischen Untersuchung von Britta Almut Wehen in Verbindung, die 399 Geschichtslehrer/innen hinsichtlich ihres Umgangs mit Spielfilmen online befragte, kann festgehalten werden, dass die Geschichtslehrer/innen der Proband/innen der hier vorliegenden Untersuchung mit einer Ausnahme ebenfalls über einen zu undifferenzierten geschichtsdidaktischen Reflexionsgrad im Umgang mit Filmen über die Vergangenheit verfügen. Wehen konnte herausarbeiten, dass die Einstellung der befragten Lehrer/innen in Deutschland in geschichtsdidaktischer Hinsicht durchaus alarmierend ist, da mehr als die Hälfte der Befragten der Auffassung ist, „historische Spielfilme könnten ein authentisches Bild der Vergangenheit wiedergeben. Dieses Ergebnis ist besonders problematisch, da den Lehrkräften damit ein Grundcharakteristikum von Spielfilmen zumindest nicht bewusst ist: Bei Geschichtsspielfilmen handelt es sich immer um eine Erzählung und insofern bei historischen Stoffen immer um eine Konstruktion von Geschichte. Ein ‚authentisches' Bild kann durch einen Spielfilm niemals erzeugt werden, da es sich um eine subjektive Erzählung handelt, für die immer bestimmte Anschauungen, Überzeugungen und Absichten gelten."[222] Dieser

---

222 Wehen 2012, 52.

Befund ist insofern besonders kritisch, da mehr als drei Viertel der befragten Lehrer/innen darüber hinaus davon ausgehen, „durch Spielfilme könne inhaltsbezogenes Wissen gefördert werden"[223], wodurch zu befürchten steht, dass eine falsches Bild der Rezeption von Spielfilmen über die Vergangenheit in manchen Klassen vermittelt wird. Damit kann auch festgehalten werden, dass offensichtlich auch Geschichtslehrer/innen nicht von der strategischen Intention der Filmemacher/innen geschützt sind, die „den aktuellen und von der eigenen Gegenwart geprägten Erwartungen der Zuschauer entsprechen oder zumindest mit diesen" zusammengeführt werden.[224] Es handelt sich damit nach Martin Zimmermann oftmals um ein partielles Selbstbildnis der zeitgenössischen Produzent/innen und Konsument/innen und bietet eben weniger den Versuch einer geschichtswissenschaftlichen Annäherung als eine Annäherung an populäre Vorstellungsmuster zu historischen Ereignissen und Zuständen.[225]

Ein sehr ähnliches Verhalten zu den für die vorliegende Studie befragten Lehrer/innen kann man in der Häufigkeit des Einsatzes von Spielfilmen (bzw. Ausschnitten) ausmachen, nämlich bei 50,3% ca. ein bis zwei Spielfilme pro Schuljahr. Wobei in der Studie von Wehen auffällt, dass es auch Lehrer/innen gibt, die dieses dominante Medium der gegenwärtigen Geschichtskultur überhaupt nicht einsetzen (24,7%).[226]

4.1.6. Fazit zu den quantitativen Aspekten

Die wichtigsten Erkenntnisse der Untersuchung „Geschichte denken" sind in quantitativer Hinsicht, dass es einen Zusammenhang zwischen dem täglichen TV-Konsum und der Einschätzung bezüglich der Frage nach der Abbildbarkeit der Vergangenheit im Spielfilm bei den Schüler/innen gibt. Mädchen und Jungen, die viel fernsehen (mehr als 2 Stunden bzw. mehr als 4 Stunden täglich), sind eher der Meinung, dass der Filmausschnitt aus „1492" nicht die Vergangenheit zeigt. Umgekehrt vertreten Schüler/innen, die weniger Zeit mit Fernsehen verbringen (gar nicht bzw. weniger als 2 Stunden täglich), eher die Einstellung, dass im Film die Vergangenheit zu erkennen ist.

Diesen Effekt sieht man sowohl in der Berechnung mit beiden Geschlechtern als auch einzeln, wenn man nur Mädchen bzw. nur Jungen betrachtet. Das Geschlecht ist somit keine determinierende Variable, da bei Jungen und Mädchen nahezu die gleichen korrelativen Ergebnisse zu Stande kommen.

Korrelationen, die nur mit den männlichen Jugendlichen gerechnet wurden, zeigen also den Effekt, dass der hohe TV-Konsum dazu führt, dass Filme über die Vergangenheit eher als Konstrukte wahrgenommen werden. Zusätzlich konnte bei den Jungen gezeigt werden, dass ein hoher Internetkonsum ebenfalls einen signifikanten, negativen Zusammenhang mit dem Erkennen der dargestellten Vergangenheit aufweist. Verbringen männliche Jugendliche also viel Zeit im Internet, dann finden sie, dass der Filmausschnitt aus „1492" nicht die Vergangenheit abbil-

---

223 Wehen 2012, 52.
224 Zimmermann 2008, 144.
225 Vgl. Zimmermann 2008, 144.
226 Wehen 2012, 59.

det. Jungen, die wenig Zeit im Internet verbringen, finden hingegen eher, dass der Filmausschnitt sehr wohl dazu im Stande wäre, die Vergangenheit abzubilden.

Bei den Korrelationen, die nur mit den weiblichen Jugendlichen erstellt wurden, kann im gleichen Maße wie bei den männlichen Jugendlichen der Zusammenhang zwischen dem Erkennen der Konstruiertheit der Vergangenheit im Film und dem TV-Konsum gezeigt werden. Mädchen, die oft fernsehen, finden eher, dass der Filmausschnitt aus „1492" nicht der Vergangenheit entspricht. Mädchen, die wenig fernsehen, finden eher, dass der Film die Vergangenheit abbildet.

Interessant ist somit, dass ein „Fernseheffekt" nicht abhängig von der Variable Geschlecht ist, da er sowohl bei Jungen als auch bei Mädchen auftritt. Die Jugendlichen, die mehr fernsehen, besitzen somit eine realistischere Einschätzung hinsichtlich des Konstruktionscharakters von Filmen über die Vergangenheit. Da der Film nicht genau die Vergangenheit abbildet, haben Jugendliche, die mehr Fernsehen, ein nachweislich besseres Verständnis für das Verstehen des Films über die Vergangenheit.

Die deskriptive Statistik zeigt jedoch, dass es generell wenige Schüler/innen gibt, die für die Beurteilung des Filmausschnitts über die Vergangenheit normative, narrative, empirische oder metareflexive Konzepte heranziehen. Normative Konzepte konnten bei keinem einzigen Jugendlichen festgestellt werden. Es gibt einige metareflexive und auch narrative Konzepte. Empirische Konzepte konnten am meisten identifiziert werden. Konzeptionelle Verbindungen sind sehr selten anzutreffen. Dennoch kann festgehalten werden, dass je höher die Anzahl der jeweiligen Konzepte ist, desto häufiger geht eine Antwort einher, welche es negiert, dass der Filmausschnitt die Vergangenheit abbilden könnte.

4.2. Qualitative Auswertung der Schüleressays

Christoph Kühberger

Die qualitative Auswertung zerfällt in zwei Bereiche. Während im Kapitel 4.2.1. versucht wird, entlang manifester epistemischer Äußerungen (Essays) eine Typologie hinsichtlich des Umgangs mit Geschichte und Vergangenheit anhand des den Proband/innen vorgeführten Spielfilmausschnittes zu entwickeln, versuchen die Kapitel 4.2.2. bis 4.2.6. das konzeptionelle Verständnis der Schüler/innen zu ergründen.

Nähert man sich den Schüleressays über die Erschließung der auf der empirischen, narrativen, normativen und metareflexiven Ebene verortbaren konzeptionellen Zugänge an, gelingt es, in den einzelnen Ebenen Phänomene aufzufinden, welche innerhalb des a priori gesetzten theoretischen Rahmens als individuelle und in Teilen als kollektiv verankerte Verstehensakte zu lesen sind.[227] Demnach

---

227 Auf die Auswertung der wenigen konzeptionellen Verbindungen wurde verzichtet, da dadurch syntaktische Argumentationsfiguren in den Mittelpunkt gestellt wurden, die nicht im Mittelpunkt der vorliegenden Untersuchung stehen. Die geringe Häufigkeit in den Essays (vgl. Abb. 4.11; vgl. etwa Schüleressay Nr. 72, 73 oder 93) zeigt auf, dass die Schüler/innen hauptsächlich Einzelargumente anführen und die in dieser Untersuchung gesetzten Ebenen nicht argumentativ verbinden.

stellen die einzelnen Ebenen nur eine orientierende Rahmung dar, innerhalb derer über einen induktiven Zugang versucht wird, jene konzeptionellen Annäherungen auszumachen, welche die Schüler/innen heranziehen, um das gestellte Problem zu erschließen. Die dabei vorgefundenen (Vor-)Konzepte bzw. konzeptionellen Annäherungen der Proband/innen ermöglichen es jedoch, in fachspezifische Denkprozesse einzudringen und manifeste Strukturen historischen Denkens zu ermitteln.

Eine Konzentration auf Konzepte, die sich im konkreten historischen Denken zeigen, hilft im Lernprozess an vorhandene Denkstrukturen der Lernenden anzuschließen und vermeidet ein Übergehen der subjektiven Theorien der Schüler/innen.[228] Damit stellen derartige konzeptionelle Versatzstücke einen wichtigen Baustein einer fachdidaktischen Lernstandsdiagnose dar. Für eine Weiterentwicklung der dabei vorgefundnen (Vor-)Konzepte ist es im Lernprozess jedoch notwendig, die fachtheoretische Perspektive auf das aufgeworfene Problem zu kennen, um subjektive Zugänge der Schüler/innen und fachdidaktisch konstruierte Basiskonzepte gegenseitig anzunähern, um jene fachlich konzeptionelle Struktur anzubahnen, die ein nachhaltiges und auf Transfer ausgerichtetes historisches Lernen ermöglicht.[229]

Die nachfolgende Diskussion der in den Essays vorgefundenen konzeptionellen Annäherungen auf der empirischen, narrativen, normativen und metareflexiven Ebene bietet einen Einblick in eine relativ große Gruppe an Proband/innen der Sekundarstufe I (n=260) und ihren Umgang mit Geschichte. Die hierbei vorgenommenen qualitativen Bündelungen konzeptioneller Zugänge ermöglichen darüber hinaus eine erste Orientierung, auf welchem Niveau Schüler/innen am Beginn der 7. Schulstufe in Österreich (nach einem Jahr Geschichtsunterricht) unter vorcurricularer Bezugnahme auf die Ankunft des Kolumbus in Amerika 1492 filmisch inszenierte Geschichte verarbeiten.[230] Die einzelnen Essays wurden dabei zunächst hinsichtlich ihrer epistemischen Durchdringung bewertet,[231] um anschließend anhand von Mikrofallbeispielen die Vielfalt bzw. auch die Widersprüchlichkeit innerhalb der untersuchten Schülerpopulation aufzuzeigen, die in derselben Jahrgangsstufe gemeinsam lernt.[232]

Es wäre entlang dieser Auswertungen wenig redlich aus den Beispielen eine generelle Verallgemeinerung für andere Lernsettings abzuleiten,[233] wenngleich Grundtendenzen des historischen Denkens von Schüler/innen der Sekundarstufe I daraus dennoch auf idealtypische Weise ersichtlich werden. Da die von den Proband/innen verwendeten konzeptionellen Zugänge oftmals eng an das bearbeitete

---

228 Vgl. Ferrari/Elik 2003.
229 Vgl. Voss/Wiley 1997, 87; Haydn 2008, 94; Dück 2013, 12ff.
230 Oftmals wurde in der Erhebung ein Mangel an Wissen dem Sachverhalt zugeschrieben, dass die Schüler/innen noch nichts darüber gelernt hätten, wodurch dem Geschichtsunterricht ein hoher Grad an Verlässlichkeit in der Vermittlung von „Wahrheit" zukommt. – „Ich weiß es nicht, weil wir in Geschichte noch nichts gelernt haben."/Schüleressay Nr. 21. – vgl. u.a. auch Schüleressay Nr. 1, 10, 42.
231 Vgl. Kapitel 4.2.1.
232 Vgl. Kapitel 4.2.2. bis 4.2.6.
233 Vgl. Reinhardt 2012, 144.

Beispiel des vorgeführten und zu besprechenden Filmausschnittes gebunden sind, gilt es je von dem stark an dem konkreten Inhalt des Filmausschnittes orientierten Ergebnis zu abstrahieren, um jene Aspekte im Umgang mit Geschichte der Schüler/innen greifbar zu machen, die über diese Erhebung hinaus einen bescheidenen Anspruch auf Gültigkeit erreichen und damit jedoch vielmehr die Breite der möglichen Varianzen verdeutlichen können.

4.2.1. Typen von Geschichtsverständnis
Heinrich Ammerer/Christoph Kühberger

> „Ich weiß es nicht, weil ich den Kinofilm nicht gesehen habe. Ich glaube dass Kolumbus eher alleine war. Auch weiß ich nicht so viel über Kolumbus. Ist Kolumbus überhaupt durch das Meer gekommen? Ich bin mir da nicht so sicher. Zum Glück ist ja alles anonym. Wofür war überhaupt das Filmprojekt?" (Schüleressay Nr. 45)

Eine zentrale Fragestellung der vorliegenden Untersuchung bezieht sich darauf, welches Geschichtsverständnis die untersuchten Schüler/innen der Sekundarstufe I offenbaren: Werden „Geschichte" und „Vergangenheit" weitgehend gleichgesetzt oder werden Differenzierungen vorgenommen, die den Konstruktionscharakter von Geschichte berücksichtigen? Um dieser Frage nachzugehen und Typen von Geschichtsverständnis bilden zu können, wurden die Essays im Hinblick auf die erkennbaren Reflexionsmuster hermeneutisch erschlossen. Ziel dabei war es, eine qualitativ begründbare Typologie zu erstellen, in welcher die verschiedenen Performanzen eines Umgangs mit Geschichte vor allem hinsichtlich des in historischen Narrationen lagernden Konstruktionscharakters berücksichtigt wurden.[234]

4.2.1.1. Verständnis der Aufgabenstellung

Die zentrale Fragestellung „Zeigt uns der Filmausschnitt, wie die Ankunft des Kolumbus 1492 stattgefunden hat?" kann nämlich auf zumindest zweierlei Weise gedeutet werden:
- Sie kann *epistemisch* verstanden werden, in der Form „*Kann* uns dieser Filmausschnitt zeigen, wie die Ankunft des Kolumbus 1492 *tatsächlich* stattgefunden hat? Ist das überhaupt möglich?" Diese

---

[234] Die Beantwortung der Hauptfrage mit „ja" und „nein" sowie die in der Analyse bzw. Auswertung verwendete Kategorien „eher ja" und „eher nein" spielen hierbei keine Rolle. Es ist jedoch eine nicht unerwartete Beobachtung, dass sich in bestimmten Typen bestimmte Antwortmuster ballen. So sind Schüleressays, die in der Auswertung der Essays als „nein" und „eher nein" codiert wurden, vor allem zu den agnostischen und konstruktivistischen Typen zu rechnen, jene Essays, die mit „ja" codiert wurden, tendenziell vor allem zu den positivistischen und naiven Typen. – Vgl. zur Typologie Kapitel 4.2.1.2.

Deutung entspricht der Hauptintention der Fragestellung. Wenn die Schüler/innen die Fragestellung dahingehend verstehen, suchen sie nach Anhaltspunkten und Argumenten, die für oder gegen den Konstruktionscharakter des Filmes sprechen und dafür oder dagegen, dass Filminhalt und historische Wirklichkeit (mehr oder weniger) identisch sind.

Für die hier nachfolgende Typenbildung[235] wurden daher auch nur jene Schüleressays berücksichtigt, die ein epistemisches Frageverständnis (n=115) geoffenbart haben.

- Sie kann *inhaltlich* verstanden werden, in der Form „*Will* uns dieser Filmausschnitt zeigen, wie die Ankunft des Kolumbus 1492 stattgefunden hat? Stellt er genau dieses Ereignis dar?" Schüler/innen, welche die Aufgabenstellung inhaltlich verstehen, versuchen zu klären, ob sich der Filmausschnitt auf die Ankunft des Kolumbus 1492 bezieht oder aber auf ein anderes Ereignis. Ihre Antworten lassen in der Regel keine validen Rückschlüsse darauf zu, ob sie imstande sind, eine Unterscheidung zwischen Geschichte und Vergangenheit zu treffen.[236]
- Darüber hinaus kann sie auch *nicht verstanden* bzw. grob *missverstanden* werden, etwa in der Form „Worum geht es überhaupt in diesem Film?", „Wie gefällt dir der Filmausschnitt?" oder „Was siehst du in diesem Filmausschnitt?". Die (nicht wenigen) Schüler/innen, die die Fragestellung in diesem Sinne missverstehen, lösen die Aufgabe zumeist, indem sie das Gesehene nacherzählen oder den Film rezensieren („hat mir gut gefallen"/„hat mir nicht gefallen"). Damit folgen sie vermutlich den aus dem vorangegangenen Schulunterricht bekannten Aufgabenformaten, die häufig auf Zusammenfassungen und Bewertungen und einfache Wirkungsanalysen von Narrationen abzielen. Viele Schüler/innen äußern außerdem explizit ihr Nicht-Verstehen der Fragestellung, verfallen in eine Art von Bewusstseinsstrom oder geben schlicht keine oder keine sachbezogene Antwort.[237]

Einen der am häufigsten verwendeten Zugänge zur Lösung der Aufgabenstellung dieser Untersuchung stellte die inhaltliche Zusammenfassung (Nacherzählung) der gezeigten Filmszene dar. Dabei wurde die filmische Handlung in ihrem Verlauf oft kritik- und kommentarlos „wiedergegeben". Diese Handlungsweise der Proband/innen kann man auf verschiedenen Arten lesen. So ist es durchaus denkbar, dass die Proband/innen, welche einen solchen Lösungsweg einschlugen, davon ausgegangen sind, dass der Filmausschnitt die Vergangenheit tatsächlich abzubilden vermag, indem nämlich die dargestellte Handlung im Film und die Handlungen

---

235 Vgl. Kapitel 4.2.1.2.
236 Vgl. Schüleressay Nr. 29, 82, 88, 92, 99, 119, 124, 128, 141, 143, 147, 157, 159, 174, 200, 218, 220, 221, 223, 226, 227, 229.
237 Beispiele dafür sind u.a. die Schüleressays Nr. 47, 51,106, 108, 117, 120,132, 139, 147, 149, 178, 180.

der Vergangenheit – in diesem Fall bei der Ankunft von Christoph Kolumbus und seiner Mannschaft in der Karibik – die gleiche Handlung wäre:

> „In dem Film sieht man am Anfang ganz viele Schiffe die alle in Richtung Land rudern. Dort angekommen kniet der ‚Anführer' ‚Don Christopherus' Ich glaube der heißt so am Strand. Dann verkündet er, dass das Land jetzt ihnen gehört und nennt es ‚San Salvador' Dann gehen sie alle durch den Dschungel und man sieht Schlangen & viele andere Tiere. Die Kleidung der Männer ist schlicht und so wie man sie sich im 15 Jhd vorstellt. Wenn sie bei der Insel ankommen glaubt man, dess sie schon ewig lang kein Festland mehr betreten haben."[238]

Derartige Essays können in diesem Sinn als positivistische Beantwortungen der in der Aufgabenstellung aufgeworfenen Frage gedeutet werden, indem nämlich ein „Ja" als Einstieg syntaktisch zu ergänzen wäre, um die Intention des Probanden/der Probandin zu erfassen. Einige Schüler/innen haben dies auch selbst gemacht:

> „Ja, man sah am Anfang wie die Seeleute mit den Beibooten auf eine Insel gafahren sind. Ich habe mir gleich gadacht, dass die etwas entdeckt haben. Die Freude dieses Land entdeckt zu haben schien sehr groß zu sein. Als sie dann im Wald waren sahen sie sehr ungewöhnliche Tier. Alles schien verzaubert."[239]

Gleichzeitig muss es strittig bleiben, ob der hier exemplarisch herangezogene Proband nicht doch aufgrund eines bestimmten (durch seine schulische Sozialisation bedingten) Grundes ein so gelagertes Essay verfasste. Der Kurztext könnte nämlich durchaus aufgrund mangelnder Lesekompetenz im Bereich des Verstehens der Aufgabenstellung falsch bearbeitet worden sein, ohne dass dem Probanden bewusst war, dass er die in der Frage intendierte Ausrichtung der Bearbeitung nicht erfasst hatte. In diesem Sinn hätte der durchgeführte Pretest, welcher mitunter genau aus diesem Grund der Untersuchung vorgeschaltet wurde, in diesem Punkt versagt, da über ihn keine diesbezüglichen Mängel festgestellt werden konnten.

Ähnlich gelagert wären auch jene vorstellbaren Zugänge, bei denen Schüler/innen, vermutlich auch jene mit eigentlich ausreichender Lesekompetenz zur Erfassung der Aufgabenstellung, eine antrainierte reproduktive Herangehensweise des Geschichtsunterrichtes (insbesondere im Umgang mit Darstellungen über die Vergangenheit) übernehmen und reflexartig eine inhaltliche Zusammenfassung des Gesehenen anbieten. Gerade dieser Aspekt muss im Rahmen von qualitativen und quantitativen empirischen fachspezifischen Untersuchungen im Bereich des historischen Lernens verstärkt Beachtung finden, da die Kul-

---

[238] Schüleressay Nr. 133. – An diesem Essay ist auch der Passus „Die Kleidung der Männer ist schlicht und so wie man sie sich im 15 Jhd vorstellt" positivistisch auszudeuten.
[239] Schüleressay Nr. 141. – vgl. auch Nr. 77, 178, 196, 200, 226 uvm.

tur der Aufgabenstellungen, wie sie sich etwa in Schulgeschichtsbüchern materialisiert, stark von reproduktiven Zuschnitten geprägt ist[240] und es dadurch in empirischen Erhebungssituationen zu einem automatisierten Abrufen eines derartigen Lösungsverhaltens bei der Bearbeitung von Aufgabenstellungen kommen könnte.

4.2.1.2. Typenbildung

Für die versuchsweise Kategorisierung der Schüler/innen nach ihrem Geschichtsverständnis wird auf ein Entwicklungsmodell rekurriert, das als Resultat des empirischen Projekts „Concepts of History and Teaching Approaches" (Chata) unter Beteiligung von Rosalyn Ashby, Alararic Dickinson und Peter Lee Ende der 1990er-Jahre entstanden ist.[241] Die Forscher/innen untersuchten dabei, welche Erklärungen Schüler/innen der 2., 5., 6. und 8. Schulstufen für Unterschiede in historischen Darstellungen zum selben Thema finden und welches progressiv fortschreitende Geschichtsverständnis sich daraus ableiten lässt (vgl. Abb. 4.20.).

Die Befunde von Lee/Ashby kann man durchaus als „ausgewachsenes entwicklungslogisches Modell" lesen und als dynamischen Hintergrund für die vorliegende Untersuchung heranziehen,[242] um den querschnittartigen Einblick in die 7. Schulstufe der österreichischen Sekundarstufe I anhand einer der seltenen geschichtsdidaktisch begründeten Entwicklungslogiken gegenzuprüfen. Gleichzeitig gilt es jedoch auch Vorsicht walten zu lassen, da empirische Erhebungen einerseits in spezifischen kulturellen Kontexten entstehen – so etwa innerhalb des österreichischen Schulsystems, welches bis 2008 auf den Aspekt des kritischen Arbeitens mit historischen Darstellungen wenig Wert legte und welches sich im Zusammenhang mit der Etablierung einer „historischen De-Konstruktionskompetenz" nach wie vor in einer Implementierungsphase befindet bzw. welches ein systematisches historisches Lernen erst ab der 6. Schulstufe kennt – und andererseits aber auch die Lehrerin/der Lehrer in der Anbahnung eines fachspezifischen Denkens eine wichtige Rolle einnimmt, wodurch oftmals vorhandene, aber nicht geförderte Potentiale der jungen Denker/innen nicht dokumentiert werden können.[243] Im Rahmen der vorliegenden Untersuchung handelt es sich daher um einen

---

240 Vgl. zu den Gebrauch von reproduktiven Aufgabenstellungen den exemplarischen Einblick in Schulgeschichtsbüchern zum Themenbereich „Faschismus/Nationalsozialismus": Kühberger 2011b.
241 Vgl. Lee/Ashby 2000; auch Lee 2004, 143ff. – Vgl. etwa das empirisch nicht abgesicherte Konstrukt der „epistemological stances" von Bruce A Van Sledright – Van Sledright 2011, 64ff. – Ansatzweise empirisch jedoch unsystematisch vgl. Mc Diarmid 2009, 171ff. – Empirisch fundierte geschichtspsychologische Entwicklungsmodelle, die für eine Typenbildung im Hinblick auf die Unterscheidung von Vergangenheit und Geschichte herangezogen werden können, sind im deutschsprachigen Raum leider spärlich gesät. Bisweilen wird das empirisch fundierte Modell von Christian Noack herangezogen, das jedoch wenig evidenzbasierte Differenzierung hinsichtlich des historischen Verstehens und eine sehr defensive Einschätzung der Schülerfähigkeiten hinsichtlich der Unterscheidung von Vergangenheit und Gegenwart aufweist. – Vgl. Noack, 1994).
242 Borries 2008, 70f.
243 Borries 2008, 72.

ersten vorsichtigen Befund für Österreich zur aktuellen Situation, wodurch nicht ausgeschlossen werden kann, dass es sich um eine Messung einer wenig elaborierten Lernerfahrung handelt, welche aufgrund von unterfordernden Lehrstrategien bescheidene Ergebnisse beförderte.[244]

Abb. 4.20. Fortschritt im Geschichtsverständnis von Schüler/innen über historische Darstellungen und ihr Verhältnis zur Vergangenheit[245]

1	**Die Vergangenheit als gegeben.** [Verschiedene] Geschichten sind über den gleichen Gegenstand: Die Geschichte ist gleichbedeutend mit etwas „draußen" [nämlich der Wirklichkeit].
2	**Die Vergangenheit als unzugänglich.** Wir können es nicht wissen – wir waren nicht dabei. Unterschiede in Darstellungen sind eine Folge des Fehlens eines direkten Zugangs zur Vergangenheit.
3	**Die Vergangenheit als Geschichten determinierend.** Geschichten werden durch die verfügbaren Informationen festgelegt; es gibt eine Eins-zu-Eins-Übereinstimmung. Unterschiede in Darstellungen sind ein Ergebnis von Informationslücken und Fehlern.
4	**Die Vergangenheit als in mehr oder weniger tendenziöser Weise berichtet.** Verlagerung des Brennpunktes von Geschichte und Berichten zum Autor als einem aktiven Beiträger. Unterschiede zwischen Darstellungen sind eine Folge von Verzerrung (in der Form von Lüge, Tendenz, Übertreibung, Dogmatismus); das Problem liegt nicht nur im Mangel an Information.
5	**Die Vergangenheit als von einem Standpunkt aus ausgewählt und organisiert.** Geschichten werden (vielleicht notwendigerweise) von einer legitimen Position aus geschrieben, die der Autor einnimmt. Unterschiede in Darstellungen sind eine Folge der Auswahl. Geschichten sind nicht Kopien der Vergangenheit.
6	**Die Vergangenheit als (re-)konstruiert und – in Übereinstimmung mit Kriterien – auf Fragen antwortend.** Verlagerung des Brennpunktes von Position und Auswahl des Autors zum Wesen von Darstellungen als solchen. Es ist die Natur von [historischen] Darstellungen, verschieden zu sein.

Für die hier analysierten qualitativen Daten wurde daher entlang der aufgetretenen Antwortstrukturen eine eigene Typologie entworfen (Abb. 4.21), welche die Performanzen der Erhebung berücksichtigt und erkennbare Muster bündelt sowie die Erkenntnisse von Lee/Ashby berücksichtigt.

---

244 Vgl. Borries 2008, 72; Borries 2009b, 298. – Vgl. auch die Vorannahmen zu dieser Untersuchung Kapitel 2.1.
245 Lee/Ashby 2000, 212, zitiert (wörtliche Übersetzung) nach: Borries 2002, 25.

a) Agnostischer/Skeptizistischer Typus[246]

Schüler/innen, die diesem Typus zugerechnet werden, lassen die Ansicht erkennen, dass sie die Vergangenheit grundsätzlich für nur in geringem Maße oder auch gar nicht erschließbar halten. Argumentiert wird, dass nur die unmittelbar an einem Ereignis Beteiligten eine schlüssige Vorstellung vom bzw. Erinnerung an das Geschehen haben können und allen anderen der empirische Zugang verwehrt bleiben muss. Beispielhaft erläutert Schüleressay Nr. 194:

> „Weiß nicht: Weil ich nicht dabei war und nie seinen Namen gehört habe den Film kenn ich nicht aber ich glaube das es nicht so war weil keiner sich erinnern kann. Oder das es keine gehört hat oder er nich dabei war das weiß nur der es erlebt hat. Also ich sage nein."[247]

In Lees und Ashbys Modell ist dieser Vorstellungstypus (2) entwicklungslogisch noch unausgereift, wohl weil er aus geschichtstheoretischer Perspektive naiv angelegt ist und die Möglichkeit historischer Erkenntnis ex post weitgehend verneint; gleichwohl kann diese Denkweise aus erkenntnistheoretischer Perspektive durchaus als nicht weniger elaboriert angesehen werden als der konstruktivistische Typus.

b) Konstruktivistischer Typus[248]

Schüler/innen dieses Typs verstehen Geschichte offenbar bereits als eine (Re-)Konstruktion, die gewissen Gütekriterien entsprechen muss. Eine objektive Darstellung der Vergangenheit wäre demnach aus ihrer Sicht unmöglich – die Konstruktion ist von den Interessen, Kenntnissen, Absichten etc. der Rekonstruierenden ebenso abhängig wie von den verfügbaren Quellen und dem Medium der Darstellung.
Diese Schüler/innen beziehen in ihre Reflexionen bzw. in ihre Argumentation Elemente ein, die auf den Konstruktionscharakter des Filmausschnittes referieren und damit erkennen lassen, dass sie den Film als Rekonstruktion verstehen:
- In den meisten Fällen erfolgt eine Bezugnahme auf die Inszenierung bzw. auf die Bereichsspezifik des Mediums Film: Überlegungen zur musikalischen Untermalung des Films, zur Auswahl der Schauspieler, zum bewussten Einbau von Spannungselementen, zum Drehort bzw. den Drehbedingungen usw. Beispielhaft illustrieren diese Vorgehensweise die beiden folgenden Essays:

---

246 5 Schüler/innen (Schüleressays Nr. 61, 30, 50, 137, 194).
247 Schüleressay Nr. 194.
248 42 Schüler/innen (Reduzierte Argumentation: Schüleressays Nr. 26, 70, 109, 122, 206, 207, 213, 214, 215; Bezugnahme auf Inszenierung/Bereichsspezifik: Schüleressays Nr. 3, 5, 6, 11, 65, 127, 134, 136, 138, 142, 148, 158, 177, 184, 193, 195, 201, 210; Bezugnahme auf Vorstellungen und Absichten: Schüleressays Nr. 1, 10, 8, 13, 21, 41, 42, 45, 60, 67, 72, 93, 100, 125, 175)

„Die Kleidung ist nicht so gut. Die Musik geht so. Der Film ist sehr Spannend gedreht aber es sind auch ziemlich viele sachen von Tönen und Tieren die nicht so gut waren. Es sind nur sehr sehr wenige Farben. Am Anfang weis man nicht worum es geht. Im Wald ist es sehr spannend gemacht und man denkt es passiert jeden moment. Es sind sehr viele Menschen die in diesem Film mitspielen."[249]

„Ich fand den kurzen Ausschnitt sehr spannend. Und auch sehr real gemacht. Der Kleidung nach spielt der Film im Mittelalter. Scherade Portjö (Kolumbus) ist woll die Hauptrolle. Meiner Meinung nach ein Actionfilm. Der vollständige Film ist sicher so spannend und cool wie der Ausschnitt."[250]

- In einigen Fällen wird auch darauf verwiesen, dass der Film nur die Vorstellungen des Regisseurs abbildet, von denen dieser überzeugen will:[251]

„Nein, weil es die Ansicht des Regiseures wie Kolumbus Amerika entdeckt hatte, aber es kann auch so gewesen sein, es gibt dafür eben keine Beweise, weil es nicht überliefert wurde wie Kolumbus Armerika entdeckt hatte. Die Szennen waren sehr realistisch, besonders auf dem Boot. Im Urwald war es ein bisschen übertrieben. Ich fand den Film realistisch."[252]

- Auch dass sich die Version, die der Film zeigt, von den eigenen Vorstellungen zur Landung in der Neuen Welt unterscheidet, wird in manchen Fällen artikuliert:[253]

„Ja es hat stattgefunden, weil es stattgefunden hat. Der Film war ein bisschen langweilig, weil sie nicht viel geredet haben und sie konnten nicht richtig reden. (z.B: lasst fallen Anker) In meiner Version habe ich mir Kolumbus anders vorgestellt. Und ich habe gedacht dass er INDIEN gefunden hat und nicht das was er gesagt hat […]"[254]

- Ebenso wird in zwei Fällen darauf verwiesen, dass der/die Schüler/in die echte Geschichte nicht kenne und daher kein Urteil über die Triftigkeit des Filmes abgegeben werden kann:[255]

---

249 Schüleressay Nr. 134.
250 Schüleressay Nr. 177.
251 Schüleressays Nr. 72, 93, 100.
252 Schüleressay Nr. 93.
253 Schüleressays Nr. 41, 45, 57, 125.
254 Schüleressay Nr. 125.
255 Schüleressays Nr. 13, 60.

„Ich weiß es nicht, weil es kommt darauf an wie die echte Geschichte des Kolumbus ist und ich kenne die echte aber nicht. Ich könnte mir vorstellen das es so ist wie die Ankunft des Kolumbus 1492 so stattgefunden hat aber ich weiß es nicht. So finde ich es."[256]

- In einem Fall wird erklärt, die Kinobesucher/innen sollen mit Hilfe des Filmes eine Vorstellung davon bekommen, wie es damals gewesen sei:

„Ich weiß es nicht, weil ich noch nie die Geschichte des Kolumbus gesen oder gehört hab. Aber irgendwie vermute Ich dass es so war, weil warum sollten sie den Film drehen und dann auch noch im Kino zeigen sollten. Es geht ja darum dass die Menschen sich das vorstellen sollen, wie es damals war als Kolumbus und seine Männer die Insel entdeckt haben."[257]

- Schließlich ist in vielen Fällen lediglich eine reduzierte Argumentation in konstruktivistischer Tendenz gegeben (es sah nicht real aus, es ist nicht so passiert, ich glaube nicht, dass das stimmt usw.), die aber nur unter Vorbehalt überhaupt Zuordnungen in die Typologie zulässt:

„Ich bin mir nicht sicher weil: Es nicht sehr Real ausgesehen hat."[258]

c) Darstellungskritischer Typus[259]

Schüler/innen dieses Typs beziehen sich in ihren Reflexionen bzw. Argumentationen weniger auf einen Konstruktionscharakter des Filmes als vielmehr auf die Darstellung selbst und die Probleme, welche die Darstellung für sie aufwirft. Diesem Typus dürfte, Lee und Ashby folgend, bereits evident erscheinen, dass der Autor/die Autorin einer historischen Narration von inneren und äußeren Einflüssen gelenkt wird (z.B. Erkenntnisinteresse, Wissensstand, wirtschaftliche Interessen, Absichten), was sich verzerrend auf die Darstellung und das Ereignis auswirkt.

Ob dieser Typus eine objektive 1:1-Darstellung der Vergangenheit – bei angenommener Unvoreingenommenheit des Autors/der Autorin und idealer Quellenlage – grundsätzlich möglich oder bereits unmöglich erscheint, ist aus den Antworten allein heraus jedoch regelmäßig nicht zu schließen.

- In den meisten Fällen erscheint den Schüler/innen das Dargestellte insofern nicht glaubwürdig, als es nicht mit ihrem eigenen Wissensstand/ihren eigenen Vorstellungen (denen mehr Glaubwürdigkeit

---

[256] Schüleressay Nr. 13. – Vgl. auch Schüleressays Nr. 1, 10, 21, 42.
[257] Schüleressay Nr. 8.
[258] Schüleressay Nr. 26.
[259] 30 Schüler/innen (Unglaubwürdige Darstellung und unlogische Handlungen: Schüleressays Nr. 4, 7, 15, 16, 22, 48, 54, 55, 68, 69, 84, 104, 110, 118, 121; Nicht-Übereinstimmung mit eigenem Wissen: Schüleressays Nr. 38, 44, 46, 57, 58, 62, 64, 66, 95, 102, 123, 126, 129, 186, 216).

eingeräumt wird) zur Entdeckung Amerikas übereinstimmt. Beispielhaft erläutert Schüleressay Nr. 216:

„Ja/Die Trommeln waren unnötig. Ich habe nicht verstanden was Christoph da von diesen Priester unterschrieben hat. Kolumbus hat ja eigentlich gedacht das er einen Kürzeren weg nach Indien gefunden hat, warum gibt er dan der Insel einen Namen? Ich finde es stimmt mit den alten überlieferungen nicht zusammen."[260]

Im Schüleressay Nr. 123 wird argumentiert:

„Nein (Er wollte eigentlich nach Indien) Er ist mit dem Boot auf eine Insel gesegelt und nannte St. Salvadores. Ich glaube nicht das es so abgelaufen ist sondern so: Er segelte alein auf nach amerika und dachte anfangs das wär' Indien. Dann merkte er nicht in Amerika ist und nannte es auch so wegen irgendeinen König oderso."[261]

- Logische Brüche in der Darstellung, nicht nachvollziehbare Handlungen einzelner Charaktere bzw. eine generell unglaubwürdige Darstellung kritisieren die übrigen Schüler/innen dieses Typs:

„Mir hat der Film nicht sehr gefallen. Columbus habe ich mir auch ganz anders vorgestellt alle Männer hatten unterschiedliche Flaggen. Sie redeten Deutsch und schrieben aber nich so. Die Boote waren cool und groß. Es waren sehr viel Männer und das Land nannten sie San salvador."[262]

„Nein, weil es ziemlich unwahrscheinlich ist, dass es in Amerika früher so ausgesehen hat. Außerdem müssen diese Seefahrer doch auch einmal hungrig werden, oder O___o. Als der Matrose gesagt hat: Land in sicht war überall nebel sodass man nichts vom Sand sehen konnte ich meine das ist doch nicht echt."[263]

d) Positivistischer/Historistischer Typus[264]

Schüler/innen, die diesem Typus zugerechnet werden können, sind für den Konstruktionscharakter von Geschichte unaufgeschlossen. Eine objektive Darstellung der Vergangenheit erscheint für sie grundsätzlich möglich, vorausgesetzt, die Methodik ist gut gewählt (insbesondere Quellennähe) und das Bemühen der

---

260 Schüleressay Nr. 216.
261 Schüleressay Nr. 123.
262 Schüleressay Nr. 118.
263 Schüleressay Nr. 121.
264 19 Schüleressays fallen in diesen Typus: Nr. 9, 20, 25, 37, 39, 43, 53, 71, 73, 79, 80, 81, 91, 97, 133, 152, 181, 237, 248.

Autoren/innen um Objektivität gegeben. Als Gradmesser für die Objektivität der Darstellung fungiert ihre Überzeugungskraft: Wenn die Darstellung realistisch (Kleidung, Verhalten etc.) scheint, dann ist sie wohl auch authentisch.

In besonderen Maßen wird von Schüler/innen dieses Typus auf das Verhalten der Menschen im Film geachtet und inwiefern dieses eine Stimmigkeit zum Gezeigten aufweist. In diesem Sinn wird mit einer überzeitlichen anthropologischen Argumentation eine objektive Darstellung legitimiert:

„Ja weil sie haben freude gehabt. Sie sind ins Wasser gesprungen und sofort zum Land gelaufen. Sie haben sich in den Sand geworfen und waren sehr Froh das sie Land haben. Die Kolumbiana haben sich sofort auf den Weg gemacht mit den Fahnen um das Land zu erobern und sind in den Jungel gelaufen um es zu durchsuchen."[265]

„Ja, die Ankunft zeigt wie es stattgefunden hat, weil es sehr intersant ist spannend und wie sich den Kolumbus sich darauf freut. Er unterschrieb ein Zettel weil er die Insel wahrscheinlich gekauft hat. Und es waren alle freu wo sie die Insel sahen und nun sie an kamen. Alle haben ein bisschen Angst gehabt."[266]

Daneben werden jedoch auch die Authentizität des Settings, der Ausstattung und die Schauspielerei als Beleg angeführt:

„Ja, ich finde diesen Film schon sehr toll und ich finde der Filmausschnitt zeigt die Ankunft des Kolumbus. Ich finde diesen Film sehr spannend und interesant und es zeigt auch wie früher die Menschen angezogen waren. Mir gefällt dass das der Film sehr alt gemach wurde das man keinen Unterschied merkt. Ich finde das auch sehr spannend da wo sie durch den Regenwald gegangen sind."[267]

e) Naiver/faktizitätsorientierter Typus[268]

Schüler/innen dieses Typs unterscheiden offenkundig nicht zwischen Geschichte(n) und Vergangenheit, ihnen ist der Konstruktionscharakter völlig fremd. Lee und Ashby weisen dieses Unvermögen hauptsächlich den sehr jungen Altersgruppen (bis inklusive Grundschulalter) zu. Bei der in dieser Studie untersuchten Altersgruppe erscheint wahrscheinlich, dass bei den betroffenen Schüler/innen das Konzept „Triftigkeit" noch nicht verfügbar ist und daher alle Narrationen, die sich auf Vergangenes beziehen und von vertrauenswürdigen Autoritäten erstellt werden (z.B. Lehrer/innen, Eltern, Schulbuchautoren/

---

265 Schüleressay Nr. 9.
266 Schüleressay Nr. 39.
267 Schüleressay Nr. 43.
268 19 Schüleressays fallen in diesen Typus: Nr. 2, 27, 28, 33, 34, 36, 51, 56, 59, 74, 76, 96,107, 146, 187, 196, 228, 230, 253.

innen, hier: Filmemacher/innen), als authentisch angesehen werden.[269] Im Sinne Hans-Jürgen Pandels ist bei diesen Schülern/innen das Realitätsbewusstsein im Umgang mit historischen Erzählungen erst schwach ausgeprägt.[270] So überrascht es wenig, dass Schüler/innen dieses Typus keinen Unterschied zwischen Vergangenheit und Film ausmachen:

„Ja weil: Es den Kolumbus gab
Ja weil: Es früher so ausgesehen hat wie es dargestellt war
Ja weil: Es damals genau so war
Ja weil: Er die Insel entdeckte."[271]

In manchen Fällen dient sogar der Film selbst als Beleg und wird als Autorität überhöht:

„Ja. Weil der Film gut bearbeitet wurde und es ganz genau gemacht hat wie er im Buch steht. Sie haben sich sehr gefreut als sie am Land angekommen waren und legten sich auf dem Boden. Columbus hat auch das Land San Salvador genannt."[272]

Aber auch jene Elemente, welchen sich der Spielfilm bedient, um einerseits eine raum-zeitliche Orientierung zu bieten sowie andererseits um explizite Fakten einzubinden, werden von Schüler/innen dieses Typus als Hinweise auf die Möglichkeit die Vergangenheit im Spielfilm zu zeigen ausgedeutet:

„Ja, denn genau in der Mitte des Filmausschnitts, zeigen sie das Jahr 1492. Ich finde den Film schwach, er ist um vieles nicht so gut wie manch andere Filme. Ich denke dass die Realität damals hart war, und viele Leute von Tieren ermordet sind. Wenn ich den Film im Kino gesehen hätte, würde ich meinen er wäre das Geld nicht wert."[273]

---

[269] Nach dem Vertrauens-Konzept von Kohring würde es möglich sein, dass ein im schulischen Kontext vorgeführter Spielfilm(ausschnitt) über die Vergangenheit seitens der Schüler/innen eine besondere Medienglaubwürdigkeit erhält, indem die Lehrperson über relevante Themen und Ereignisse informiert (Themenselektivität), relevante Fakten bietet (Faktenselektivität), Vertrauen in die Richtigkeit des präsentierten Mediums sowie die darin enthaltenen Bewertungen aufgebaut wird. Dies wäre für den Erwerb eines kritischen Umgangs mit Spielfilmen über die Vergangenheit höchst problematisch, kann jedoch nicht in jedem Fall a priori ausgeschlossen werden. Damit hängt letztlich einiges von der schulischen Mediensozialisation ab, weshalb es als besonders erschwerend hinzukommt, dass neben einem solchen hierarchischen Gefälle auch die gängige Art der Präsentation von Darstellungen der Vergangenheit, wie Lernende sie in schulischen Lernsituationen vorfinden (z.B. in Schulbüchern), es verabsäumt, die in jeder historischen Darstellung vorhandenen Ungewissheiten anzusprechen oder gegensätzliche Erklärungen zu einem historische Phänomen anzubieten. – Schweiger 2007, 251; Voss/Wiley/Kennet 1998, 308; Mc Keown/Beck 2010, 18ff. – vgl. zum Problem des Offenlegens des Konstruktionscharakters von Schulbuchtexten auch: Nitsche 2009; Schreiber/Schöner 2005.
[270] Vgl. Pandel 1987.
[271] Schüleressay Nr. 34.
[272] Schüleressay Nr. 76. – Hier könnte durchaus auch Typ D erkannt werden.
[273] Schüleressay Nr. 51.

Abb. 4.21. Typen von Geschichtsverständnis bei Schüler/innen in der Unterscheidung zwischen Geschichte und Vergangenheit (7. Schulstufe/Sekundarstufe I)

A	agnostischer/skeptizistischer Typus	Dieser Typus lässt die Ansicht erkennen, dass die Vergangenheit grundsätzlich nur in geringem Maße oder auch gar nicht erschließbar wäre.
B	Konstruktivistischer Typus	Dieser Typus lässt die Ansicht erkennen, dass Geschichte eine (Re-)Konstruktion mit gewissen Gütekriterien wäre. Eine objektive Darstellung wäre demnach nicht möglich, sondern nur eine Konstruktion, welche von Interessen, Kenntnissen, Absichten, Quellen, dem Medium der Darstellung etc. geleitet ist.
C	Darstellungskritischer Typus	Dieser Typus lässt die Ansicht erkennen, dass eine Darstellung der Vergangenheit von bestimmten Aspekten gelenkt oder auch verzerrt wird. Der Konstruktionscharakter wird nicht eindeutig angesprochen.
D	positivistischer/historistischer Typus	Dieser Typus lässt die Ansicht erkennen, dass es grundsätzlich als möglich erscheint, eine objektive Darstellung der Vergangenheit anzufertigen, wenn es ein Bemühen seitens der Autor/in gäbe.
E	naiver/faktizitätsorientierter Typus	Dieser Typus lässt die Ansicht erkennen, dass zwischen Geschichte und Vergangenheit nicht unterschieden wird. Der Konstruktionscharakter von Geschichte ist den Vertreter/innen dieses Typus fremd.

Quantifiziert man die qualitativ ausgewerteten 115 Essays der Schüler/innen, welche der Aufgabe ein epistemisches Frageverständnis entgegenbrachten,[274] zeigt sich ein Bild (Abb. 4.22.), in dem durchaus ein kritisches Potential zur Bearbeitung des Konstruktionscharakters von filmisch dargestellter Geschichte vorhanden ist, an die man bei 42% der Schüler/innen anschließen könnte. Gleichzeitig sind jedoch auch 4,3% der hier ausgewerteten Subgruppe der Gesamterhebung dem agnostisch/skeptizistischen Typus zuzurechnen, welcher davon ausgeht, dass man die Vergangenheit überhaupt nicht oder nur in geringem Maße erschließen kann. Ein Grundverständnis für die Möglichkeiten des historischen Arbeitens fehlt auch jenen 16,5%, welche dem naiven/faktizitätsorientierten Typus bzw. jenen 16,5%, welche dem positivistischen/historistischen Typus zuzurechnen sind, da diese im

---

274 Insgesamt wurden in der Untersuchung 255 Essays erhoben.

umgekehrten Sinn davon ausgehen, dass Geschichte ohne Komplikationen erzählbar wäre. Im Falle des darstellungskritischen Typus müsste im Einzelfall geprüft werden, welche Auffassung die Schüler/innen vertreten, da aus den Essays nicht eindeutig hervorging, ob sie eher in Richtung des konstruktivistischen oder des positivistischen Typus tendieren.

Abb. 4.22. Häufigkeit der Typen im untersuchten Korpus (n=115)

Typ	Anzahl	%
agnostischer/skeptizistischer Typus	5	4,35
konstruktivistischer Typus	42	36,52
darstellungskritischer Typus	30	26,09
positivistischer/historistischer Typus	19	16,52
naiver/faktizitätsorientierter Typus	19	16,52

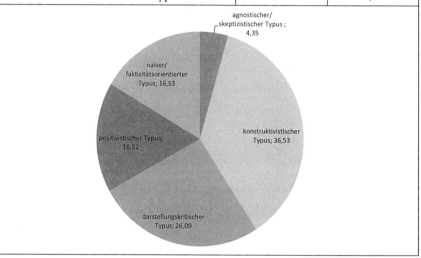

Letztlich kann mit diesem Ergebnis aber einmal mehr – entgegen homogenisierender und gleichförmiger Argumentationsmuster im Umgang mit Lerngruppen in der Sekundarstufe I – gezeigt werden, dass das Lern- und Lebensalter von Schüler/innen in der 7. Schulstufe im Bereich der reflektierten Differenzierung zwischen Vergangenheit und der Möglichkeit ihrer Darstellung höchst unterschiedlich sein kann und Lehrer/innen in den Klassen davon auszugehen haben, einer hochgradig heterogenen Gruppe von historisch denkenden Jugendlichen gegenüber zu treten, die unterschiedliche Ausgangsvoraussetzungen für die Arbeit mit Darstellungen der Vergangenheit, in diesem speziellen Fall im Umgang mit Spielfilmen, haben. Die pädagogische Psychologie würde hier – wie dies auch Ulrich Trautmann/ Oliver Lüdtke referieren – versuchen Entwicklungsniveaus auszuweisen. Vergleicht man etwa Tobias Krettenauers Versuch epistemologische Überzeugungen in derartige Niveaus zu ordnen, identifizierte dieser entlang einer empirischen Methode zwischen Fragebogen und Interview („Fragebogen zur Erfassung des Entwicklungsniveaus epistemologischer Überzeugungen"/FREE) drei Hauptniveaus: (a) „absolutistisches Hauptniveau", bei dem den Proband/innen ein Wissensverständnis zu Grunde liegt, welches den Wahrheitsgehalt einer Aussage dichotomisiert (Übereinstimmung bzw. Nicht-Übereinstimmung des Wissens mit der Wirklichkeit), (b) „relativistisches Hauptniveau", bei dem Wissen als subjektiv und personenrelativ eingestuft wird, (c) „postrelativistisches Hauptniveau", bei dem eine Pluralität von Wirklichkeitsauffassungen angenommen wird, wobei diese über den Grad und die Güte der vorgenommenen Begründungen ausdifferenziert werden.[275]

Ungeklärt bleibt dabei derzeit jedoch, vor allem für die Geschichtsdidaktik und die von ihr untersuchten domänenspezifischen Denk- und Aneignungsmuster, wie derartige Niveaus, welche Andreas Körber vermutlich als „Kompetenzniveaus" klassifizieren würde,[276] als Phasenmodelle oder konsistente Bildungsgänge bzw. -entwicklungen ausgeprägt sind bzw. anzubahnen sind. Es wären im engen Sinn dazu vor allem Längsschnittstudien notwendig, die Entwicklungen (auch im Sinn von Regressionen) dokumentieren, um hinreichende Muster für entwicklungslogische Modelle erkennen zu können. Ein verfrühtes Ableiten derartiger Einsichten aus dem vorliegenden Material erscheint daher für ein solch ambitioniertes Ziel der Geschichtsdidaktik als wenig redlich, wenngleich sich durchaus – vor allem im Vergleich zu den oben referierten Erkenntnissen des Chata-Projektes – Thesen über Entwicklungslogiken formulieren ließen.

4.2.2. Empirische Ebene

Christoph Kühberger

Es sind historische Quellen, die es ermöglichen, eine Darstellung der Vergangenheit anfertigen zu können. Gute geschichtswissenschaftliche Arbeiten führen daher Quellenbelege an, um getätigte Aussagen und Erkenntnisse aus der Quellenkritik intersubjektiv überprüfbar zu machen und um damit gleichzeitig den Wert der Aussagen in der historischen Narration zu steigern. Beschäftigt man sich mit Spielfilmen über die Vergangenheit, so geben diese von sich aus keine Hinweise auf Bezüge auf die Vergangenheit, wie etwa Quellenbelege in geschichtswissenschaftlichen Abhandlungen. In der Regel treten Spielfilme über die Vergangenheit als geschlossene Gesamtkunstwerke auf, die versuchen – ihrer Medienspezifik folgend – vorzugeben, die Vergangenheit umfassend wiederzugeben. Will man Spielfilmen daher auf der empirischen Ebene begegnen, muss man sie hinsichtlich der Belegbarkeit des Gezeigten hinterfragen oder zumindest in Frage stellen. Schüler/

---

275 Trautwein/Lüdtke 2008, 279; vgl. auch Krettenauer 2005.
276 Körber 2007b, 416.

innen, die dies in einigen Bereichen in ihren Essays machten, wählten dazu ganz unterschiedliche Strategien:
- a) Wissen abrufen:
  Ein fünfzehnjähriger Schüler ruft dazu etwa sein Wissen zu berühmten Persönlichkeiten der Geschichte ab und stellt als Tatsachenaussage fest, dass der Film die Vergangenheit darstellt, weil es ja „Kolumbus" gab.[277]
- b) Zweifel anmelden:
  Ein anderer dreizehnjähriger Schüler formuliert hingegen Zweifel, ob es sich dabei überhaupt um die Ankunft des Kolumbus handeln kann: *„Ich bin mir nicht sicher ob es die Ankunft von Kolumbus war, weil ich noch ein anderes Schiff gesehen habe und weil er die Insel Sunsunvedor genannt hat."*[278]
- c) Glaubenssätze formulieren:
  Eine dreizehnjährige Probandin formuliert: *„Nein, weil ich glaube, dass die Kleidung zur Zeit von Kolumbus anders ausgesehen hat."*[279]
- d) Nachfragen aussprechen:
  Eine vierzehnjährige Schülerin: „Sah Kolumbus nicht anders aus"[280]
- e) Nicht-Wissen artikulieren:
  Vierzehnjährige Schülerin: *„Keine ahnung ob der so ausgesehen hat. K a, ob das Schiff so aussah."*[281]

Neben den konzeptionellen Annäherungen, die sich auf einen Vergleich zwischen der Vergangenheit und im Film Gezeigten beziehen, werden jedoch auch andere empirische Aspekte herangezogen, die den Schüler/innen als Belege gelten, inwieweit die Vergangenheit im Filmausschnitt abbildbar ist. Diese wurden in der empirischen Ebene mitberücksichtigt. Dabei sind es einerseits anthropologische Aspekte, die einigen Schüler/innen als hinreichend erscheinen. Eine Schülerin formuliert:

> „Ja, [...] Nachdem sie angekommen waren und gemerkt haben, dass es Land gab und doch nicht einfach ein Abgrund oder Ähnliches, waren sie erleichtert und glücklich, – dies zeigt, dass es stimmen könnte."[282]

Andererseits werden auch landschaftliche Aspekte als hinreichend angesehen, um eine Beurteilung abzugeben:

> „Nein, weil es ziemlich unwahrscheinlich ist, dass es in Amerika früher so ausgesehen hat."[283]

---

277 Schüleressay Nr. 34.
278 Schüleressay Nr. 38.
279 Schüleressay Nr. 58.
280 Schüleressay Nr. 48.
281 Schüleressay Nr. 60.
282 Schüleressay Nr. 112.
283 Schüleressay Nr. 121.

„Es ist ja schon seltsam dass der Mann das Land San Salvatorre nennt und nicht Amerika. Ich glaube ehrlich gesagt nicht dass es die Ankunft von Kolumbus war. Wenn das überhaupt Kolumbus sein sollte. Und überhaupt wäre ich mir da nicht so sicher dass ganz weißer Sand gleich in den Urwald angrenzt."[284]

Betrachtet man die insgesamt 156 konzeptionellen Annäherungen in den Essays auf der empirischen Ebene,[285] zeigt sich, dass bestimmte Bereiche gehäuft diskutiert werden (Abb. 4.23.). An der Spitze steht dabei „Christoph Kolumbus". Insgesamt 21 Schüler/innen ziehen die historische Person heran, um Überlegungen auf der empirischen Ebene vorzunehmen.[286] Am weitaus häufigsten wurde nach dem Aussehen von Christoph Kolumbus gefragt und mit der Darstellung im Film verglichen:

„Sah Kolumbus nicht anders aus?"[287]

„Weiß ich nicht, weil zum einen Kolumbus anders aussah, zum anderen jedoch das Datum richtig ist."[288]

„Ich weiß nicht, ob der Kolumbus anders aussah."[289]

„Keine ahnung, ob der so ausgesehen hat. K. a., ob das Schiff so aussah."[290]

„Nein, weil Christoph Kolumbus kurze Haare hatte."[291]

„Ich weiß nicht ob der richtige Kolumbus so aussah."[292]

„Columbus hat sicher anders ausgesehen."[293]

„[…] ich glaube nicht, dass Columbus so aussah."[294]

Eine konzeptionelle Vorstellung, die im Zusammenhang mit Kolumbus auch auftrat, ist jene, dass Kolumbus Amerika alleine entdeckt hätte. Offenbar verfestigte

---

[284] Schüleressay Nr. 116.
[285] Vgl. Kapitel 4.1.3.
[286] Ein Schüler (Schüleressay Nr. 30) stellte dazu fest: „Und es gab zwar den Kolumbus aber ich glaube das es niemand weiß wie das wirklich war." Ähnliche Feststellungen in Schüleressays Nr. 122 und Nr. 107.
[287] Schüleressay Nr. 48.
[288] Schüleressay Nr. 56.
[289] Schüleressay Nr. 57.
[290] Schüleressay Nr. 60.
[291] Schüleressay Nr. 62.
[292] Schüleressay Nr. 65.
[293] Schüleressay Nr. 84.
[294] Schüleressay Nr. 110.

sich bei diesen Schülern/innen die historische Abbreviatur „Kolumbus hat Amerika entdeckt" zu einer konkreten Vorstellung über die Vergangenheit:

> „Ich glaube nicht das es so abgelaufen ist sondern so: Er segelte alein auf nach amerika und dachte anfangs das wär' Indien. Dann merkte er nicht in Amerika ist und nannte es auch so wegen irgendeinen König oderso."[295]

> „Ich bin mir nicht sicher aber ich glaube eher nicht weil meiner meinung nach hat Kolumbus doch alleine Amerika entdeckt. Hat Kolumbus nicht anders ausgesehen."[296]

> „Ich glaube dass Kolumbus eher alleine war. Auch weiß ich nicht so viel über Kolumbus. Ist Kolumbus überhaupt durch das Meer gekommen? Ich bin mir da nicht so sicher."[297]

> „Ich glaube aber das Kolumbus alleine war, und war er nicht auf der Suche nach Kaffee?"[298]

Irritationen lösten offensichtlich auch die Namensverwendungen im Spielfilm aus, weshalb drei Proband/innen darüber nachdachten, wie die historische Persönlichkeit hieß:

> „Heißt er nicht Kolumbus statt Don Christoph"[299]

> „Mann hieß Christopf aber nicht mit Nachnamen Kolumbus."[300]

> „Ich glaube schon das er Don Christpf genannt wurde."[301]

Neben Kolumbus sind es die im Filmausschnitt gezeigten Schiffe, mit denen die Europäer nach Amerika gelangten, welche die Aufmerksamkeit der Schüler/innen auf sich zogen. Keine/r der Proband/innen referiert dabei auf die drei Schiffe, mit denen Columbus nach Amerika segelte (Santa Maria, Niña, Pinta),[302] vielmehr herrscht bei einigen eine Verunsicherung hinsichtlich der Anzahl der Schiffe:

---

295 Schüleressay Nr. 123.
296 Schüleressay Nr. 64.
297 Schüleressay Nr. 45.
298 Schüleressay Nr. 44.
299 Schüleressay Nr. 104.
300 Schüleressay Nr. 224.
301 Schüleressay Nr. 15.
302 Ein Schüler (Schüleressay Nr. 157) nennt in einem anderen Zusammenhang die Schiffe, ohne jedoch dabei die empirische Ebene zu erreichen: „Der Filmausschnitt zeigt glaube ich wie Christoph Kolumbus 1492 mit Schiffen (Santa Maria, Pinta,?) Amerika entdeckt."

Abb. 4.23. Häufig eingebrachte empirische Konzepte (> 3 Nennungen)

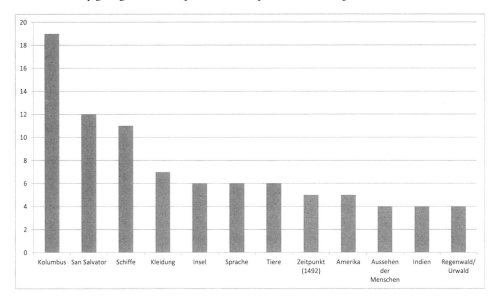

„Ich glaube es war nicht so, weil ich nicht glaube, dass Kolumbus mit zwei Schiffen gefahren ist […]."[303]

„Ich bin mir nicht sicher ob es die Ankunft von Kolumbus war, weil ich noch ein anderes Schiff gesehen habe […]."[304]

„Und ich glaube nicht das es so viele schiffe waren […]"[305]

Auf einer weit weniger ausgeprägten analytischen Ebene stellen einige Schüler/innen den Schiffen aufgrund deren Alters, hier zu lesen als Bezug zur Vergangenheit, eine Echtheit aus:

„Ja es kann sich so zugetragen haben da sie alte Schiffe und Waffen trugen."[306]

„[…] es waren alte Schiffe […]"[307]

„Die Schiffe waren echt."[308]

---

303 Schüleressay Nr. 7.
304 Schüleressay Nr. 38.
305 Schüleressay Nr. 61.
306 Schüleressay Nr. 22.
307 Schüleressay Nr. 210.
308 Schüleressay Nr. 187.

Neben dem Aussprechen von Nicht-Wissen („*K[eine] a[hnung], ob das Schiff so aussah.*"[309]) werden auch persönliche Wissensbestände abgerufen, um das Gezeigte zu klassifizieren:

> „Ja, weil Kolumbus auch mit einem Schiff Amerika entdeckte."[310]

> „Ja, weil sie am Anfang mit dem Schiff fuhren und dies ja bekannt ist."[311]

> „Es stimmt, glaube ich jedenfalls, das Kolumbus ein Spanier war und mit Schiffen durch einen Schneesturm gefahren (aus Wasser) […]."[312]

Eine nicht unerhebliche Anzahl an Schüler/innen wurde durch die Ankunft und die Benennung der Insel mit „San Salvador" irritiert. Dies zeigt sich nicht nur in der direkten Diskussion rund um „San Salvador", sondern auch bei der Diskussion über die eigentlichen Intentionen von Kolumbus und seiner Mannschaft, einen neuen Seeweg nach Indien zu finden. Ein dreizehnjähriger Schüler hält diesbezüglich in seinem Essay fest:

> „[…] ich habe gedacht dass er [Kolumbus] INDIEN gefunden hat und nicht das was er gesagt hat."[313]

Fünf andere Schüler bringt diese Verunsicherung auf den Punkt, indem sie einen durchaus nicht nachvollziehbaren Aspekt in der filmischen Darstellung ansprechen:

> „Es war aber auch unlogisch weil woher sollte Kolumbus wissen das dies nicht Indien war wo er zuerst hinwollte."[314]

> „Ich weiss es nicht aber ich glaube ‚nein' weil er dem Neuen Kontinent den Namen San Salvadore gegeben hat es aber jetzt Amerika heißt und weil er nicht wissen konnte das es nicht Indien ist sondern ein anderes Land o. Kontinent ist!!!"[315]

> „[…] ich dachte er hat Indien gefunden und nicht San Salvadore. Ich glaube das war in echt anders."[316]

---

309 Schüleressay Nr. 60.
310 Schüleressay Nr. 66.
311 Schüleressay Nr. 112.
312 Schüleressay Nr. 122.
313 Schüleressay Nr. 125. – Vgl. auch Schüleressay Nr. 46. und Nr. 236.
314 Schüleressay Nr. 126. – In diesem Essay zeigt sich die Überscheidung zwischen narrativer Ebene, Hinterfragen der Erzählstruktur („unlogisch"), und dem Nachfragen nach der historischen Intention des Kolumbus auf der empirischen Ebene. In der Auswertung wurde hier jedoch nur die empirische Ebene erhoben, weil der Zweifel an der Narration auf einem empirischen Aspekt beruht.
315 Schüleressay Nr. 95.
316 Schüleressay Nr. 102.

> „Nein, weil Sie haben nach Indien gesucht sind aber nach Neufundland (Amerika) gekommen, wo eingeborene lebe n,"[317]

> „Aber ich glaube nicht das Kolumbus sagte: ,Dieser Land heist … [San Salvator]' Ich er dachte eher das sei Asien in der realität."[318]

Andere Jugendliche vertrauen in ihren konzeptionellen Annäherungen auf ihr Wissen:

> „Ja ich glaube schon das es so war, weil ich in einem Buch mal gelesen habe das Amerika vorher san selvador geheisen hat und weil Amerika auch ein sehr tropisches Land ist sowie in dem Filmauschnitt."[319]

> „Ja. Weil der Film gut bearbeitet wurde und es ganz genau gemacht hat wie es im Buch steht. […] Columbus hat auch das Land San Salvator genannt."[320]

> „Es stimmt, glaube ich jedenfalls, das Kolumbus […] in der Karibik auf der Insel San Salvator gelandet ist."[321]

Auch zweifelnde Aspekte begründen implizite Nachfragen auf empirischer Ebene zu diesem thematischen Bereich:

> „Ich bin mir nicht sicher ob es die Ankunft von Kolumbus war, weil […] er [Kolumbus] die Insel Sunsunvedor genannt hat."[322]

> „Es ist ja schon seltsam dass der Mann das Land San Salvator nennt und nicht Amerika."[323]

Geografische Aspekte dienen anderen Proband/innen als Ausgangspunkt ihrer Überlegungen:

> „Ich denke nämlich, dass aus San Salvador unser heutiges Amerika wurde."[324]

> „Der Filmausschnitt zeigt glaube ich wie Christoph Kolumbus 1492 mit Schiffen (Santa Maria, Pinta,?) Amerika entdeckt. Ich glaube es deshalb weil

---

317 Schüleressay Nr. 103.
318 Schüleressay Nr. 129.
319 Schüleressay Nr. 24.
320 Schüleressay Nr. 76.
321 Schüleressay Nr. 122.
322 Schüleressay Nr. 38.
323 Schüleressay Nr. 116.
324 Schüleressay Nr. 25.

er die Insel San Salvator nennt und weil ein Mann ihn Christoph anspricht. San Salvator ist eine Insel vor der Küste mittelamerikas liegt."[325]

„Ich glaube Sal Salvador in Süd Amerika liegt."[326]

Diese in Teilen bereits differenzierten Wahrnehmungen eines Teilbereiches von Konstruktionen der Vergangenheit, nämlich die Notwendigkeit möglichst genau entlang einer (kritischen) Rückbindung an historische Quellen die Vergangenheit zu re-konstruieren, sollte jedoch nicht darüber hinwegtäuschen, dass damit Vorstellungen verbunden sein könnten, dass dies relativ problemlos möglich wäre. Ähnlich wie bei Matthias Martens Studie zum impliziten Wissen im Umgang mit schriftlichen Darstellungen der Vergangenheit ist nämlich festzuhalten, dass die Proband/innen anhand der Überprüfbarkeit von zahlenmäßigen oder örtlichen Angaben, Eigennamen und Persönlichkeiten der Darstellung einen höheren Orientierungswert zuschreiben, der jedoch durchaus in der im Film gezeigten Ausprägung einer Überprüfung zu unterziehen wäre.[327]

Konzepte, die daher vom Geschichtsunterricht aufgegriffen werden sollten, sind in diesen Fällen vor allem um ein konzeptionelles Verständnis rund um das Basiskonzept der „Belegbarkeit" auszumachen. Historische „Quellen sind dabei jene Medien der Überlieferung, aus denen über methodische Verfahren Kenntnisse über die Vergangenheit gewonnen werden können. Sie treten in je spezifischen Formen auf (u.a. schriftliche, gegenständliche, mündliche Quellen) und bedürfen in ihrer Nutzung einer ausreichenden historischen Kontextualisierung sowie einer gattungsadäquaten Quellenkritik. Die methodisch kontrollierten Ergebnisse der Quellenkritik aus verschiedenen Quellen dienen letztlich als Beleg für historische Interpretationen. Beachtet man empirische Studien, zeigt sich, dass vor allem Quellen von den Lernenden oft per se als ‚objektiv' und ‚vollständig' wahrgenommen werden, was zu einer Trivialisierung ihrer Nutzung führen kann."[328] Gleichzeitig darf dabei nicht die Vorstellung entstehen, dass man mit derartig herausgearbeiteten Daten, Fakten oder Informationen, die man als „Vergangenheitspartikel"[329] bezeichnen könnte, den zweifelhaften Charakter von gesichertem Wissen erhalten könnte, welches den neutralen, überpersönlichen und unparteiischen Kern einer

---

325 Schüleressay Nr. 157.
326 Schüleressay Nr. 31.
327 Martens 2010, 289; vgl. auch Kapitel 4.2.6.1. Fallbeispiel „Schüler 24".
328 Kühberger 2012, 54; vgl. dazu auch Borries 2005, 71.
329 In der anglo-amerikanischen Tradition handelt es sich dabei um das Konzept „evidence". Die Projektgruppe FUER-Geschichtsbewusstsein kreierte den noch nicht geläufigen fachdidaktischen Neologismus „Vergangenheitspartikel", der in diesem Zusammenhang als brauchbar erscheint. Darunter versteht man jene Ergebnisse der Arbeit mit historischen Quellen, die nicht aus einer Quelle ableitbar sind, sondern erst durch ein In-Bezug-Setzen von unterschiedlichen Quellen und Materialien erarbeitet werden. Es werden also darunter „jene plausiblen Konstrukte [verstanden], die im Fokus auf Vergangenes erarbeitet werden. Durch präzise Quellen- (und Literatur-) Bezüge wird idealer Weise Transparenz über ihre Grundlagen hergestellt. […]" Waltraud Schreiber versteht darunter weiter den „methodisch regulierten Versuch, Bausteine – Partikel eben – zu erschließen, die helfen, vergangene Phänomene zu erfassen, in einer Weise, die die Quellen nahe legen." – Schreiber 2007, 207.

Darstellung der Vergangenheit ausmachen würde.[330] Denn letztlich gilt auch in diesem Zusammenhang die pointierte erkenntnistheoretische Beobachtung von Bodo von Borries, nämlich, dass nicht die Fakten, sondern ihre Verknüpfungen und Bewertungen die Geschichte ausmachen.[331]

4.2.3. Narrative Ebene

Christoph Kühberger

Spielfilme über die Vergangenheit erzählen Geschichte auf ihre eigene medienspezifische Weise. Ihnen steht dafür neben traditionellen Erzählmustern, wie man sie etwa auch in anderen Darstellungen der Vergangenheit ausmachen kann (z.B. historische Sinnbildungsmuster wie Aufstiegserzählungen, wiederkehrende Zyklen etc.), eine Vielzahl an filmischen Mitteln zur Verfügung (Kameraeinstellungen; Einsatz von bestimmten Schauspieler/innen etc.), die auf die Erzählung Einfluss nehmen können. Diese filmischen Mittel und das Verstehen ihrer Funktionen sowie ihrer ästhetischen und kommunikativen Potenziale sind damit ein gewichtiger Bestandteil einer De-Konstruktion einer filmischen historischen Narration.[332] Dringt man denkend in diese filmischen Strukturen ein, dann fokussiert man besonders auf die Plausibilität der Erzählstruktur (z.B. Glaubwürdigkeit der rekonstruierten Vergangenheit), der Konstruktion der Vergangenheit mittels filmischer Mittel (z.B. Setting des Films) oder andere auf die Erzählung Einfluss nehmende Momente, welche die Narration – z.B. das Herausarbeiten von Höhepunkten – im Film vorantreiben.[333] Damit kann aber bereits für den hier besprochenen Bereich der narrativen Ebene die These aufgestellt werden, dass narrative Konzepte in Schüleressays darauf verweisen, dass die Verfasser/innen durch ihre Verwendung davon ausgehen, dass es sich beim Filmausschnitt um eine Darstellung handelt und eben nicht um die Vergangenheit. Dies hängt grundlegend mit den Konzepten der narrativen Ebene zusammen, die in der Regel per se in einer reflektierteren Weise in die Konstruktion des Filmes eindringen (vgl. Abb. 4.13).

Um diese quantitative Beobachtung durch exemplarische Ausführungen von Proband/innen zu verdeutlichen, werden hier zwei Schüleressays herangezogen, anhand deren argumentativer Logik man erkennen kann, dass durch die Referenz auf narrative Aspekte des Spielfilmausschnittes deutlich wird, dass sie zwischen „Geschichte" und „Vergangenheit" unterscheiden können. Im ersten Essay eines Schülers kann man deutlich nachvollziehen, dass dieser auf die „Kulisse" eingeht sowie Momente benennt, welche „cool dargestellt" sind und damit bereits sprachlich durch das verwendete Verb den Darstellungscharakter der Vergangenheit offen legt. Auch der Verweis auf die Spannung, welche durch „Geräusche" erzeugt wird, unterstreicht diese Haltung:

---
330 Mertens 2010, 289.
331 Borries 2009a, 32.
332 Vgl. Wenzel 2006.
333 Vgl. Schreiber 2005, 223.

Abb. 4.24. Häufig eingebrachte narrativen Konzepte (> 2 Nennungen)

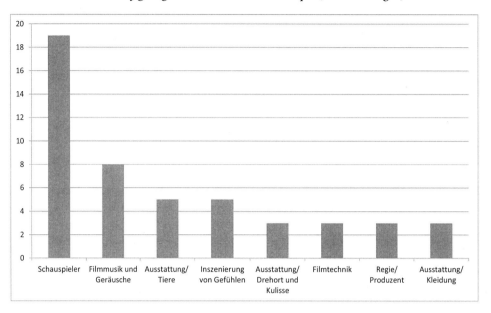

„Ich glaube es ist so abgelaufen, weil die Colise aus America stammt und die Endeckeng Americas mir so vorstelle. Die Zeit um 1400 ist die richtige und der Filmausschnitt gefällt mir sehr sehr gut. Die Schlangen und die Vögel sind cool dargestellt. Die Geräusche machen es doch noch spannender und interessanter!"[334]

Im zweiten Essay einer Schülerin kann man strukturell Ähnliches beobachten. Auch hier wird auf die Musik als Stilmittel verwiesen. Zudem wird auch die Ausstattung („Kleidung") sowie die Schauspielerei angesprochen, wodurch man eindeutig feststellen kann, dass das Mädchen davon ausgeht, dass es sich um eine Inszenierung im Sinn von „Geschichte" handelt:

„Ich finde der Film ist schon spannend die Musik passt auch dazu aber ich finde es ist ein bischen viel Musik. Die Kleidung ist ausgezeichnet. Aber es fehlt irgendwie was weil naja ich finde der ist für nicht sooo spannend aber er ist echt gut. Der FILM IST aufjedenfall gut geschauspielert."[335]

Ungeschadet dieser These muss jedoch mit einem qualitativen Blick auf die Schüleressays festgestellt werden, dass die Möglichkeiten, die als Argumentation auf der narrativen Ebene herangezogen werden könnten, bei weitem nicht ausgeschöpft wurden. So wurden typische filmische Mittel, welche bestimmend sind für eine

---

334 Schüleressay Nr. 23.
335 Schüleressay Nr. 127.

filmische Narration, nicht aufgegriffen (z.B. Kameraführung, Kameraeinstellung). Dies hängt vermutlich mit der erst schwach entwickelten Tradition des österreichischen Geschichtsunterrichtes zusammen, sich bereits in den ersten Lernjahren intensiv mit geschichtskulturellen Produkten und ihren medienspezifischen Ausprägungen zu beschäftigen.[336]

Wie aus dem Diagramm (Abb. 4.23.) hervorgeht, welches die am häufigsten genannten narrativen Konzepte der Essays nach Großkategorien ordnet, nehmen die meisten Proband/innen auf die „Schauspieler" Bezug, die durch ihre Interpretation bzw. Inszenierung der historischen Menschen massiven Einfluss auf die „Glaubwürdigkeit" der filmischen Erzählung nehmen.[337] 19 Schüler/innen beschäftigen sich unter verschiedenen Fragestellungen mit diesem Aspekt. Dabei steht etwa die Hauptrolle des Christoph Kolumbus, dem auch mehrere Detaileinstellungen im Filmausschnitt, der den Proband/innen für die Erhebung der hier analysierten Eassys dieser Untersuchung vorgeführt wurde, gewidmet wurden,[338] im Mittelpunkt. Zwei Schüler/innen erkennen dabei Gerald Depardieu als Hauptdarsteller.[339] Es ist jedoch auffällig, dass bei der Besprechung des Ausschnittes hinsichtlich der Umsetzung der Szenerie einige Probandinnen an der Inszenierung des Kolumbus und seiner Crew schwere Zweifel befallen:

„Ich finde nicht das der Film zu Kolumbus und seine Ankunft in Amerika passt. Im Film schauen er und die anderen aus wie Penner, und ich find die haben nie so ausgesehen. Meiner Meinung ist der Filmausschnitt echt nicht passend, aber vielleicht seh nur ich es so. Schaut eher so aus als wären verhungerte Piraten endlich auf einer Insel angekommen oder so etwas."[340]

„Außerdem hat Amerika Christoph Columbus entdeckt und kein Sandler. Das waren irgendwie nur so gruselige Seesandler oder Piraten oder so etwas in der Art."[341]

„Aber das Kolumbus so ausgesehen hat bezweifle ich. Ich würde gerne wissen, ob Kolumbus ein Pirat war? Von was haben sie sich ernährt? Hatten sie Dach über dem Kopf? Und im Film sahen sie ein bisschen aus wie, Obdachlose so sehen sie sicher nicht aus."[342]

„Nein, weil dieser so eine Mischung aus Piraten und mittelalterrischen Menschen gefilmt wurde."[343]

---

336 Vgl. Kapitel 4.1.5.
337 Vgl. dazu etwa auch Schüleressay Nr. 41, Nr. 120, Nr. 127 und Nr. 134.
338 Vgl. Einstellungsprotokoll Kapitel 4.3.
339 Schüleressay Nr. 130 und Nr. 177.
340 Schüleressay Nr. 55.
341 Schüleressay Nr. 52.
342 Schüleressay Nr. 54.
343 Schüleressay Nr. 66. – Vgl. ähnlich Schüleressay Nr. 58. Vermutlich eine Sitznachbarin.

„Nein, weil es ziemlich unwahrscheinlich ist, dass es in Amerika früher so ausgesehen hat. Außerdem müssen diese Seefahrer doch auch einmal hungrig werden, oder O___o. Als der Matrose gesagt hat: Land in sicht war überall nebel sodass man nichts vom Sand sehen konnte ich meine das ist doch nicht echt."[344]

„[…] In diesem Film wurde wenig geredet. Es ist nichts Spannendes passiert und der Schaupieler hatte eine komische Nase. […]"[345]

Zudem kann festgestellt werden, dass einige Schüler/innen einen Abgleich zwischen ihren eigenen Vorstellungen zu Kolumbus bzw. der Ankunft in Amerika und dem vorgeführten Schauspieler bzw. der vorgeführten Szenen vornehmen:

„Ich weiß es nicht, weil ich denn Film noch nie gesehen aber er schaut sehr interessant aus. Ich hatte Kolumbus anders in meinem Kopf. […]"[346]

„Also ich stelle es mir mit weniger Leuten vor, nicht mit so vielen auf einmal. Und ich denke das die Leute früher mehr Angst davor hatten."[347]

Wie der letzte Auszug verdeutlicht, beschäftigen sich einige Schüler/innen auch mit der Darstellung von emotionalen Aspekten im Filmausschnitt. Dabei wird vor allem auf die Kohärenz des Erzählten geachtet:

„Nein, weil dieser Film so eine Mischung aus Piraten und Mittelaterischen gefilmt ist. Nein, weil ich glaube das die Kleidung zur Zeit Kolumbus anders ausgesehen hat. Ja, weil sich alle am Anfang auf die Ankunft gefreut haben. Ja, weil sie alle überrascht waren als sie das neue Land gesehen haben."[348]

„Alle Männer waren von der reise sehr erschöpft in den Film."[349]

„Ja weil sie am Anfang mit dem Schiff fuhren und dies ja bekannt ist. Außerdem sieht man das die Menschen sehr erschöpft sind was Sinn macht, denn die Reise ja lange gedauert hat und sicherlich auch anstrengend und Nervenkitzel war. Nachdem als sie angekommen waren und gemerkt haben, dass es Land gab und doch nicht einfach ein Abgrund oder ähnliches waren sie erleichtert und glücklich, – dies zeigt das es stimmen könnte und zu guter Letzt' erkunden sie das Land, was ja völlig verständnissvoll ist."[350]

---

344 Schüleressay Nr. 121.
345 Schüleressay Nr. 136.
346 Schüleressay Nr. 41.
347 Schüleressay Nr. 42.
348 Schüleressay Nr. 58.
349 Schüleressay Nr. 195.
350 Schüleressay Nr. 112.

Diese Aspekte, die verstärkt auf Handlungsbedingungen der Erzählung abzielen, greifen einen a-historischen und anthropologisch geprägten Bereich auf, in dem ein Nachvollzug des menschlich Erlebten in den Fokus gerät. Die Schüler/innen versetzen sich offenbar in die historische Situation und reflektieren die notwendig zu erzählenden Details aus einer Innenperspektive der historischen Subjekte.[351] Dies wird nach Wehen durchaus aufgrund der in Spielfilmen verwendeten dramaturgischen Techniken (Personalisierung, Dramatisierung, Emotionalisierung) erzeugt, wodurch man dem Verlangen „nach existenziellen Geschichten und Fragen, wie die Suche nach dem Sinn des Lebens oder die Macht der Liebe"[352] nachkommen würde.[353] Die Filmemacher/innen setzen hierbei durchaus an heutigen Mustern an. So ist dies besonders dort deutlich zu beobachten, wo Fernsehspielfilme „mittlerweile fast immer starke, moderne weibliche Figuren in den Mittelpunkt" stellen.[354]

Neben der konzeptionellen Annäherung über die Schauspieler, ist es vor allem auch die Tonspur des Filmausschnittes, die einigen wenigen Schüler/innen auffällt. Gerade im Zusammenhang mit der Musik und den Geräuschen wird besonders deutlich, dass Schüler/innen, die über derartige Konzepte verfügen, bereits etwas tiefer in das Problem der narrativen Konstruktion des Filmes eindringen. So wird etwa die Funktion der Musik, die von Vangelis stammt und einen einprägsamen Charakter besitzt, als gewichtiges Stilelement erkannt:

„Die Musik war etwas zu dramatisch […]."[355]

„Mir ging der Film etwas zu schnell um sich viele Details zu merken. Die Musik war dramatisch!"[356]

Der Musik und den eingespielten Geräuschen wird dabei eine spannungssteigernde Funktion zugewiesen, die letztlich aufgrund des/der spezifischen Klangcharakters/-farbe, der Lautstärke, der Dynamik, des Tempos uvm. assoziiert wird.[357] So signalisieren nach dem Medienwissenschaftler Knut Hickethier eingespielte (Hintergrund-)Geräusche Lebendigkeit und es wird damit von den Hörenden ein Kontakt mit der Welt aufrechterhalten. „Es wird im Film eine so genannte ‚Atmo' erzeugt, eine akustische Atmosphäre, die den Wirklichkeitseindruck des Visuellen wesentlich steigert."[358] Auch die Filmmusik übernimmt eine ähnliche Aufgabe.

---

351 Ähnliches konnte auch Martens feststellen. – Vgl. Martens 2010, 290.
352 Wehen 2012, 28f.
353 Vgl. „Der Prozess der Narration besteht unter anderem darin, dass dieses emotionale Erleben der Figuren für den Zuschauer mit den Mitteln des Films (Kamera, Licht, Dekor, Schauspieler, Schauspielerführung etc.) transparent gemacht wird, dass man also die Motive der handelnden Figuren versteh- und nachvollziehbar macht und Einsicht in ihr Erleben vermittelt." – Hedinger 2006, 49f.
354 Besonders einprägsam etwa in „Die Flucht" (2007) von ARD, Arte und team workx. – Gangloff 2009, 34.
355 Schüleressay Nr. 148.
356 Schüleressay Nr. 146.
357 Vgl. Kreuzer 2009; Kamp 2010, 101ff.
358 Hickethier 2007, 91.

Es gilt, bestimmte Konventionen des Realismuseindruckes, der sich in filmischen Medien als Kommunikationsstruktur durchsetzte, zu nutzen. Geräusche und Musik übernehmen in dieser Sichtweise einen narrativen Charakter, der auch als eigenständige Mitteilungsebene analysierbar ist.[359]

Im Zusammenhang mit der Darstellung des Urwaldes stellt ein Schüler fest:

„Die Geräusche machen es doch noch spannender und interessanter."[360]

„Eigentlich nicht den Hollywood muss es spannender gestalten mit Musik und allen drum und dran, der film wird eigentlich nur als Grundlage verwendet und dann wird viel dazu erfunden, wäre alles so wie in wirklichkeit würde der Film warscheinlich langweilig sein. deshalb ist meine Antwort auf diese frage ‚Nein'."[361]

„Ich finde, der Film ist schon spannend, die Musik passt auch dazu, aber ich finde, es ist ein bisschen viel Musik. […]"[362]

„Die Musik geht so. Der Film ist sehr Spannend gedreht aber es sind auch ziemlich viele Sachen von Tönen und Tieren die nicht so gut waren. […]"[363]

„Die Musik passte eigentlich zu dem Film gut."[364]

Im Gegensatz zu den elaborierteren Ausführungen zur Musik und den Schauspieler/innen bleiben die marginalen Anmerkungen zur filmischen Ausstattung (Kleidung, Tiere, Drehort) als Teilbereich der Narration etwas zurück. So gehören die Filmkostüme bei drei Schüler/innen zwar zum Wahrnehmungshorizont (*„Die Kleidung ist ausgezeichnet"*[365]; *„Die Kleidung ist nicht so gut"*[366]; *„[…] die Kleidung [war] eher lustig als ernst"*[367]), doch eine ausführliche Begründung bleibt aus, gleich wie bei den Hinweisen auf die Tiere, welche den filmischen Urwald bevölkern (*„Die Tiere sind auch gut inszeniert und eigentlich alle anderen teile auch."*[368]; *„Die Schlange und die Vögel sind cool dargestellt."*[369]; *„Die ganzen Schlangen haben einen Urwald eindruck gemacht aber die Vögel waren etwas zu natürlich."*[370]), oder zum Drehort des Films:

---

359 Vgl. Hickethier 2007, 94.
360 Schüleressay Nr. 23.
361 Schüleressay Nr. 100.
362 Schüleressay Nr. 127.
363 Schüleressay Nr. 134.
364 Schüleressay Nr. 195.
365 Schüleressay Nr. 127.
366 Schüleressay Nr. 134.
367 Schüleressay Nr. 148.
368 Schüleressay Nr. 6.
369 Schüleressay Nr. 23.
370 Schüleressay Nr. 148.

„Ich glaube es ist so abgelaufen, weil die Colise aus America stammt und die Entdeckung Americas mir so vorstelle."[371]

„Ob das [der Film] in Afrika oder in Amerika stattgefunden hat. Und ich glaube nicht, dass ankunft in Amerika war sondern in Afrika"[372]

„In irgend einem Land wurde dieser Film gedreht, ich glaube im Regenwald weil alles so nass war und sehr viele Vögel und Schlagen waren."[373]

Nur ganz wenige Schüler berücksichtigen auch technische Aspekte der Filminszenierung. So erkennt ein dreizehnjähriger Schüler zwar die filmtechnischen Momente, mit denen der Ausschnitt arbeitet, wie die Cutgeschwindigkeit und die künstliche Verlangsamung der filmischen Narration durch *Slow Motion*, doch deren Funktion für die Inszenierung des Ausschnitts erschließt sich dem Probanden nicht. Ganz im Gegenteil erkennt er nicht, dass nicht die „uninteressanten Teile" verlangsamt dargestellt werden, sondern die Schlüsselszene der Ankunft auf amerikanischem Boden, welche durch eine Slow-Motion-Technik stark betont werden sollte.[374] Es ist zudem nicht sonderlich erstaunlich, dass er das „Tempo" des Films anspricht, da sich dieses eines Kinofilms aus dem späten 20. Jahrhunderts tatsächlich von den heutigen Seegewohnheiten und den gängigen weit höheren Cutgeschwindigkeiten unterscheidet.

„Das Tempo des Films war sehr langsam. […] Am anfang hat der Film mich verwirrt. Der Film war alt. Die uninteressanten Teile waren in Slowmotion."[375]

Ein anderer Schüler bezieht sich auch auf die Verlangsamung. Er erkennt dabei zwar den filmtechnischen Aspekt, zieht ihn jedoch in etwas unkonventioneller Art dazu heran, um zu begründen, dass deshalb der Film nicht die Vergangenheit abbilden würde:

„Als sie das Land entdeckt haben waren sie erschöpft. Kolumbus ist voller Stolz alls er es betreten hat doch er ist bestimmt nicht in Slomoschen gelaufen. […]"[376]

---

371 Schüleressay Nr. 23.
372 Schüleressay Nr. 57.
373 Schüleressay Nr. 195.
374 Ähnliches ist auch im Schüleressay Nr. 104 zu beobachten, in dem das Küssen des Bodens durch Kolumbus als „übertrieben" angesehen wird, gleichzeitig aber nicht die Zentralität der Szene für den Ausschnitt erkannt wird. Man muss jedoch festhalten, dass dies sicherlich auch daraus erwächst, dass die Schüler/innen nur einen sehr kurzen Ausschnitt sahen und die Inszenierungen rund um die Überfahrt nicht vorgeführt wurden.
375 Schüleressay Nr. 130.
376 Schüleressay Nr. 15.

Im Bezug auf die Inszenierung des Films durch Filmemacher/innen finden sich nur drei Schüleressays, die sich diesem Problemfeld annehmen. So argumentiert ein vierzehnjähriger Schüler folgendermaßen:

> „Nein, weil es die Ansicht des Regiseures wie Kolumbus Amerika entdeckt hatte, aber es kann auch so gewesen sein, es gibt dafür eben keine Beweise, weil es nicht überliefert wurde wie Kolumbus Armerika entdeckt hatte. Die Szennen waren sehr realistisch, besonders auf dem Boot. Im Urwald war es ein bisschen übertrieben. Ich fand den Film realistisch."[377]

Auch eine dreizehnjährige Schülerin geht davon aus, dass die „Produzenten" ein gutes Produkt abgeliefert haben, wenngleich sie in der Argumentation schuldig bleibt, warum sie weiß, dass der Ausschnitt der „Realität" sehr nahe kommt:

> „Der Film ist interessant. Er ist realistisch. Die Schiffe waren sehr gut. Die musik war sehr gut. Der Strand war schön. Die Ankunft des Kolumbus war im Film fast so wie es in der realität war. Er ist gut gemacht. Die Produzenten haben gute Arbeit geleistet."[378]

Ohne auf die Regie einzugehen, lässt sich auch eine vierzehnjährige Probandin auf das Konzept der „Regie" im weitesten Sinn ein:

> „Es könnte möglich sein, dass es damals so passiert ist. Aber ich bin mir nicht ganz sicher, weil es ist ja nur ein Film und ich glaube nicht, dass sie das genau so nachspielen können. Aber wenn ich mir das vorstellen sollte würde ich mir das auch irgendwie so denken."[379]

Anhand der Essays kann die eingangs aufgestellte These bewährt werden, wonach jene Schüler/innen, welche Konzepte der narrativen Ebene aufgreifen, den Film als Konstruktion wahrnehmen. Diese mit den qualitativen Daten untermauerte Beobachtung gibt damit wichtige Hinweise für die fachspezifische Diagnostik in diesem Teilbereich des historischen Denkens.[380] Es gilt jedoch darüber hinaus in Lernprozessen jene konzeptionellen Vorstellungen der Schüler/innen heranzuziehen und zu fördern, welche im Sinn des Konstruktionscharakters („Bauplan") einer Darstellung der Vergangenheit dazu beitragen, über narrative Muster in eine spezifische Gattung und ihre jeweiligen Potentiale einzudringen.[381] Die dabei wahrgenommenen Aspekte einer filmischen Rhetorik oder ästhetischen Filmsprache gilt es um damit je verbundene Momente (z.B. poetische oder metaphorische Ausprägungen) zu ergänzen.

---

377 Schüleressay Nr. 93.
378 Schüleressay Nr. 142.
379 Schüleressay Nr. 11.
380 Vgl. Abb. 4.16.
381 Vgl. Abb. 3.3.

4.2.4. Normative Ebene

Christoph Kühberger

Dass die Schüler/innen in ihren Essays in keinem Fall auf Problemzusammenhänge der normativen Ebene Bezug nehmen,[382] ist ein ziemlich eindeutiger Befund zum Umgang mit Geschichte innerhalb der untersuchten Gruppen. Die Erwartungshaltung wäre in diesem Bereich gewesen, dass Schüler/innen zumindest in Ansätzen oder auf einem a-konventionellen Niveau nach zeittypischen Ausprägungen der Darstellung und den damit verbundenen Bewertungen oder Sichtweisen, nach der Herkunft der mit dem Film vermittelten Werte, nach der mittels des Mediums vermittelten Perspektive o. ä. fragen.[383] Derartige Bewertungen oder Normbezüge werden in Spielfilmen in der Regel über narrative Strukturen bzw. deren filmische Mittel kommuniziert. So ist etwa das Einnehmen der europäischen (oder wenn man so will der U.S.-amerikanischen) Perspektive hinsichtlich des Filmausschnittes, der den Schüler/innen vorgeführt wurde, ein markantes Muster, welches den Film zentral bestimmt. Es wird nämlich nicht versucht, eine andere Sichtweise zuzulassen oder filmisch umzusetzen. Vielmehr zwingt das Medium seinen Zuschauer/innen eine bestimmte Sichtweise auf, weshalb der normative Geltungsanspruch im Sinn einer intersubjektiven Annäherung an die historischen Ereignisse, die im Filmausschnitt dieser Untersuchung gezeigt wurden, letztlich nicht vorhanden ist. Auch die inszenierte heroische Unschuldigkeit von Kolumbus reizt die Schüler/innen nicht zu einer Kommentierung.[384] Vermutlich hängt dies in beiden Fällen mit der von Ridley Scott präsentierten altbewährten Perspektive auf einen derartigen Ausschnitt im Zusammenhang mit den „Entdeckungsreisen" der Frühen Neuzeit zusammen. Regie und Konsument/innen folgen damit unhinterfragt der gängigen *Master Narrative* der so genannten „westlichen Welt".

Dass Schüler/innen jedoch durchaus dazu in der Lage sind, derartige Momente zu erkennen, zeigte sich bei einer punktuellen Erhebung aus dem Jahr 2007 zum gleichen Filmausschnitt. Zwei Schülerinnen thematisierten dabei Aspekte der normativen Triftigkeit, nämlich einerseits das Problem der Perspektivübernahme, andererseits das Problem der zeitgebundenen Perspektivität:

„Natürlich beeinflusst einem der Film und man übernimmt die Einstellungen des Films viel mehr als z.B. einem Text."[385]

„Der Film wurde schließlich etwa 500 Jahre später gedreht, die Ankunft wird also aus der Sicht der heutigen Menschen dargestellt."[386]

---

[382] Einzig im Schüleressay Nr. 93, welches im Kapitel 4.2.3. angeführt ist, wird einmal auf die „Ansicht des Regisseurs" Bezug genommen. In diesem Essay könnte man ein Konzept der normativen Ebene erkennen.
[383] Vgl. Schreiber 2005, 224.
[384] Vgl. dazu Kapitel 4.3.
[385] Antwort Nr. 5, 18.12.2007/3. Klasse Gymnasium (Schülerin) – Kühberger 2010a, 642.
[386] Antwort Nr. 20, 18.12.2007/3. Klasse Gymnasium (Schülerin) – Kühberger 2010a, 644.

Dennoch ist das Fehlen von normativen Konzepten in den Essays der vorliegenden Untersuchung auch kein sonderlich überraschender Befund, da normative Fragestellungen und Zusammenhänge oftmals zu wenig systematisch und explizit im Geschichtsunterricht bearbeitet werden. Dies lässt sich etwa mit einer Untersuchung von Hilke Günther-Arndt aus dem Jahr 1999 bewähren, in der anhand von deutschen Schulgeschichtsbüchern untersucht wurde, inwieweit dort Arbeitsaufgaben enthalten sind, die sich mit Werturteilen beschäftigen. Im Durchschnitt sind dies nämlich nur 8% der angebotenen Aufgaben.[387] Auch anhand einer internationalen Schulbuchanalyse von deutschen, polnischen und österreichischen Schulgeschichtsbüchern der Sekundarstufe I zur Geschichte der Europäischen Union kann man erkennen, dass die Urteilsbildung tendenziell unselbstständig angelegt ist und man normativen Problemen in den Büchern eher aus dem Weg zu gehen versucht, als sie offensiv zum Lerngegenstand zu machen.[388] Damit bettet sich der Befund der vorliegenden Untersuchung grundlegend in jenen geschichtsdidaktischen Erkenntnisstand ein, nach dem selbst Lehrkräfte oftmals historische oder auch neopositivistische Positionen im Umgang mit Vergangenheit und Geschichte einnehmen.[389] Als besonders problematisch stellt sich in diesem Zusammenhang die von Andreas Sommer bei Geschichtsstudierenden empirisch nachgewiesene Erkenntnis dar, wonach Rezipient/innen Perspektiven und Wertungen von historischen Ereignissen, welche in einem Film vorgegeben werden, bei fehlendem kritischen Referenzrahmen übernehmen.[390] Aus diesem Grund gilt es in der Geschichtsdidaktik vor allem diese Herausforderung anzunehmen, da derartige Filme über die Vergangenheit geschichtskulturelle Manifestationen darstellen, „in denen sich die heute Lebenden und allemal die Jugendlichen bewegen, in denen sie sich orientieren, historische Informationen erhalten und mit deren Hilfe sie Geschichte deuten."[391]

4.2.5. Metareflexive Ebene

Christoph Kühberger

Bei einer qualitativen Auswertung der Schüleressays ist interessant zu beobachten, dass einige Schüler/innen durchaus auch auf einer abstrakteren Ebene versuchen, die aufgeworfene Problemstellung zu durchdenken. Dabei handelt es sich um einen metareflexiven Zugang, der konzeptionelles Denken sichtbar macht, das nicht unmittelbare Elemente des gezeigten Filmausschnittes aufgreift, sondern theoretische Aspekte. Diese Ebene zeigte sich bereits auch bei der Analyse einer

---

387 Günther-Arndt 1988, 200. – In einer älteren Studie kommt Stephan Lipski zu ähnlichen Ergebnissen vgl. Lipski 1979, 619.
388 Vgl. Kühberger/Mellies 2009. – Ähnliches kann auch für die Darstellung des Faschismus und Nationalsozialismus ausgemacht werden: Kühberger 2011b.
389 Vgl. Borries 2003, 19.
390 Sommer 2010, 257.
391 Paul 2010, 196.

weit kleineren Untersuchungsgruppe im Jahr 2007. So stellte damals etwa eine Schülerin auf einer abstrakten Ebene fest:

> „[…] Aber man kann nicht wissen, welche Fahnen sie trugen, oder wie die Schiffe aussahen, was sie anhatten … Würde man es mit anderen Quellen vergleichen, wären wahrscheinlich einige Sachen ähnlich, bestimmt sind aber auch viele andere Sachen erfunden, um den Film dramatischer zu machen. Das ist jedoch bei den meisten Quellen so, dass es interessanter/dramatischer/etc. dargestellt wird. Auch bei mündlichen Weiterleitungen werden Details dazugegeben, weggelassen, verändert usw. Es gibt zwar gute Quellen, aber um zu wissen wie es wirklich war, bräuchte man eigentlich eine ‚Zeitmaschine'."[392]

Wie dieses Beispiel verdeutlicht, geht die Gymnasiastin zwar ursprünglich vom Film und seiner Ausstattung aus, indem sie die Fahnen und die Schiffe als Quellen auf der empirischen Ebene bespricht, sie hebt jedoch danach auf einen theoretischen Diskurs ab, der einerseits in einer durchaus vorsichtigen Sprache erklärt, wie man über Quellenvergleiche die gezeigten Gegenstände re-konstruieren könnte sowie andererseits geht sie davon aus, dass es durch ein Miterleben möglich wäre, die „Realität" zu klären, was sie im Bild der Zeitmaschine ausdrückt. Geschickt verweist sie dabei auch auf die narrative Ebene und auf das dort auffindbare Stilmittel („den Film dramatischer zu machen").

Von den 260 Proband/innen der vorliegenden Untersuchung zeigten sich derartige Ausprägungen nur bei 15 Schüler/innen. Dennoch sollte man diesem Aspekt eine gewisse Aufmerksamkeit zukommen lassen, da von den Jugendlichen auch auf dieser Ebene auf eine besondere Weise Verstehensakte begründet werden. Das markanteste Beispiel schrieb ein zwölfjähriger Schüler nieder:

> „Weiß nicht: Weil ich nicht dabei war und nie seinen Namen gehört habe den Film kenne ich nicht aber ich glaube das es nicht so war weil keiner sich erinnern kann. Oder das es keiner gehört hat oder er nicht dabei was das weiß nur der es erlebt hat. Also ich sage nein."[393]

Der Schüler begründet die Frage nach der Abbildbarkeit der Vergangenheit im Filmausschnitt über eine konzeptionelle Vorstellung, welche das unmittelbare Miterleben – in diesem Fall der Ankunft Christoph Kolumbus und seiner Seeleute 1492 in Amerika – als einzigen legitimen Beleg einstuft. Da der Abstand zum Heute jedoch zu groß ist, wäre es aus seiner Perspektive unmöglich, sich daran zu erinnern. Ähnlich argumentiert auch eine zwölfjährige Schülerin, indem sie darauf verweist, dass bereits alle Zeitzeugen/innen verstorben wären:

---

392 Schüleressay 2007, Nr. 20. – Kühberger 2010a, 644.
393 Schüleressay Nr. 194.

> „Wahrscheinlich aber das weiß doch niemand so genau Leute die damals im Jahr 1492 dabei wahren sind längst schon unter der erde. Ich könnte mir aber vorstellen das es so sein könnte das dass boot die Menschen und alles andere so ausgeschaut hat Das sie aber den Boden küssten verstehe ich nicht deutsch konnten sie auch nicht: runter lassen Anker"[394]

Andere Schüler gehen in diesem Zusammenhang überhaupt davon aus, dass es unmöglich („[...] ... *wie es wirklich ist, weiß man ja eh nicht*"[395] oder „*Nein, weil es die Ansicht des Regiseures wie Kolumbus Amerika entdeckt hatte, aber es kann auch so gewesen sein, es gibt dafür eben keine Beweise, weil es nicht überliefert wurde wie Kolumbus Armerika entdeckt hatte.* [...]"[396]) bis schwirig wäre, die Vergangenheit zu rekonstruieren:

> „Ich bin mir nicht sicher weil mich so ein Thema nicht wirklich interessiert. Und es gab zwar den Kolumbus aber ich glaube das es niemand weiß wie das wirklich war. Man weiß es natürlich aus erzählungen aber auch nicht genau. Aber ich glaube trotzdem das es nicht so war."[397]

Wie man am letzten Essay erkennen kann, sind es aber auch bereits Überlegungen, die sich mit den unmittelbaren Möglichkeiten der Belegbarkeit des Dargestellten beschäftigen. Neben den Zeitzeug/innen wird dabei auch auf „Erzählungen" über die Vergangenheit rekurriert. So wird etwa von einem dreizehnjährigen Schüler die Autorität von Büchern angeführt:

> „Ja. Weil der Film gut bearbeitet wurde und es ganz genau gemacht hat wie er im Buch steht. Sie haben sich sehr gefreut als sie am Land angekommen waren und legten sich auf dem Boden. Columbus hat auch das Land San Salvador genannt."[398]

Eine andere dreizehnjährige Schülerin führt in diesem Kontext an, dass man vermutlich „*bestimmte Hinweise auf Tatsachen gefunden*" habe, die eben im Film verarbeitet wurden.[399] Doch auch skeptische Haltungen im Umgang mit den historischen Quellen im Filmausschnitt werden vorgebracht. Ein Mädchen stellt fest:

> „Der Ausschnitt enthält historische Merkmale, welche dem Zuschauer versichert, ab etwas wirklich so passiert ist. Wie zum bsp. dass Columbus (oder so) das neu entdeckte Land, zu der Zeit 1492, Sant. Salvador getauft hat. Vieles wurde aber so dargestellt, wie es hätte sein können. Trotzdem

---

394 Schüleressay Nr. 50.
395 Schüleressay Nr. 60.
396 Schüleressay Nr. 93.
397 Schüleressay Nr. 30.
398 Schüleressay Nr. 76.
399 Schüleressay Nr. 73.

hat man sich mühe gegeben dem Zuschauer eine möglichst an das original
herankommende Geschichte zu vermitteln."[400]

In diesem Essay werden konkrete überprüfbare Momente der empirischen Ebene
(hier: Columbus landet 1492 auf San Salvador) mit einer abstrakten Formulierung festgehalten.

Auch andere Schüler/innen beziehen sich in ihren metareflexiven Überlegungen auf den Film als solchen (u.a. Actionfilm als Genre, Film ist spannender als Wirklichkeit)[401]. Dabei werden ganz unterschiedliche Vorstellungswelten der Triftigkeitsprüfung bei den Proband/innen sichtbar. Ein Schüler bezieht sich dabei etwa auf die Logik des Filmausschnittes, die ihm als Hinweis dafür gilt, warum der Film nicht die Wirklichkeit abbildet:

„Nein: Die Ankunft von Kolumbus hat sicher nicht so stattgefunden.
Columbus hat sicher anders ausgeschaut. Weil der Film zu unlogisch ist
und nicht echt. Die Ereignisse im Film sind nicht echt und wie es in der
Wirklichkeit ist."[402]

Ähnliches kann man bei einem Essay eines vierzehnjährigen Schüler ausmachen:

„[...] Das was wir gesehen haben könnte wahr sein, weil das eigentlich
nichts Mysteriöses ist wenn ein Mann mit seiner Truppe auf Schiffsfahrt
geht und ein Land sucht."[403]

Zwei Schülerinnen versuchen den Sachverhalt folgendermaßen metareflexiv einzufangen:

„Es könnte möglich sein, dass es damals so passiert ist. Aber ich bin mir
nicht ganz sicher, weil es ist ja nur ein Film und ich glaube nicht, dass sie
das genau so nachspielen können. Aber wenn ich mir das vorstellen sollte
würde ich mir das auch irgendwie so denken."[404]

„Ich weiß es nicht weil ich noch nie darüber gerehtet habe ich glaube es ist
nicht genau so abgelaufen aber sicher ehnlich. auserdem gab es damals die
Sprach noch gar nicht, auserdem ist nich alles war was im fernsehn getreht
wirt aber ein bissen glaube ich es schon."[405]

Die persönlichen Zweifel zwischen Ficta und Facta, die im zweiten Essay zum
Ausdruck kommen, findet man nicht in allen metareflexiven Essays. So wird etwa

---

400 Schüleressay Nr. 72.
401 Schüleressays Nr. 158 und Nr. 177.
402 Schüleressay Nr. 84.
403 Schüleressay Nr. 152.
404 Schüleressay Nr. 11.
405 Schüleressay Nr. 19.

der „Film" per se als Autorität wahrgenommen, ganz ähnlich wie in einem der oben ausgeführten Essays das „Buch". Die filmische Verarbeitung des Ereignisses von 1492 wird dabei mit der dem Film zugeschriebenen Absicht verknüpft, eine (möglichst getreue?) Vorstellung von der Vergangenheit aufzubauen:

> „Ich weiß es nicht, weil ich noch nie die Geschichte des Kolumbus gesen oder gehört hab. Aber irgendwie vermute Ich dass es so war, weil warum sollten sie den Film drehen und dann auch noch im Kino zeigen sollten. Es geht ja darum dass die Menschen sich das vorstellen sollen, wie es damals war als Kolumbus und seine Männer die Insel entdeckt haben."[406]

Damit zeichnen sich drei Bereiche ab, in denen jene Schüler/innen, die sich in der Untersuchung auf eine metareflexive Ebene des Nachdenkens über den Filmausschnitt begeben, bewegen: (a) Zeitzeugen/innen und Miterleben von Ereignissen als Qualitätsmerkmale, (b) Belegbarkeit des im Film Gezeigten (Tatsachen) und (c) spezifische Fragen zum Film als Trägermedium von historischen Darstellungen.

Zwar gewähren die hier ausgewerteten Essays erste Einblicke in konkrete Denkvorgänge von Jugendlichen auf einer metareflexiven Ebene, gleichzeitig muss jedoch festgestellt werden, dass gerade im Bereich der Metareflexion des Umgangs mit Darstellungen der Vergangenheit oftmals – aufgrund der fehlenden Rückbindung an das bearbeitete Fallbeispiel – unklar bleibt, ob die Schüler/innen nicht nur auswendig gelernte Erklärungshülsen wiedergeben, ohne dabei die volle erkenntnistheoretische Tragweite am besprochenen Beispiel zu erkennen. Es wird daher für diesen Bereich darauf ankommen, diagnostische Formate zu entwickeln, die zwar ein derartiges metareflexives Denken ermöglichen bzw. zulassen, gleichzeitig aber auch eine Koppelung zwischen theoretischem Wissen und dem bearbeiteten Fallbeispiel durch eng an die zu analysierende Darstellung gebundene Aufgabenstellungen sicherstellen.[407]

4.2.6. Fallbeispiele

Christoph Kühberger

Aus den Tiefeninterviews, die mit Schüler/innen geführt wurden, wurden drei exemplarisch ausgewählt, die für eine erweiterte Erschließung und Interpretation als interessant erschienen. In diesem Sinn handelt es sich hierbei um illustrative Falldarstellungen, die versuchen, einen verdichteten Einblick in das historische Denken von Proband/innen zu geben. Die einzelnen Fälle repräsentieren dabei keine Typen oder wurden nicht zur Verdeutlichung von Durchschnittsprofilen ausgewählt, sondern sie dienen vor allem dazu, um weitere fachspezifische

---

406 Schüleressay Nr. 8.
407 Kühberger 2010a, 646.

Denkvorgänge, die mit der im Essay abgefragten Hauptfrage in Verbindung stehen, in einer Think-Aloud-Methode in Kombination mit einem stark strukturierten Fragebogen zu erheben[408] und um anhand von Einzelbeispielen eine vertiefende Einsicht in die aufgeworfene Problematik zu gewinnen.[409] Auf diese Weise kann es nämlich gelingen, die Bedürfnisse der schulischen Praxis nach höherer Anschaulichkeit und Wirksamkeit von theoretischen Konstrukten aufzugreifen sowie letztlich auch lebensweltlich orientierte Perspektiven vorzuführen, welche eine besondere Relevanz für das fachdidaktische Handeln besitzen.[410] Dabei soll es aber vor allem darum gehen, anhand von Einzelbeobachtungen theoretische Gebäude konkreter greifbar zu machen, ohne ihnen aufgrund der in derartigen Darstellungen von Einzelfällen mitschwingenden Authentizitätsansprüchen der menschlichen Erfahrung eine allzu mächtige Position einzuräumen.[411] Die einzelnen Fälle sind daher stets als Teile der Gesamterhebung zu lesen.

Case Studies haben im Kontext der hier durchgeführten fachdidaktischen Untersuchung demnach die Aufgabe, anhand eines abgegrenzten Forschungsgegenstands Bestandsaufnahmen und Beobachtungen zu bieten, welche es ermöglichen, die im Rahmen der vorliegenden Untersuchung produzierten quantitativen Daten vorsichtiger, langsamer und fundierter zu durchleuchten und einzuordnen. Sie bieten „thick descriptions" (Gilbert Ryle), um in die Tiefengrammatik des zu analysierenden Problems unterhalb der Oberflächenstruktur der Essays einzudringen, um dabei besondere Nuancen des Umgangs mit Geschichte herauszuarbeiten. Letztlich soll es damit auch gelingen, den gesichtslosen statistischen Daten und Kurzbelegen differenzierte individuelle Denkwege der befragten Individuen zur Seite zu stellen, um das Anliegen einer subjektorientierten Geschichtsdidaktik auch im bildungswissenschaftlichen Forschungsprozess zu verankern.[412]

Ausgehend von den Essays, die kurz vor dem Interview verfasst wurden und auf die im Tiefeninterview erneut Bezug genommen wurde, kann es einerseits gelingen einen genaueren Einblick in die im Essay nicht angesprochenen Bedingungen und Überlegungen des individuellen historischen Denkens zu erhalten sowie das Instrumentarium des Verfassens eines Essays als Erhebungsmethode für das hier verfolgte Forschungsinteresse zu überprüfen.[413]

4.2.6.1. Fallbeispiel „Schüler 24"

Ein dreizehnjähriger Schüler, der von sich selbst angibt, dass er das Unterrichtsfach „Geschichte" sehr gern hat und einen unterdurchschnittlichen Medienkonsum besitzt, geht in seinem Essay (Abb. 4.25.) davon aus, dass der Film(ausschnitt) dazu im Stande ist, die Vergangenheit wiederzugeben. Als Begründung führt er

---

408 Vgl. Bilandzic 2005; Lange 2010, 113ff.
409 Vgl. Baake/Frank/Radde 1991, 93.
410 Fatke 2010, 160f.
411 Vgl. Neuss 2005, 152.
412 Vgl. Kühberger/Sedmak 2005, 5f; Flick/Kardoff/Steinke 2003, 25f.
413 Vgl. dazu Kapitel 4.3.

an, dass er bereits in einem Buch davon gelesen hätte, dass Christoph Kolumbus in San Salvador landete. Auch weitere grobe Rahmenbedingungen sind ihm, so seine Ausführungen im Essay, bekannt. So bezieht er sich auf einen Zeitraum „um 1492", auf die Karibik, die er als „tropisches Land" beschreibt und auf die Flotte, die er als „große besatzung" umschreibt.[414]

Damit zeigt sich im Essay ein starker Bezug auf Aspekte der empirischen Ebene, indem der Schüler aus seiner Erfahrung im Umgang mit Geschichte („weil ich ein Buch gelesen habe") für sich scheinbar gesichertes Wissen heranzieht, um die Hauptfrage der Untersuchung, nämlich danach, ob der Filmausschnitt dazu in der Lage wäre, die Ankunft des Columbus so wiederzugeben, wie sie 1492 stattgefunden hat, eindeutig mit „ja" zu beantworten. Im Tiefeninterview, das unmittelbar nach der Abfassung des Essays durchgeführt wurde, argumentiert er auf die erneute Nachfrage ähnlich:[415]

> Schüler: Ahm …, ja ich glaube schon, dass es so stattgefunden hat, weil Land, und wie es in dem Film auch war, es war sehr tropisch, eigentlich …, naja.
>
> Interviewerin: *Also, du denkst dir, die Pflanzen und so, das stimmt, und darum glaubst du, dass insgesamt diese Szene sehr realistisch ist?*
>
> Schüler: Ja, ich glaube, also der Film ist ziemlich realistisch zur echten Entdeckung, eigentlich.

Damit zeigt sich, dass der Schüler zwar zwischen dem Film und der Vergangenheit unterscheidet, aber dennoch davon ausgeht, dass es möglich wäre, die Vergangenheit mit dem Medium – zumindest – in einer Abbildung davon einzufangen. Als Belege dafür reichen dem Schüler der Name der Insel, die Jahreszahl sowie die realistischen Kulissen. Auch auf gezielte Nachfragen im weiteren Verlauf des Interviews verändert er seine Sichtweise nicht. Nachdem er davon berichtet, dass er vor allem Actionfilme liebt („Transformers", „Spiderman", „Fluch der Karibik") und die für sein Alter in der Selbstwahrnehmung nicht geeigneten historischen Filme seines Bruders auf DVD schaut (z.B. „Gladiator", „Troja"), stellt er auf die Frage „Wie gefallen dir diese historischen Filme?" fest:

> Schüler: Ich finde sie …, ich finde …, mich interessieren sie voll diese historischen Filme, weil ich finde das voll interessant, wenn die da von den mittelalterlichen und antiken Zeiten erzählen, und so …, also … ich finde das echt interessant …, ja.
>
> Interviewerin: *Ah, und wie können wir wissen wie es damals war, oder diese Filmemacher?*

---

414 Schüleressay Nr. 24.
415 Tiefeninterview Schüler Nr. 24 (September 2011).

Schüler:	Ahm … ja, also Bücher, also ich lese auch recht gern, und ich habe eben über …, in einem Buch gelesen, dass, glaube ich, Amerika wirklich vorher „Se San Salvador" oder … geheißen hat, also das habe ich einmal gelesen, aber ich bin mir nicht sicher.
Interviewerin:	*Und du glaubst, man weiß vor allem aus Büchern wie es damals war …*
Schüler:	Ja, ich glaube schon.
Interviewerin:	*… und wie wissen die, die die Bücher geschrieben haben wie es damals war?*
Schüler:	Entweder erfinden, oder … so ähnlich, also über die ganzen Dokumentationen im Fernsehen und so, denke ich halt einmal …, also.
Interviewer:	*Also, und du glaubst die Dokumentationen im Fernsehen, wo haben die ihr Wissen her? Weißt du …, kannst du dir da etwas vorstellen?*
Schüler:	Nein, ich kann mir da eigentlich nichts Genaues vorstellen. Also nein, ich weiß es eigentlich gar nicht.

Durch das Delegieren des gesicherten Wissens an die Autorität des Buches gelingt es dem Schüler zwar zu erklären, woher der Film seine besondere Güte bezieht, doch gleichzeitig zeigt sich, dass eben der grundlegende erkenntnistheoretische Akt der historischen Wissensproduktion mitsamt seiner Problematik weder im Film noch in anderen Medien (Buch, TV-Dokumentation) erkannt wird. Der Schüler kann demnach dem naiven/faktizitätsorientierten Typus zugerechnet werden.[416]

An diesem Fallbeispiel kann man deutlich sehen, dass der Schüler im Tiefeninterview durchaus dazu in der Lage ist, Aspekte der narrativen Ebene zu erkennen, also intuitiv und implizit Konstruktionsmechanismen wahrnimmt, gleichzeitig diese jedoch keinen filmischen Mitteln und damit auch nicht dem Konstruktionscharakter des Films zuordnet.

Interviewerin:	*Der Filmausschnitt will auch Spannung erzeugen. Hast du Dinge erkannt, gehört, gesehen, ah …, durch die eine besondere Spannung aufgebaut wird?*
Schüler:	Ehmm …, ja, zum Beispiel wo sie in den Wald gehen, und wo dann die Vögel dort wegfliegen und …, also wegfliegt, da hat man schon gedacht, jetzt kommt irgendetwas, keine Ahnung, jetzt schießt irgendwer, oder so etwas, hat man dann schon eigentlich gedacht, ja, war schon ganz schön spannend …, auch.

---

416 Vgl. Kapitel 4.2.1.

Was sich an diesem Fallbeispiel sehr deutlich zeigt, ist, dass eine möglichst authentisch wirkende Umgebung und deren Unterfütterung mit einigen weit verbreiteten Einzelaspekten (Jahreszahl, Namen o. ä.) offenbar ausreichen, um bei dem Schüler, aber vermutlich auch bei Zuschauer/innen ganz generell nicht nur eine Stimmigkeit zu erreichen, sondern auch die Vorstellung, dass das Gezeigte der Vergangenheit (weitestgehend) entspricht. Martin Zimmermann geht dabei davon aus, dass die „Illusion historischer Authentizität […] wesentlich dadurch erzeugt [wird], dass die gebotenen Interpretationsmuster den aktuellen und von der eigenen Gegenwart geprägten Erwartungen der Zuschauer entsprechen oder zumindest mit diesem zusammenzuführen sind."[417] Auch der Schüler dieses Fallbeispieles prüft den Filmausschnitt vor dem Hintergrund seiner Lebenswelt und dem dort verfügbaren Wissen über Kolumbus und kommt eben zu dem Schluss: „Ja ich glaube schon das es so war"[418].

Abb. 4.25.: Schüleressay 24

> Ja ich glaube schon das es so war, weil ich in einem Buch mal gelesen habe das Amerika vorher san selvador geheisen hat und weil Amerika auch ein sehr tropisches Land ist sowie in dem Filmauschnitt. Ich glaube das Amerika um 1492 gefunden wurde und mit einer sehr großen besatzung und es war für Kolumbuss glaub ich eine sehr große Endeckung.

4.2.6.2. Fallbeispiel „Schüler 99"

Ein dreizehnjähriger Schüler, welcher angibt, dass er weniger als zwei Stunden pro Tag fernsieht und das Internet nicht benutzt, geht in seinem Essay davon aus, dass der Filmausschnitt die Ankunft des Columbus zeigt. Während man den sehr kurzen Essay (Abb. 4.26.) dahingehend verstehen könnte, dass der Schüler nur die Filmhandlung wiedergibt, zeigt sich im Interview, dass er tatsächlich eine positivistische Vorstellung von der Abbildbarkeit der Landung des Columbus und seiner Crew besitzt:[419]

Interviewerin:	*Zu Beginn stelle ich dir noch einmal die Frage, die auch auf dem Zettel gestanden ist. Du hast den Ausschnitt aus einem modernen Kinofilm gesehen, zeigt uns dieser Filmausschnitt wie die Ankunft Columbus 1492 stattgefunden hat oder nicht? Was ist deine Meinung dazu?*
Schüler:	Ja, sie zeigt uns schon, wie sie stattgefunden hat, aber ich finde, dass die Größe der Entdeckung nicht deutlich rauskommt. Weil ich meine, er hat eine der größten Entde-

---

417 Zimmermann 2008, 144.
418 Schüleressay Nr. 24.
419 Tiefeninterview Schüler Nr. 99 (September 2011).

	ckungen der Welt gemacht. Das kommt, finde ich, nicht gut raus.
Interviewerin:	*Aus dem Ausschnitt. Und warum glaubst du, dass es das zeigt, wie es stattgefunden hat? Hast du da in dem Ausschnitt Dinge gesehen, wo man sich denkt, ja genau so muss das gewesen sein?*
Schüler:	Ja, er ist mit einem Schiff über das Meer gekommen. Früher hat man noch nicht anders rüber kommen können.

Es ist in diesem Interviewausschnitt auffällig, dass der Schüler davon ausgeht, dass das Medium Film dazu im Stande wäre, die Vergangenheit wiederzugeben. Logische Handlungszusammenhänge, welche im Spielfilmausschnitt gezeigt wurden, wie das Ankommen des Schiffes, sind dabei für den Probanden ausschlaggebend. In einem anderen Abschnitt des Interviews kann er jedoch auch Auskunft darüber geben, warum man heute wissen könnte, wie die Ankunft Kolumbus stattgefunden hat, wodurch man den Interviewten dem „positivistischen Typus"[420] zurechnen könnte, indem er nämlich in Summe die Ansicht erkennen lässt, dass es grundsätzlich als möglich erscheint eine objektive Darstellung der Vergangenheit anzufertigen, wenn es ein Bemühen seitens der Autorin/des Autors gäbe:

Interviewerin:	*Und wie können wir wissen, wie es damals war, bei diesen Filmen? Z.B. wie jetzt beim Columbus.*
Schüler:	Naja, durch Schriften, Schriftrollen und andere Dokumente, wissen wir das.

Interessanter Weise ist er jedoch mit der Inszenierung „einer der größten Entdeckungen" nicht einverstanden und würde sich eigentlich eine andere Art der Darstellung wünschen, wodurch ersichtlich wird, dass im Denken des Schülers zwei im engen Sinn wenig vereinbare Argumentationslinien nebeneinander existieren. Derartige Inkonsistenzen im Denken, also ein Nebeneinander verschiedener Modelle und Konzepte, die eben nicht auf Deckung gebracht werden, sind in der Conceptual-Change-Forschung durchaus bekannt.[421]

Im weiteren Verlauf des Interviews zeigt sich auch die besondere Affinität des Schülers zur narrativen Ausgestaltung von Spielfilmen über die Vergangenheit. So merkt er diesbezüglich an:

Schüler:	Wenn sie [historische Filme; C.K.] gut gemacht sind, dann gefallen sie mir gut. Aber wenn die Filme nicht wirklich, also bei den Filmen finde ich, muss wirklich Spannung da sein, weil sonst interessiert es mich nicht genug. Da muss wirklich Spannung dahinter sein, dann schaue ich es mir auch gerne an.

---
420 Vgl. Kapitel 4.2.1.
421 Vgl. Kaiser 2006, 216f.

Interviewerin:	*Also ein guter Film ist für dich einer mit Spannung?*
Schüler:	Genau.
[…]	
Interviewerin:	*[…] Als Columbus in dem Film, den wir gesehen haben, an Land springt, wird eine Zeitlupe eingesetzt. Was soll damit, deiner Meinung nach, bewirkt werden?*
Schüler:	Ich glaube, einfach die Macht, dass er das Festland gefunden hat, dass er jetzt da angekommen ist.
Interviewerin:	*Das wird demonstriert.*
Schüler:	Ja genau. Aber ich finde trotzdem, dass es einfach zu wenig da gezeigt wird. Er ist dort, gibt ihnen Namen und geht in den Dschungel. Er hat eine der größten Entdeckungen der Welt gemacht, der hat keine fünf Euro auf dem Boden gefunden.
Interviewerin:	*Der Filmausschnitt will auch Spannung erzeugen. Hast Dinge erkannt oder gehört, durch die eine besondere Spannung aufgebaut wird?*
Schüler:	Ja, im Dschungel durch die Schlangen finde ich, weil … Wir haben Spannung durch die ganzen neuen Arten, die sie ja noch nie gesehen haben. Ich glaube auf jeden Fall, dass sie auch Spannung verdeutlichen wollten, wo die Zeitlupe war und wo sie mit den Fahnen in den Dschungel reingegangen sind. Das habe ich aber nicht gefunden, dass das spannend war.
Interviewerin:	*Das hat dich nicht beeindruckt, aber du glaubst, dass der Regisseur damit …*
Schüler:	Ja ich glaube schon, dass sie damit Spannung erzeugen wollten.

Unabhängig von dieser durchaus darstellungskritisch anmutenden Argumentation des Schülers (Einbringen von spannungsfördernden Elementen, z.B. Schlange), bringt er dies nicht mit der grundsätzlichen Frage nach der Darstellbarkeit der Vergangenheit in Verbindung. Es ist auch durchaus interessant, dass sich dieser Proband kritisch hinsichtlich der ihm gestellten Frage äußert:

Interviewerin:	*Ist dir der Columbus in dem Filmausschnitt eher sympathisch oder eher unsympathisch?*
Schüler:	Ich finde, das kann man gar nicht sagen, weil das ist ein zu kurzer Ausschnitt und da redet er eigentlich nur mit seinen Männern. Man müsste einfach mehr hören von ihm, damit man das wüsste

Abb. 4.26.: Schüleressay Nr. 99

> Ja der film zeigt uns die Ankunft columbus. Er kam mit einem schiff über das Meer an einem unerforschten Festland an. Der Filmausschnitt ist meist sehr emotional. Doch der Film bringt für mich die größe der enddeckung nicht stark genug zur geltung

4.2.6.3. Fallbeispiel „Schülerin 1"

Die vierzehnjährige Schülerin ist eine jener Probanden/innen, welche einen erhöhten Medienkonsum besitzt. Neben einem Internetkonsum zwischen 2 und 4 Stunden sowie einem TV-Konsum, der unter zwei Stunden liegt, gibt sie an, dass sie mehr als 4-mal pro Monat ins Kino geht. Gleichzeitig hat sie keine besondere Vorliebe für Geschichte („ist mir egal").

Im Essay stellt die Schülerin fest, dass sie die ihr gestellte Frage eigentlich nicht beantworten kann, da sie darüber noch nichts gelernt hätte (Abb. 4.27.). Auch im Interview wiederholt sie ihre diesbezüglichen Bedenken und offenbart damit gleichzeitig einen Zugang zur Geschichte, welcher von Autoritäten bestimmt ist. So überhöht sie das in der Schule Vermittelte als Gradmesser für Richtigkeit, anhand dessen sie überprüfen könnte, ob der Filmausschnitt die Ankunft von Columbus so zeigt, wie sie 1492 stattgefunden hat. Sie wiederholt daher in ihren Ausführungen ihre Argumentation des Essays:[422]

Interviewerin:	*Ich stell dir jetzt die Frage vom Zettel noch einmal: Du hast vorhin einen Ausschnitt aus einem modernen Kinofilm gesehen. Zeigt uns dieser Film, ähm, wie die Ankunft des Kolumbus 1492 stattgefunden hat?*
Schülerin:	Ähm, ich glaube schon, weil wir haben ja noch nicht so richtig über den Kolumbus gelernt, aber ein bisschen haben wir ja schon, ähm, über das geredet, aber unsere Lehrerin hat gesagt, wir erfahren erst in Mitte der Dritten was, und, und, aber ich glaube schon, weil das Schiff kommt ja an und die möchten ja auch Land entdecken und es kommen bei Kolumb eh Kolumbus ja auch, ähm auch dran, dass sie das entdecken das Land.

Besonders deutlich wird diese Autoritätsgläubigkeit dort, wo die Schülerin auf die Religion als vergleichbares Referenzsystem bzw. auf kluge Menschen verweist. Das Delegieren der vermeintlichen historischen Wahrheit an vertrauenswürdige Autoritäten zeugt damit von einem erst schwach ausgeprägten „Realitätsbewusstsein" (H.-J. Pandel), mit dem die Schülerin noch nicht im hinreichenden Maße zwischen Realität und Fiktionalität unterscheiden kann. Sie kann daher am ehesten

---
422 Tiefeninterview Schülerin 1 (September 2011).

dem „naiven Typus"[423] zugerechnet werden, da sie den Konstruktionscharakter von Geschichte nicht kennt und zwischen Geschichte und Vergangenheit nicht unterscheidet:

Interviewerin:	*Ja. Äh und wie glaubst du können wir wissen, wie es damals war? Also, weil in so historischen Filmen, wie bei den „Drei Musketieren", oder jetzt wie da bei „Kolumbus", du meinst ja es wird gezeigt, wie es damals war, wie können wir das wissen, oder der Filmemacher?*
Schülerin:	Ahm, eh …. eh …. poa, das ist schwer. Des, ähm, ja eigentlich schon das wie in, in Religion, da lernen wir über das und da sagt, es steht ja auch in der Bibel drinnen und das ist ja eigentliche eh bei Kolumbus so ähnlich wie, da denken sie auch an Gott und da, und die gibt es auch, wie der Albert Einstein, der hat das ja auch alles gewusst und so kommt das ja alles zu, näher oder wie bei Ster…. Und so kommt das alles näher ….
Interviewerin:	*Also du glaubst, es gibt so ganz kluge Menschen und die, die wissen das dann, oder was?*
Schülerin:	Ja, wie so ähnlich, zum Beispiel, es sollte ja eigentlich sein, dass Welt untergingen sollte, weil es ja irgend so ein Kalender aus, die haben das ja auch geschrieben und das muss ja auch nicht stimmen, drum, das ist ja auch nur schätzen, drum ja, glaub ich halt.
Interviewerin:	*Aha, das glaubst. Und bei historischen Ereignissen ist es auch so? Da behauptet irgendjemand was und das kann dann sein oder auch nicht oder …*
Schülerin:	Ja es kommt ….
Interviewerin:	*… oder gibt's da schon irgendwas, auf was man sich da berufen kann?*
Schülerin:	Ja, das kommt immer darauf an, was wenn jetzt ähm gedreht wird bei den „Drei Musketieren", da gibt's den neuen Film, da ist das ja auch immer unterschiedlich, aber wenn man ja das Buch kennt, oder so, ja dann kann man das eigentlich schätzen. Aber manchmal glaubt man was, und bei einem bestimmten Film glaubt man es auch, und das stimmt dann manchmal. Nur bei manchen, da weiß man einfach, das ist nicht wahr.

Gleichzeitig zeigt der letzte Abschnitt im Interview, dass der Schülerin implizit doch bewusst sein dürfte, dass es über den Wahrheitsanspruch, welchen nach ihr Autoritäten festlegen, manchmal die filmische Umsetzung Schwächen aufweist, die man erkennen könnte. Auch explizite Fragen nach filmischen Stilmitteln (z.B.

---

423 Vgl. Kapitel 4.2.1.

Spannung) sind ihr bewusst, kollidieren aber offenbar nicht mit der Möglichkeit einer wahrheitsgetreuen Darstellung der Vergangenheit:

Interviewerin:	*Als Kolumbus an Land springt wird im Film eine Zeitlupe eingesetzt. Da wird auf einmal das Bild langsamer.*
Schülerin:	Ja.
Interviewerin:	*Ja. Was sollt damit deiner Meinung nach bewirkt werden, beim Zuschauer?*
Schülerin:	Ähm, ja das wird ja langsamer, dass man so ein bisschen Spannung kriegt, was jetzt passiert. Und den Gang, da wird alles so ruhig und da kommt eine Musik, dass es einfach spannender werden sollte.
Interviewerin:	*Ahm, äh. Hast du noch andere Dinge erkannt, durch die eine besondere Spannung erzeugt werden soll in diesem Film?*
Schülerin:	Ja wie ähm zum Beispiel die geschaut haben und dann gesagt haben, Land in Sicht und wie man das dann gesehen hat, und das Anker und wie die da runtergestiegen sind, das war auch ähm, ähm spannend, kann man sagen.

Abb. 4.27.: Schüleressay Nr. 1

> Ich klaube das es kleich ist das alle an den Gott klauben. Sonst weis ich es nicht das es gleich ist weil wir haben über den Kolubus noch nichts gelernt, aber in diesen Fielm getes da rüber sie wollen ein land finden oder eine Insel, was noch frei ist das haben sie auch und das könnte gleich sein.

4.2.7. Kritik am Erhebungsinstrument

Die Auswahl einer bestimmten wissenschaftlichen Methode zur Erhebung von Daten über den beforschten Gegenstand hat eine Auswirkung auf den Aussagewert der Ergebnisse. In der vorliegenden Untersuchung bestand die zentrale Methode in der durch eine offene Frage stimulierten Antwort und ihrer Begründungsstruktur, welche in schriftlicher Form als Essay abzufassen war. In einem Pretest wurde der dafür gewählte Impuls hinsichtlich seiner sprachlichen Verständlichkeit überprüft, um die sprachlichen Fähigkeiten der Schüler/innen der Sekundarstufe I nicht zu überfordern. Des Weiteren wurde auch das inhaltliche Verständnis der Frage überprüft, nämlich ob die Aufgabenstellung ihrer Intention nach verstanden wird. In Anlehnung an Peter Atteslander war es eben das Ziel, dass Ausdrücke oder Redewendungen vermieden wurden, deren Bedeutung (inhaltlicher Kontext) unterschiedliche Interpretationen zulassen könnten.[424] Für die bei der Befragung

---
424 Atteslander 2010, 296f.

der Schüler/innen eingesetzte Aufgabenstellung stellte dies insofern eine Herausforderung dar, da die Frage weder eine richtige Antwort suggerieren sollte noch so eindeutig auszuformulieren war, dass die Beantwortung im Sinn der dahinter liegenden Struktur vorzunehmen war. Eine extreme Positionierung wurde daher vermieden (z.B. durch das Einfügen eines „tatsächlich" o.ä. in der Aufgabenstellung).

Im Rahmen der Hauptuntersuchung traten durchaus Schwierigkeiten auf, welche unmittelbar mit dem Erhebungstool in Verbindung zu bringen sind. Es ergab sich nämlich die Schwierigkeit, dass manche Proband/innen ihre schriftlichen Begründungen nur unzureichend ausformulierten und damit bei der Auswertung auch ein Spielraum für gegensätzliche Interpretationen des Einzelergebnisses als zulässig in Erscheinung trat. Diese Konstellation, welche bei allen schriftlichen Befragungen, die mit offenen Frageimpulsen arbeiten, gegeben ist, wurde einerseits durch die bereits erwähnte Invenstigatortriangulation, also durch eine mehrperspektivische Interpretation der Ergebnisse abgefedert, sowie andererseits in Teilen durch stichprobenartige Tiefeninterviews mit Schüler/innen, durch welche es gelang auch Aussagen zum Verhältnis zwischen schriftlicher Antwort und mündlicher Argumentation vorzunehmen.[425] Dieser letzte Aspekt ist es auch, der für hinkünftige Untersuchungen einen unbedingt größeren Raum einnehmen sollte, da damit die Möglichkeit geschaffen wurde, Unklarheiten anzusprechen und aufzuklären bzw. vertiefende Fragen zu den verschiedensten Aspekten der Untersuchung zu stellen. Gleichzeitig sollte man jedoch dabei nicht übersehen, dass bei einer Probandengruppe, welche eine bestimmte Größe übersteigt, dies eben aus forschungsökonomischen Gründen nur mehr durch punktuelle Stichproben geschehen kann, die jedoch aus den oben angeführten Gründen eine wertvolle Ergänzung darstellen.

---

425 Vgl. dazu Kapitel. 4.2.7.

4.3. Filmanalyse – Wie man Helden macht

Sibylle Kampl

> „Historical films have always been difficult to mount because of the inherent resistance to the cost and by modern audiences who seem to be more concerned with escapism than realism today – understandably. But haven't they always preferred that? After all, movies are essentially a form of entertainment, not education. But it'd be good if they can occasionally do both." (Ridley Scott)[426]

Annäherung

Filme werden als Einheit erlebt und subjektiv erfahren. Um den Auslösern dieser subjektiven Wirkung auf die Spur zu kommen, bedarf es mehr, als nur oberflächlich den Inhalt zusammenzufassen. Eine Analyse grundlegender Filmmittel wie Tonspur, Einstellungsgröße, Perspektive und Kamerabewegung mithilfe eines Einstellungsprotokolls sowie die sorgfältige Auswahl eine Ausschnittes, der stellvertretend für den Gesamtfilm Vorlieben und typische Merkmale der Regie, in vorliegendem Falle auch den Umgang mit historischen Fakten, zeigt, bilden die Grundlage für das Antizipieren der Filmwirkung bzw. auch das Erkennen der Filmintention. Auf diese Weise lassen sich Intention, Proportionen und Schwerpunkte eines Films sichtbar machen. Da es weder für Film- noch für Einstellungs- oder Sequenzprotokolle verbindliche oder allgemein gültige Standards gibt, lehnen sich Einstellungsprotokoll und Filmanalyse im vorliegenden Falle an die empfohlene Vorgangsweise von Werner Faulstich an.[427]

Entstehung

1492 – Die Eroberung des Paradieses (*1492 – Conquest of Paradise* im Originaltitel) gehört zu einer Reihe von Produktionen, die rund um das 500-jährige Columbus-Jubiläum entstanden; entsprechend startete der Film in den USA am 9. Oktober 1992, nahe am eigentlichen *Columbus-Day*. Verantwortlich für Produktion und Regie zeichnet der Brite Ridley Scott (geb. 1937), für das Drehbuch die Französin Roselyne Bosch. Blickt Ridley Scott mit *Alien* oder *Blade Runner* in die Zukunft, so wendet er sich für *1492 – Die Eroberung des Paradieses* oder *Gladiator* Vergangenem zu. Dass der Scott'sche Film befremdlicherweise nicht den Namen Columbus im Titel trägt, beruht auf einem Rechtsstreit mit dem

---
426 Bahiani 2005, 86.
427 Faulstich 2002.

Filmproduzenten Alexander Salkind, der 1992 ebenso mit einem Jubiläumsfilm (*Christoph Columbus – Der Entdecker*) aufwartete und sich den Alleinanspruch auf den Namen Columbus im Titel sichern konnte.[428] Mit einem Budget von zirka 45 Millionen Dollar[429] entstand nach dreimonatiger Drehzeit[430] ein 149-minütiger Historienfilm, der eine Zeitspanne von einem Jahrzehnt aus dem Leben von Christoph Columbus umfasst (1491–1501). Ridley Scott, bekannt für aufwändige und opulente Bildkompositionen, die in engem Zusammenhang mit seiner Erstausbildung als Grafik-Designer und Maler stehen, trägt auch bei *1492 – Conquest of Paradise* seinem Image Rechnung. Viele Einstellungen dieses nur knapp siebenminütigen Filmausschnitts sind formal perfekt gestaltet und gleichen einem Gemälde. „I tend to think pictorially. Something just drops into place and rolls down a chute and I follow it … And I see beauty in everything."[431], kommentiert der Regisseur seine Arbeitsweise. Nichts dem Zufall überlassend, fertigt Scott daher eigenhändig die Storyboard-Zeichnungen an, die auch bereits Beleuchtung, Tiefe und Komposition berücksichtigen.[432] Diese stark visuell orientierte Methode führt zum Vorwurf, er trage damit bei, die Erzählungen an sich zu fragmentieren und trage dem „high concept look" und „hard sell"[433] des amerikanischen Films der 1980er Jahre zu stark Rechnung. Gemeint sind hiermit Filme, deren Schwerpunkt auf einprägsamen, ästhetischen Bildern liegen, die oftmals durch den starken Einsatz von Spezialeffekten entstehen. In Kombination mit leicht zusammenfassbaren Storys, so genannte „high-concept"-Narrationen, orientieren sich diese Filme – auch bedingt durch die hohen Produktionskosten – eher an den Einspielergebnissen.

Der für die hier vorliegende Untersuchung und das im Anschluss an die Analyse des Films angehängte Einstellungsprotokoll gewählte Ausschnitt ist der ersten Hälfte des Gesamtfilms (Columbus' Bemühen um Gewährung der Fahrt, erste Fahrt und Rückkehr nach Spanien) zuzuordnen.

Handlung

Im Morgengrauen des 12. Oktober 1492, irgendwo im Atlantischen Ozean, laut Columbus kurz vor der Ostküste Asiens, segelt die Mannschaft im Morgendunst hoffnungsvoll Neuland entgegen. Mannschaft und Zuseher wissen bereits, dass die Landung in wenigen Filmminuten bevorstehen muss, denn die Meerestiefe verringert sich von Loten zu Loten. Noch bevor der auf der Rah stehende Matrose die Sichtung der Insel verkündet, flüstert Columbus „Land". Der Nebel gibt die Sicht auf Sandstrand und Regenwald frei. Columbus schließt abwechselnd gerührt die Augen und blickt dankbar zum Himmel, und nun darf auch die Besatzung

---

428 Vgl. o.A. 1992, 184.
429 Zirka 6 Millionen Dollar sponserte das spanische Kulturministerium. Vgl. o.A. 1992.
430 Drehstart: Dezember 1991. – Vgl. Menninger 2012, 173.
431 Knapp 2005, VIII.
432 Vgl. Landau 2001, 35.
433 Knapp 2005, VIII.

jubeln. Flugs wird Anker geworfen, die beflaggten Beiboote werden zu Wasser gelassen und die teils geharnischten Spanier, allen voran Columbus, werden Richtung Strand gerudert. In Slow Motion springt Columbus voreilig vom Boot und betritt damit zuallererst, durch knietiefes Wasser watend, das Eiland. Stolz und demütig sinkt er am Strand auf die Knie, während einzelne Mannschaftsmitglieder erschöpft rund um ihn zu Boden fallen. Die Texteinblendung „Guanahani Island – 12th October 1492" klärt über Datum und Landungsort auf, die darauffolgende Unterschrift, die Columbus unter das vom Notar bereitgehaltene Dokument setzt, macht ihn offiziell zum Entdecker, Vizekönig und Generalstatthalter des Landes. In der nun folgenden kurzen Ansprache erklärt er die Inbesitznahme stellvertretend für die spanische Krone und verleiht dem neugewonnenen Land den Namen „San Salvador". In breiter Reihe aufgestellt, bewegt sich die Mannschaft mit dem voranschreitenden Columbus Richtung Regenwald. Dichte Flora und exotische Fauna lassen die Spanier langsam vorankommen und staunend innehalten.

Fakten und Film

„This motion picture is inspired by actual events. However, the names of certain characters have been changed and certain incidents portrayed have been dramatized."[434]

Roselyne Bosch greift im Zuge jahrelanger Drehbuch-Recherche unter anderem auf zwei Hauptquellen der Columbus-Forschung zu: das Bordbuch von Columbus[435] und die Biografie seines Sohnes Hernando Colon. Die Verwendung dieser Quellen und deren Verschränkung mit fiktiven Figuren und Ereignissen lässt sich auch für diesen ausgewählten kurzen Filmausschnitt gut darstellen: Laut Bordbucheintrag (Donnerstag–Freitag, den 11.–12. Oktober) wird gegen zwei Uhr morgens von der voraussegelnden Pinta ein Kanonenschuss abgegeben, der anzeigt, dass der Matrose Rodrigo da Triana als erster Land gesehen habe. Columbus beschreibt das Ereignis derart, dass zwar Triana Land gesehen habe, aber er, Columbus, bereits vier Stunden zuvor ein Licht erspäht habe („Als erster erspähte dieses Land ein Matrose, der Rodrigo da Triana hieß, wiewohl ich um 10 Uhr nachts vom Aufbau des Hinterschiffes aus ein Licht bemerkt hatte."[436]).[437] Nach

---

434 Filmabspann *1492 – Conquest of Paradise*.
435 Das Bordbuch des Columbus, das eine Art Logbuch der ersten Amerikareise darstellt und für das spanische Königspaar (Ferdinand II. von Aragon und Isabella I. von Kastilien) bestimmt war, ist lediglich in einer Abschrift von Bartolomé de Las Casas und Hernando Colon erhalten, deren Abschriften sich wiederum auf eine Abschrift (die so genannte Barcelona-Kopie) beziehen, die vom Königspaar in Auftrag gegeben wurde. Das Original und die Barcelona-Kopie gelten als verschollen. Die hierfür verwendete überarbeitete, deutsche Ausgabe entstand anlässlich der 500-Jahr-Feier der (Wieder)Entdeckung Amerikas: Kolumbus 2005.
436 Kolumbus 2005, 86.
437 Columbus dürfte zu diesem Zeitpunkt – aufgrund der zu hohen Distanz zum Land – noch keineswegs in der Lage gewesen sein, Licht zu entdecken, dennoch beansprucht er die Belohnung (ein lebenslängliches Ruhegehalt von 10.000 Marvedis) für die erste Landsichtung im Nachhinein für sich. Vgl. Venzke 1992, 63.

der Landsichtung holt man einen Teil der Segel ein, legt schließlich bei, wartet bis zum Tagesanbruch und erkennt am Morgen, dass man an eine Insel gelangt ist, „die in der Indianersprache ‚Guanahaní' hieß. Dort erblickten wir allsogleich nackte Eingeborene."[438] Columbus beschreibt weiter, dass man bewaffnet von Bord geht, königliche Flagge und Fahnen mit sich trägt und dass er in Gegenwart der an Land Befindlichen erklärt, „daß ich im Namen des Königs und der Königin, meiner Herren, von der genannten Insel Besitz ergreife ..."[439]. Für den gewählten Filmausschnitt noch relevant ist Columbus' Bericht, dass die rechtlichen Grundlagen per Urkunde schriftlich fixiert werden. Zu diesem Zeitpunkt hätten sich bereits „zahlreiche Eingeborene"[440] um sie gesammelt.

Im Film wird erkennbar auf dieses Bordbuch Bezug genommen, wenn auch in so manch freier Interpretation. Die erste Landsichtung wird – entsprechend dem Bordbuch – Columbus zugeschrieben (E 4), erfolgt aber im Film erst im Morgengrauen und nicht während der Nacht. Dass Rodrigo da Triana von der Pinta und nicht von der Santa Maria aus die Sichtung macht (E 6), ist nicht erkennbar, auch der Kanonenschuss wird ausgespart. Die Form des ersten Landgangs mit Bewaffnung, Fahnen und Teilen der Mannschaft (ab E 13) entspricht wiederum der Überlieferung, abweichend hingegen wird der erste Kontakt mit den Einheimischen dargestellt. Dieser erfolgt im Film erst im Regenwald, laut Bordbuch nimmt man jedoch schon vom Schiff aus Inselbewohner wahr. Inwieweit Costa Rica als Drehort für die Landungsszene dem tatsächlichen Schauplatz vor 500 Jahren entspricht, ist insofern nicht nachvollziehbar, da man bisher nicht zweifelsfrei klären konnte, ob die heutige Insel San Salvador im Bahamas-Archipel mit der von Columbus zuerst entdeckten Insel Guanahani ident ist. Wie diffizil Scott die Verschränkung von Realität und Erfindung einsetzt, zeigt beispielsweise auch die Unterschrift von Columbus in Einstellung 34. Tatsächlich verwendete Columbus diese Brief-Unterschrift, deren genaue Bedeutung bis heute unklar ist, erst ab Rückkehr von seiner ersten Amerikareise.[441]

Wieweit die sonstige Ausstattung (Schiffe[442], Kostüme und sonstige Ausrüstung) dem historischen Vorbild entspricht, ist schwer nachvollziehbar, da es hierzu kaum Quellen gibt.[443] Laut eigener Aussage betrachtet Ridley Scott die Ausstattung

---

438 Kolumbus 2005, 87.
439 Kolumbus 2005, 88.
440 Kolumbus 2005, 87.
441 Eine der vielen Erklärungsversuche deutet beispielsweise S/.S.A.S./XMY als Servus, Sum, Altissimi, Salvatoris, Xriste, Maria, Yesu, eine andere stellt die Unterschrift als das hebräische Akronym für Schaddai, Schaddai, Adonai, Schaddai, Chessed, Moleh, Yahweh mit der Erklärung dar, Columbus sei ein versteckter Jude gewesen. Vgl. Schneider 1992, 105. – Das griechisch-lateinische X po Ferens (Christo Ferens) steht für Christusträger und nimmt vermutlich Bezug auf die missionarischen Absichten von Columbus. Vgl. Zvi, Dor-Ner: Kolumbus. Und das Zeitalter der Entdeckungen. Köln 1991, 46 sowie vgl. Menninger 2012, 197.
442 Insbesondere der exakte Schiffstyp der Santa Maria konnte aufgrund fehlenden Quellenmaterials bisher nicht eruiert werden. Der Versuch einer möglichst getreuen Nachbildung aller drei Schiffe wurde von spanischen Fachleuten für die 500-Jahr-Feier gestartet. Diese Nachbildungen fanden allerdings nur beim Columbus-Film von Alexander Salkind Verwendung. Vgl. Zvi 1991, 109.
443 Zu den Hauptquellen zählen das in einer Abschrift erhaltene Bordbuch des Columbus, die Biografie von Columbus Sohn Hernando Colon (siehe hierzu auch die Anmerkung oben in diesem

in seiner Bedeutung zwar als zusätzlichen Filmcharakter, spricht aber gleichzeitig davon, dass er Filmemacher sei und kein Archäologe.[444]

Figuren

Die in diesem Ausschnitt auftretenden Figuren sind ebenso wie die Handlung teils historisch und teils fiktiv. Columbus wird in posthum entstandenen Portraits als imposante Erscheinung („… groß und stattlich, rothaarig oder rotblond, mit hellen Augen …"[445]) beschrieben und entspricht in der äußerlichen Erscheinung zumindest teilweise – laut seinem Sohn Hernando dürfte er bereits seit seinem dreißigsten Lebensjahr vollends ergraut gewesen sein – seinem Hauptdarsteller Gérard Depardieu. Auch das tatsächliche Lebensalter – Columbus wurde um das Jahr 1451 geboren und dürfte daher zum Zeitpunkt seiner ersten Amerikareise um die vierzig Jahre alt gewesen sein – stimmt in etwa mit dem 1948 geborenen Depardieu überein. Wieweit Bosch und Scott sich bemühten, auch Columbus' Charakterzügen nachzuspüren, ist äußerst umstritten. Die Hauptkritik an Columbus' Darstellung richtet sich dahingehend, dass er zwar tragisch scheiternd, aber dennoch knapp an der Grenze zum Heroischen, entsprechend üblicher amerikanischer Geschichtsdarstellung, gezeigt wird. Diese Idealisierung des Protagonisten ist auch deutlich in der Situation erster Landsichtung und -betretung feststellbar. Columbus steht klar erkennbar im Zentrum, er ist es, der an die Reling tritt, hofft, erkennt, erleichtert ist und dankend zum Himmel blickt (E 1, E 4, E 7, E 8 und E 15). Die restliche Mannschaft hingegen wird im Kollektiv jubelnd dargestellt.[446] Columbus wirkt dadurch nicht nur heroisch, sondern auch distanziert und introvertiert. Dies entspricht möglicherweise nicht der historischen Figur, sicherlich aber dem Heldenschema eines Ridley Scott, vergleichbar mit Frank Lukas (Denzel Washington) in *American Gangster* (2002) oder Maximus (Russell Crowe) in *Gla-*

Kapitel), sowie Columbus erster Brief aus der Neuen Welt, eine auf der Rückreise verfasste, kurze Zusammenfassung der Ereignisse, die in vielen unterschiedlichen Versionen (ausgeschmückt mit epischen Zitaten oder mit Illustrationen ergänzt, die lange Zeit fälschlicherweise Columbus zugeschrieben wurden) abgedruckt wurde. Vgl. Wallisch 2000, 5ff. – Zu den ersten bildpublizistischen Darstellungen zählen die Kupferstiche des Verlegers und Kupferstechers Theodor de Bry, der Ende des 16. Jahrhunderts Reiseberichte sammelt und, ausgestattet mit einer blühenden Phantasie, publiziert. In Zusammenhang mit Columbus ist vor allem de Brys Darstellung der Landungsszene aus dem Jahre 1594 bekannt, die sich oftmals in Schulbüchern findet. Angefertigt wurde dieser Kupferstich für eine Publikation des Italieners und Amerikareisenden Girolamo Bezoni, dessen Reisebericht eine Biografie von Columbus und insgesamt sieben Stiche zu dessen Vita enthält. Vgl. Menninger 2012, 120f. – Wenn diese Stiche auch Teil des kollektiven Bildgedächtnisses zu Columbus sind, so bezieht sich Ridley Scott zumindest in der Kostümausstattung nicht auf diese – ohnedies erst 100 Jahre nach der Landung entstandenen – Bildquellen. Eine andere Möglichkeit beim Fehlen unmittelbarer Quellen sind der Vergleich mit anderen zeitgenössischen Quellen, wie beispielsweise Überlieferungen von Vasco da Gama oder Experimente, wie der Rekonstruktionsversuch der Santa Maria und dazugehörige Segelversuche zur 500-Jahr-Feier.

444 Vgl. Knapp 2001, 64.
445 Menninger 2012, 216.
446 Laut durchforsteten Gerichtsakten und Heuerlisten dürften an der Reise knapp 90 Personen beteiligt gewesen sein. Vgl. Zvi 1991, 116.

diator (2000). Diese Stilisierung des Protagonisten setzt sich beim Übersetzen auf die Insel fort. Hier treten zwar einzelne Figuren als individuelle Charaktere auf, heben sich in ihrer Darstellung dennoch deutlich von Columbus ab: Der historisch tatsächlich als Kapitän der Pinta nachweisbare Martin Alonso Pinzón tastet skeptisch den vor ihm liegenden Strand mit Blicken ab (E 21), die fiktive Figur des Schiffsjungen Juanito, der in dieser Sequenz als Trommler auftritt, blickt ebenso unsicher um sich (E 23) und der völlig unpassend gekleidete Notar Rodrigo d'Escobedo, der wie Pinzón im Bordbuch erwähnt wird, wischt sich unbehaglich den Schweiß aus dem Gesicht (E 25). Einzig Columbus steht felsenfest im Beiboot, blickt geradeaus und hält sich an der königlichen Flagge fest (E22). Entsprechend dieser Rollenzuweisung als Entdecker und Anführer der Gruppe steht er im ersten Boot, betritt allen voran das Neuland (E 27–28) und ist auch am Strand sowohl bei der Ansprache (E 35 und E 37) als auch beim Voranschreiten Richtung Regenwald (E 40) an vorderster Linie positioniert. Doch auch hier sticht er nicht nur durch seinen speziellen Standort hervor, sondern auch durch seine emotionale Reaktion. So wie er an der Reling stehend nicht jubelt, sondern demütig, scheinbar betend, verharrt, fällt er am Strand zwar auf die Knie, hebt sich aber wiederum von der Mannschaft ab. Während die Einen gestikulierend und rufend ihrer Erleichterung und Erschöpfung Luft machen, weist seine Gestik auf den Gottesfürchtigen, den Entdecker hin. Seine Erleichterung bei der Landsichtung und beim Betreten des Festlandes bezieht sich nicht nur auf eine geglückte Überfahrt und die Hoffnung auf Gold, sondern auch auf das gelungene Abwenden der drohenden Meuterei, auf den nicht entdeckten Betrug der Mannschaft bezüglich der tatsächlichen Distanz, auf die Bestätigung für Konsequenz und Willensstärke und nicht zuletzt auf Titel, Ruhm und Privilegien, die nun zu erwarten sind. Zuletzt tritt in diesem Filmausschnitt als individuelle Figur noch, jeweils an der Seite von Pinzón, der halbfiktive Diego Méndez (Méndez begleitete Columbus erst auf seiner vierten Reise nach Amerika[447]) als Kapitän der Santa Maria auf (E38 und E 49), doch auch er bleibt wortlos und handlungsneutral gegenüber Columbus.

Bauformen und Wirkung

Kamera

Diese Darstellung des Columbus und die Form der Figurenkonstellation insgesamt lassen sich auch an den Bauformen dingfest machen. Kamerastandpunkt, -einstellung und -perspektive sind schönzeichnend auf Columbus fokussiert. Großaufnahmen werden für den Hauptdarsteller vorbehalten und meist kombiniert mit statischer Kamera, um Mimik beziehungsweise seine emotionale Befindlichkeit der Dankbarkeit etc. in den Mittelpunkt zu stellen. Columbus wird nicht herangezoomt oder in einen Schwenk eingebaut, sondern steht bei seinem Erscheinen meist unmittelbar im Zentrum, sodass der Moment an sich umso stärker hervor-

---

[447] Vgl. Menninger 2012, 182.

tritt und bedeutsamer wird. Auch die Kameraperspektive ordnet sich diesem Prinzip unter, denn in einigen entscheidenden Momenten wird Columbus in Untersicht dargestellt (E 4, E 22 und E 47), die Perspektive unterstreicht damit seinen Führungsanspruch. Andere individuelle Charaktere werden maximal in Nahaufnahme, die Mannschaft zumeist in der Totale gezeigt mit Ausnahme der Momente, die für das Verstehen der fortschreitenden Handlung notwendig sind (Landsichtung E 6, Ankerung E 12, An-Land-rudern E 20 in Halbtotale oder Nahaufnahme). Auch die Einstellungsdauer ist auf die entscheidenden Szenen des Protagonisten ausgerichtet: Maximale Länge innerhalb dieser insgesamt 50 Einstellungen erreichen Columbus' erster Landgang (E 27 mit 17 Sekunden und E 28 mit 29 Sekunden), der als eine Art persönliche Inbesitznahme gesehen, und seine Ansprache am Strand (E 35 mit 47 Sekunden), die als das formelle Gegenstück betrachtet werden kann. Kleinere Bewegungsabläufe von Columbus werden per Schwenk gezeigt und größere Bewegungen (Waten im Meer E 27–28, Betreten des Regenwaldes E 39–41) mittels Fahrt. Grundsätzlich setzt Scott Schwenks oder Kamerafahrten sehr ausgewogen ein, erstere vor allem, um den Zuseher über eine neue Situation oder Umgebung zu informieren (Vorgänge in der Bucht E 16–18).

Eine weitere Besonderheit die Kameraarbeit betreffend ist der Einsatz von Slow Motion (E 12–13, E 28 und E 30), die vor allem für den entscheidenden Augenblick der ersten Landbetretung eindrucksvoll eingesetzt wird, um diesen Moment durch besonders einprägsame und ästhetische Bilder zu unterstützen. Durch die zusätzliche Kombination als Detailaufnahme verwundert es daher nicht, dass diese Einstellung sowohl für den offiziellen Trailer als auch für das Video des Titelsongs verwendet wurde und Assoziationen zur Mondlandung zulässt. Auch für den Moment der Unterschriftsetzung (E 34) ist eine der wenigen Detailaufnahmen in Verknüpfung mit einem Zoom-In reserviert. Die zusätzliche Aufsicht suggeriert den subjektiven Blick von Columbus auf das Dokument und wähnt den Zuseher in einer privilegierten Sichtweise.

Wie bedrohlich Perspektiven wirken können, zeigt eindrucksvoll die letzte Szene, das Eindringen in den Regenwald. Untersicht (E 45, E 47 und E 49) und Froschperspektive (E 48 und 50) in Kombination mit langsamer, paralleler Kamerafahrt in Distanz aus dem Dickicht (E 41, E 43) machen den Zuseher glauben, die Spanier würden bereits beobachtet. Der Eindruck, dass die Männer bereits erwartet werden, wird verstärkt in Einstellung 42, in der die Kamera den Voranschreitenden voraus ist. Unterstützend wirkt hier die Arbeit mit der Handkamera (E 42), die die Unsicherheit des Moments und die dichte Atmosphäre verstärkt.

Inwieweit in der Montage umfangreiche Visual Effects nötig waren, um das Filmmaterial aufzubessern, ist kaum abschätzbar. Angesichts des sorgfältig ausgewählten Drehortes ist vorstellbar, dass für diesen kurzen Filmausschnitt hierauf verzichtet werden konnte.

Licht

Spezielle Lichtführung lässt sich vorrangig in Einstellungen, die Columbus anbelangen, erkennen. Dies betrifft einerseits die Situation der Landsichtung (E 4, 7,

9 und 15), in der, nachdem sich der Nebel – vermutlich ein Spezialeffekt – und damit die Situation lichtet, Columbus' Gesicht auffällig von der Sonne beschienen beziehungsweise angestrahlt wird, und andererseits Columbus' verbale Inbesitznahme (E 35 und 37) am Strand. Auch hier wird Licht als wichtiges Gestaltungsmittel eingesetzt. Grundsätzlich stellt der gesamte Filmausschnitt einen Wechsel von Morgendämmerung zu grellem Sonnenlicht dar, der zuletzt wieder in den Dämmerungszustand des Regenwalds wechselt. Letzterer bietet zusätzliche Möglichkeiten für speziellen Lichteinsatz. Die Spanier treten aus dem grellen Morgen-Sonnenlicht in den geheimnisvollen, lichtdurchbrochenen Regenwald. Besonders in den Einstellungen 24, 41, 44 und 47–49 wird der Lichteinfall durch das dichte Blätterdach gezielt genutzt, um durch starke Licht-Schatten-Wirkung das Geheimnisvolle, Mystische und gleichzeitig Bedrohliche der Situation dramaturgisch hervorzuheben.

Text und Dialog

Bezüglich des Einsatzes von Texten und Dialogen ist auffällig, dass sich der Filmausschnitt durch starke Verknappung auszeichnet. Eine Vorgangsweise, die der Bildkomposition von Ridley Scott entspricht, der durch die Reduktion von Sprache die ohnedies opulenten Bilder umso intensiver wirken lässt. Die wenigen Textpassagen werden von Columbus bestritten und unterstreichen seinen Anspruch als Anführer, die Anrede des Notars „Don Cristof"[448] erfolgt leise und ehrfurchtsvoll. Die Ansprache am Strand zeichnet sich durch Langsamkeit und Bedacht aus und setzt sich derart pathetisch mit großen Sprechpausen in Szene. Darüber hinaus sind Kommandos zu vernehmen, die einerseits zum Verständnis des nicht Sichtbaren dienen („Vierzehn, Dreizehn ..." für das Ausloten der Meerestiefe) und andererseits füllend und als Unterstützung zum Bild gedacht sind („Land voraus", „Lasst fallen Anker" oder „Pull"). Weitere Zwischenrufe wurden gar nicht erst ins Deutsche synchronisiert. Die Texteinblendung in Einstellung 31 („Guanahani Island") ist mit der Verwendung „der Indianersprache"[449] insofern geschickt gewählt, da sich, wie bereits erwähnt, die historische Verortung nicht dingfest machen lässt.

Symbolik

Neben ausgefeilter Licht- und Kameraführung und deren symbolischer Wirkung setzt Ridley Scott stark auf die unterschwellige Wirkung von (Ding)Symbolen. Der Sonnenaufgang, der die Landsichtung und -einnahme nicht nur eindrucksvoller darstellt, als dies eine historisch getreue Nachtversion gemacht hätte, steht gleichzeitig für den Beginn einer neuen Ära. Das Fallen des Ankers läutet diese ein. Er

---

[448] *Don* als Adelsprädikat in der hier verwendeten Anrede steht in Verbindung mit der Forderung des Columbus nach einem Adelstitel für den Fall einer erfolgreichen Expedition. Vgl. Venzke 1992, 47. – Die Anrede als Cristof ist insofern befremdlich, als Columbus seinen Namen von Cristoforo Colombo (Italien) auf Cristovao Colom (Portugal) und schließlich in Spanien auf Cristóbal Colón änderte. Vgl. Venzke 1992, 7.
[449] Kolumbus 2005, 87.

steht für das Sich-Festsetzen, aber gleichzeitig, entsprechend christlicher Ikonografie, als Zeichen der Hoffnung. In ähnlicher Weise fungiert die Kleidung von Columbus für die Szene an Bord der Santa Maria. Das weiß-leuchtende Hemd hebt ihn einerseits ab von den einfachen Matrosen und andererseits von der Kleidung des Amtsträgers – nicht Columbus, sondern der Notar ist festlich gekleidet –, unpassend und für die Zivilisation stehend, die ins Paradies einbricht. Weiß konnotiert in diesem Sinne auch Unschuld und Reinheit. Hervorstechende Symbole stellen die königliche Flagge und die Fahnen dar, die im Bordbuch explizit erwähnt werden: „Dort entfaltete ich die königliche Flagge, während die beiden Schiffskapitäne zwei Fahnen mit einem grünen Kreuz im Felde schwangen, das an Bord aller Schiffe geführt wurde und welches rechts und links von den je mit einer Krone verzierten Buchstaben F und Y umgeben waren."[450] Symbolsprachlich stehen vor allem die Fahnen, versehen mit den signifikanten Zeichen des Königpaares, für (Re)Präsentation, Macht und Besitzergreifung. Zudem stellt dieses vor allem für historische Ereignisse gebräuchliche Hoheitszeichen die Gemeinschaft der Spanier dar. Ebenso als Symbol der Inbesitznahme sind die Stiefel des Columbus zu sehen, hervorgehoben durch Slow Motion und Detailaufnahme. Unmittelbar darauf folgen das Niederknien des Columbus und seine Gestik in der Form des christlichen Kreuzsymbols. Das Schriftstück als weiteres Zeichen der formellen Inbesitznahme und der Zivilisation setzt den Scott'schen Symbolreigen fort. Es steht einerseits für die offizielle, formelle Inbesitznahme und andererseits für die Bestätigung der erkämpften Privilegien[451] des Columbus. Auch hier wird wieder inhaltlich und bildlich an die Mondlandung angeknüpft; auch auf dem Mond wurden Flagge und Gedenktafel installiert. Die Trommel tritt hier als Instrument der Ermutigung auf und weist damit bereits auf das Hauptsymbol der bevorstehenden Bedrohung, die Schlange, hin. Sie kündigt – sogar in zweifacher Ausfertigung gezeigt (E 44 und E 46) – die Gefahren, die in der scheinbaren Idylle des Regenwalds lauern, an und weist zugleich auf das Unheil hin, das dem Paradies bevorsteht. Damit stellt sie die Parallele zum Garten Eden dar, der naiv von den (noch) Unschuldigen betreten wird und den sie nicht verlassen, sondern zerstören werden. Niemand nimmt die Schlange wahr, noch nicht. Die Spanier scheinen gefangen in ihrer kindlichen Verwunderung, die nochmals beispielhaft vorgeführt wird, als ein Schwarm aufgeschreckter Vögel aufsteigt, die das Paradies bereits verlassen. Inwieweit die Schlangenfarbe – Gelb in ihrer negativ-symbolischen Bedeutung für Gier – bereits mitgedacht wurde und auf das eigentliche Hauptmotiv der Expedition, das Gold, das zur verbotenen Frucht im Paradies werden wird, hinweist, bleibt dahingestellt. Für die Film-Landungsszene wurde die Suche nach Gold als Motivation der Reise zur Gänze ausgespart und stellt die Landung daher als harmlose Erforschung neuentdeckten Landes dar.

---

450 Kolumbus 2005, 87. – F und Y stehen für Ferdinand und Ysabel, die Anfangsbuchstaben des Königs und der Königin von Spanien.
451 Columbus stellte als Forderungen unter anderem: Adelstitel, Titel eines Vizekönigs und Generalstatthalters der von ihm entdeckten Länder, Rang eines Admirals, den zehnten Teil der Einkünfte der neuentdeckten Länder, eine Achtelbeteiligung an allen Handelsunternehmungen. Vgl. Venzke 1992, 48.

Musik und Tonspur

Den Auftrag für die Filmmusik vergab Ridley Scott, der in all seinen Filmen großes Augenmerk auf den Soundtrack legt, an den griechischen Komponisten Vangelis (Evangelos Odysseas Papathanassiou). Als Pionier elektronischer Musik ist dieser bekannt für den Einsatz von Synthesizer und für die daraus entstehenden sehr einprägsamen, stimmungsvollen und atmosphärischen Klangkompositionen. Vangelis unterlegt diesen Filmausschnitt beinah durchgängig mit Musik und wählt hierfür die Tracks *Moxica* (E 1–11, Track 10 der CD *1492 – Conquest of Paradise*), *Hispaniola* (E 12–40, Track 9) und das *Opening* (E 41–50, Track 1) aus, wobei die verwendeten Tracks partiell von den Nummern der CD abweichen.

Der Filmausschnitt startet mit dem archaischen Männergesang von *Moxica*, unterlegt von Trommeln, Panflöte und Gitarre. Zeitgleich mit dem Lichten der Nebelschwaden kommt zur Solostimme der großangelegte Chor (English Chamber Choir) hinzu (E 5) und symbolisiert in der Kombination archaischer Musik mit Chorgesang das bevorstehende Aufeinandertreffen von Wildnis und Zivilisation. Der Chor steigert sich kontinuierlich, um bei Einstellung 6 und 7, unmittelbar nach „Land voraus", sich entladend den Höhepunkt zu erreichen und wieder abzuebben. Ab Einstellung 10 bleibt die Musikspur mit dominanter Gitarre rein synthetisch-instrumental und wird nun einerseits in seiner Intensität für die Textpassage „Lasst fallen Anker" und das schwere Platschen des Ankers zurückgenommen und zugleich als Übergang zum Track Hispanola genutzt, der nun erneut Spannung aufbaut. Trommelrhythmen und Männergesang wie bei *Moxica*, vermengt mit den Kommandos an die Mannschaft, leiten über zum erneuten Einsatz des Chors, der die Fahrt in den Beibooten (ab E 21) untermalt. Ab Columbus' Sprung ins Wasser schwillt der Chor kontinuierlich an, wird kombiniert mit dem bereits bekannten archaischen Gesang und gelangt nicht wie in Einstellung 6 und 7 zu einem Höhepunkt, sondern setzt ab Einstellung 29, dem Niederknien, beinahe zur Gänze aus, um die Konzentration vollends auf das Bild zu lenken. Der Liedtext scheint Latein, ist aber tatsächlich eine Kunstsprache (*wordpainting*).[452] Ab hier unterstreichen beruhigende sphärische Klänge, vermengt mit Rufen, Lachen und Meeresrauschen, die Erleichterung der Spanier. Einstellung 32, der Beginn der Unterschriftsszene, zeigt wiederum, dass Scott und Vangelis die inhaltlichen Schlüsselszenen nicht nur mit einem musikalischen Höhepunkt hervorheben, sondern hierfür auch mit dem Ausblenden der Musik arbeiten. Das Setzen der Unterschrift wird nur leicht vom Chor unterstützt, es dominieren das Kratzen der Feder und das Flattern der Fahnen. Zur Ansprache von Columbus (Einstellung 35–37) setzt der Score zu Beginn zur Gänze aus, erhält dann Unterstützung aus dem On in Form der Trommelschläge und des anschwellenden Chors aus dem Off. Das Schreiten über den Strand (E 40) wird lediglich durch Juanitos Trommeln, die Schritte der Spanier und vom Klappern der Bewaffnung und Harnische begleitet. Exakt mit Eintritt in den unbekannten Regenwald setzt mit *Opening* der

---

452 Lyrics stehen lediglich für die Tracks *Conquest of Paradise*, *Monastery of La Rabida* und *Deliverance* zur Verfügung.

dritte Track ein. Mythisch erklingen nun die synthetisch-futuristischen Klänge, dominiert von der Panflöte. Heranrollender Trommelwirbel ab Einstellung 43 kippt die Stimmung ins Bedrohliche, ab nun herrschen die typischen Synthesizer-Flächen (Klangstäbe, marimbaähnliche Sounds etc.) von Vangelis vor, die sich mit den Schwerthieben und Bewegungsgeräuschen der Männer vermischen. Letztere werden für die Schlangen-Einstellungen 44 und 46 extra zurückgenommen, um die drohende Gefahr hervorzuheben. In den letzten Einstellungen schließlich dominieren Harfenklänge und ein Klangteppich aus Geräuschen des Regenwalds.

Originaldrehbuch – Auszug des betreffenden Filmausschnitts[453]

EXT. SHIP - DAWN

An opaque dawn. COLUMBUS, riveted, staring forward as if to pierce the mist. The entire crew are clinging to the rail, and standing on the shrouds.

Suddenly, the SHIP BOY'S voice cracking with emotion.

                         SHIP'S BOY
                 TIERRA...! TIERRA!

COLUMBUS strains his eyes; he still can not see anything.

The entire CREW stand and stare, silent, holding their breath.

As the sun begins to rise, the fog dissipates -- slowly, exquisitely, revealing a single palm, so close it seems almost as though they could touch it. Then a white slash of beach.

Near COLUMBUS, a SAILOR falls to his knees and burst into tears. Others laugh with joy. COLUMBUS watches this vision in disbelief, his mouth open as if it were difficult for him to breathe. Tears come to his eyes. He closes them. Then opens them again. The land is there -- a green paradise.

On screen the words: OCTOBER 12, 1942. GUANAHAN ISLAND

EXT. BOATS - DAY

Three row boats plunging through the surf towards the beach. COLUMBUS stands in the prow of the first boat. MENDEZ is in the second. PINZON the third. They stare entranced at the lushness of the foliage, and the blue clarity of the water...

As the first boat beaches, COLUMBUS leaps out and wades ashore. Behind him the rest of the landing party splash through the sun-dazzled water, carrying the banner of Castille and Aragon.

---

453 Bosch 1991.

EXT. BEACH - DAY

They stand on the beach, almost in a dream. There is silence. The ROYAL NOTARY, ludicrously overdressed, now wet through, stumbles over to COLUMBUS and holds out his contract and a pen. COLUMBUS scrawls his name.

The MEN stare at him, filled not only with new respect, but with something amounting to awe.

COLUMBUS turns to them, tries to speak.

> COLUMBUS
> By the… by the Grace of… God…

He swallows. Tears have sprung to his eyes. He is so moved he cannot continue. Coming to his rescue -- THE SHIP'S BOY starts to roll the drum. He then stops.

> COLUMBUS
> pulling himself
> together)
> In the name of their Gracious
> Majesties of Castille and Aragon,
> and by all the powers vested in me,
> I claim this island and name it San
> Salvador.

The MEN cheer as the flags are rammed into the sand, flapping in the wind.

COLUMBUS starts to walk towards the jungle, and in silence the rest follow.

EXT. JUNGLE - DAY

Immediately they are met by an incredible wall of SOUND! The jungle is filled with NOISE. The impossibly-loud CRIES of EXOTIC BIRDS, the CHATTERING of MONKEYS. The SPANIARDS are overwhelmed.

They move forward. Rays of sunlight pierce through the high canopy of leaves, like the roof of a magnificent cathedral. The sounds and smells intoxicate their senses. They are filled with wonder.

Then PINZON stops. He has seen something. Another stops, then a third, staring ahead of them…

                              MENDEZ
                          (whispering
                           urgently)
                    Arquebuses!

Several of them raise their weapons to their shoulders,
pointing them into the jungle.

From COLUMBUS' POV we slowly scan the face of the thick
jungle ahead. For a moment we don't see anything -- and
then, with a shock, we see the first INDIAN. Naked,
painted like an idol, carrying a hunting lance.

Einstellungsprotokoll

Einstellung	Bildanker zur Szene	Zeit/Sekunden	Beschreibung der Szene	Text	Ton	Auszüge aus dem Originaldrehbuch in angepasster Reihenfolge[460]	Kamera-Standpunkt oder Kameraführung	Kamera-einstellung	Kamera-perspektive	Mögliche intendierte Wirkung
1		00:00–00:02 2	Santa Maria, Morgengrauen: Columbus schreitet von links nach rechts durch Nebelschwade zur Reling an der Brücke des Achterdecks und stützt sich mit rechter Hand ab, Matrose ruft Meerestiefe in Faden aus	Ansage der Meerestiefe in Faden[461]: *Vierzehn* (rufend)	Musik[462]: Moxica (archaischer Männergesang, Trommel) Flattern der Segel	An opaque dawn. Columbus, riveted, staring forward as if to pierce the mist.	Begleitender Horizontal-schwenk links-rechts	Von Nah zu Groß	Leichte Untersicht	hoffend
2		00:02–00:06 4	Besatzungsmitglied (Matrose Rodrigo de Triana) hält auf der Rah stehend Ausschau		Musik: Moxica (archaischer Männergesang, Trommel, Gitarre) Flattern der Segel	The entire crew are clinging to the rail, and standing on the shrouds.	Gleitender Schwenk links-rechts und leichtes Zoom-In auf Matrosen	Totale	Frosch	angespannt
3		00:06–00:12 6	Tiefliegende Nebelschwaden über dem Meer, Strand schimmert durch, Matrose ruft Meerestiefe in Faden aus	Ansage der Meerestiefe: *Dreizehn* (rufend)	Musik: Moxica (Trommel, archaischer Männergesang)		Kamera statisch	Panorama	Normalsicht	angespannt
4		00:12–00:16 4	Columbus mit Blick aufs Meer, plötzliche Kopfbewegung nach vorne	Columbus: *Land* (flüsternd)	Musik: Moxica (Panflöte, Trommel, archaischer Männergesang)		Kamera statisch	Groß	Leichte Untersicht	erkennend

454 Der Vergleich zwischen Drehbuch und finalem Filmausschnitt gibt interessante Einblicke in Unterschiede und Übereinstimmungen zwischen Autorin und Regisseur: Bosch 1991.
455 Ein Faden entspricht zirka 1,80 m. Demnach würde es sich hier um eine Meerestiefe von zirka 25 Metern handeln.
456 Die Musik der hier behandelten Einstellungen entstammt ausschließlich dem Soundtrack *1492 Conquest of Paradise* von Vangelis in diversen Variationen. Angegeben wird im Protokoll der Name des jeweiligen Tracks, in Klammer die dominanten Instrumente oder Stimmen.

5		00:16–00:26 10	Nebelschwaden lichten sich, von links kommen Strand und Regenwald in Sicht		Musik: Moxica (Chor, sich steigernd)		Kamera statisch	Panorama	Normalsicht	erhellend, erhebend
6		00:26–00:28 2	Matrose (Rodrigo de Triana) zeigt mit gestrecktem Arm Land an	Rodrigo de Triana: Land... (rufend)	Musik: Moxica (Chor, konstant hoch)	Suddenly, the Ship boy's voice cracking with emotion. Ship's boy Tierra...! Tierra!	Kamera statisch	Halbtotale	Frosch	bestätigend
7		00:28–00:31 3	Columbus lehnt Kopf an Holzbalken, Augen geschlossen und Hände am Kinn gefaltet	Rodrigo de Triana: ...voraus (rufend)	Musik: Moxica (Chor, nochmals sich steigernd)	Columbus strains his eyes; he still can not see anything.	Kamera statisch	Groß	Normalsicht	erleichtert
8		00:31–00:35 4	Links festlich gekleideter Notar (Rodrigo d'Escobedo) mit Schriftrollenetui in Händen, rechts jubelnde Mannschaft		Musik: Moxica (Chor) Jubel der Mannschaft wird dominant	The entire Crew stand and stare, silent, holding their breath.	Kamera statisch	Nah	Normalsicht	jubelnd
9		00:35–00:40 5	Wie 7, Columbus mit offenen Augen		Musik: Moxica (Trommeln, Panflöte, Regenmacher)		Kamera statisch	Groß	Normalsicht	erleichtert
10		00:40–00:47 7	Schiff fährt schnell an vorgelagerten Felsen vorbei		Musik: Moxica (Trommeln, Gitarre)		Horizontale Parallelfahrt in Kombination mit entfesselter Kamera/Handkamera (macht durch leichten vertikalen Schwenk die Schaukelbewegung des Schiffs nach)	Totale	Normalsicht	temporeich

#	Zeit	Beschreibung	Ton/Musik	Kamera	Einstellungsgröße	Perspektive	Stimmung
11	00:47–00:48 1	Matrose in den Webeleinen zwischen den Wanten sich umwendend und nach unten gerichtet rufend	Kapitän der Santa Maria (Diego Mendez): *Lasst fallen Anker* Musik: Moxca (Trommeln, Gitarre)	Kamera statisch	Amerikanisch	Untersicht	
12	00:48–00:50 2	Slow Motion: Matrose klettert an Bordwand hinab und schlägt den Stockanker mit Holzhammer aus Haltevorrichtung	Musik: Hispanola (Trommeln) Hammerschlag	Vertikale Parallelfahrt	Halbtotale	Leichte Untersicht	
13	00:50–00:56 6	Slow Motion: ins Wasser fallender Anker[463]	Musik: Hispanola (kaum hörbar) Schweres und dumpfes Platschen durch Eintauchen des Ankers	Vertikale Parallelfahrt	Halbtotale	Normalsicht	festsetzend
14	00:56–01:06 10	Blick auf in leichtem Nebel liegendes Schiff mit jubelnder Mannschaft, im Hintergrund Sonnenaufgang	Musik: Hispanola (Trommel, Pfeife) Jubel der Mannschaft	Langsamer Vertikalschwenk oben-unten	Totale	Leichte Untersicht	jubelnd und bedrohlich
15	01:06–01:17 11	Wie 7 und 9, Columbus richtet Blick nach oben, scheinbar betend	Musik: Hispanola (Trommeln, archaischer Männergesang) Jubel der Mannschaft	Kamera statisch	Groß	Normalsicht	dankend

	#	Zeit	Beschreibung	Ton	Kamerabewegung	Einstellungsgröße	Perspektive	
	16	01:17–01:30 / 13	Bucht Guanahani: Blick auf Schiff mit von Bord gehender Mannschaft wird gekreuzt von zweitem Schiff, Matrosen holen Wasser hoch mit Holzeimern	Musik: Hispanola (Trommeln, archaischer Männergesang, Panflöte im Vordergrund) Ins-Wasser-Fallen der Holzkübel	Leichter Horizontalschwenk links-rechts gegen Ende der Einstellung	Totale	Normalsicht	vorbereitend
	17	01:30–01:38 / 8	Blick auf zwei Schiffe, Mannschaft (teilweise in Rüstung, mit Lanzen und Fahnen) besteigt die Beiboote, man ist teilweise bewaffnet und geharnischt	Musik: Hispanola (archaischer Männergesang, Trommeln) Durcheinanderrufen der Kommandos für das Zu-Wasser-Lassen der Beiboote (englische Tonspur beibehalten, nicht auf Deutsch synchronisiert, schwer verständlich)	Horizontalschwenk links-rechts	Totale	Normalsicht	
	18	01:38–01:46 / 8	Mannschaft besteigt Beiboote, Dunstschwaden ziehen vorüber	Musik: Hispanola (Trommeln, Gitarre) Durcheinanderrufen der Kommandos	Kombination Horizontalschwenk rechts-links und Vertikalschwenk oben-unten	Halbtotale	Normalsicht	
	19	01:46–01:49 / 3	Columbus stehend im Beiboot und an Fahnenstange festhaltend, umgeben von wehenden Fahnen, im Hintergrund Schiff	Musik: Hispanola (Trommeln) Durcheinanderrufen der Kommandos Flattern der Fahnen	Kamera statisch	Totale	Normalsicht	

20		01:49–01:52 3	drei rudernde Matrosen	Kommando zum Rudern: *Pull, pull...*	Musik: Hispanola (Trommeln) Durcheinanderrufen der Kommandos Klatschen der Ruder ins Wasser	Three row boats plunging through the surf towards the beach.	Entfesselte Kamera/Handkamera (Schaukelbewegung des Beiboots)	Nah	Leichte Untersicht	
21		01:52–01:54 2	Kapitän der Pinta (Martín Alonso Pinzón) auf schwankendem Beiboot mit wehender roter Fahne	Kommando zum Rudern: *Pull, pull...*	Musik: Hispanola (Trommeln, Chor setzt wieder ein) Durcheinanderrufen der Kommandos		Entfesselte Kamera/Handkamera (Schaukelbewegung des Beiboots)	Nah	Leichte Untersicht	erwartend
22		01:54–01:58 4	Columbus stehend im Beiboot	Kommando zum Rudern: *Pull, pull...*	Musik: Hispanola (Trommeln, Chor) Durcheinanderrufen der Kommandos	Columbus stands in the prow of the first boat...	Entfesselte Kamera/Handkamera (Schaukelbewegung des Beiboots)	Amerikanisch	Untersicht	gebieterisch
23		01:58–02:03 5	Trommler (Schiffsjunge Juanito) stehend im Beiboot, blickt um sich, hält blaue Fahne	Kommando zum Rudern: *Pull, pull...*	Musik: Hispanola (Trommeln, Chor) Rudergeräusche Durcheinanderrufen der Kommandos		Leichter Horizontalschwenk rechts-links	Nah	Normalsicht	unsicher
24		02:03–02:06 3	Blick von Schiff auf vier Beiboote, Sicht wird von in den Wanten kletternden Matrosen versperrt	Kommando zum Rudern: *Pull, pull...*	Musik: Hispanola (Trommeln, Chor) Rudergeräusche Durcheinanderrufen der Kommandos		Kamera statisch	Totale	Aufsicht	

#	Bild	Zeit	Handlung	Dialog	Musik/Ton	English	Kamera	Einstellung	Perspektive	Stimmung
25		02:06–02:08 2	Notar in Beiboot, wischt sich Schweiß aus Gesicht, im Hintergrund Trommler	Kommando zum Rudern: *Pull, pull…*	Musik: Hispanola (Trommeln, Chor) Rudergeräusche Durcheinanderrufen der Kommandos		Entfesselte Kamera/Handkamera (Schaukelbewegung des Beiboots)	Nah	Untersicht	unbehaglich
26		02:08–02:14 6	Vier Beiboote nähern sich dem Ufer, im Hintergrund Strand und Regenwald	Kommando zum Rudern: *Pull, pull…*	Musik: Hispanola (Trommeln, Chor) Rudergeräusche Durcheinanderrufen der Kommandos		Kamera statisch	Totale	Normalsicht	
27		02:14–02:31 17	Strand Guanahani: Slow Motion: Columbus mit Schwert in linker und mit ausgreifend rechter Hand springt von Beiboot in knietiefes Wasser und watet Richtung Ufer		Musik: Hispanola (Chor, lauter) Platschen von Eintauchen von Columbus ins Wasser	As the first boat beaches, Columbus leaps out and wades ashore.	Horizontale Parallelfahrt	Von Halbtotale zu Halbnah	Normalsicht	einnehmend
28		02:31–03:00 29	Slow Motion: Blick auf Stiefel von Columbus, durch das Wasser an den Strand watend und auf die Knie niedersinkend		Musik: Hispanola (Chor anschwellend; Kombination Chor – archaischer Männergesang) Platschen des Wassers bei jedem Schritt Brandung (kaum hörbar) schweres Niederfallen auf die Knie von Columbus		Rückfahrt	Detail	Normalsicht	

#	Zeit / Dauer	Bild	Handlung	Ton / Musik	Text	Englische Beschreibung	Kamera	Einstellungsgröße	Perspektive	Stimmung
29	03:00–03:05 / 5		Columbus von vorne, kniend am Strand mit erhobenen Armen, im Hintergrund gelandetes Beiboot mit im Wasser stehenden Matrosen	Musik: Hispanola (kaum hörbar) Brandung stark			Kamera statisch	Halbtotale	Normalsicht	dankbar, erschöpft
30	03:05–03:17 / 12		Slow Motion: Columbus im Profil, kniend am Strand, im Hintergrund Matrosen, die sich zu Boden werfen; Notar kommt hinzu	Musik: Hispanola (Gitarre, beruhigend) Rufen und Lachen der Männer (englische Tonspur) Brandung dominant		Behind him the rest of the landing party splash through the sun-dazzled water, carrying the banner of Castille and Aragon.	Kamera statisch	Halbtotale	Normalsicht	beobachtend
31	03:17–03:31 / 14		Blick auf Strand mit Beibooten und Seeleuten am Strand	Musik: Hispanola, Lachen der Männer Brandung, Möwe kreischt	Eingeblendeter Text: *Guanahani Island – 12th October 1492*	On screen the words: October 12, 1942. Guanahan Island	Langsame, horizontale Parallelfahrt	Panorama	Normalsicht	erklärend, erleichtert
32	03:31–03:50 / 19		Notar tritt an Columbus heran, spricht ihn an, entrollt Schriftstück und hält es ihm zur Unterschrift vor; Columbus taucht Feder in Tinte	Keine Musik Meeresbrandung und Flattern der Fahnen Text Notar Entrollen des Dokuments Brandung	Notar: *Don Cristof*	They stand on the beach, almost in a dream. There is silence. The royal notary, ludicrously overdressed, now wet through, stumbles over to Columbus and holds out his contract and a pen.	Vertikalschwenk oben-unten in der zweiten Hälfte der Einstellung	Nah	Leichte Aufsicht	ehrfürchtig
33	03:50–03:57 / 7		Columbus hält inne, blickt Richtung Regenwald und lächelt	Musik: Hispanola (Chor), Flattern der Fahnen			Kamera statisch	Groß	Normalsicht	

34		03:57–04:04 7	Columbus setzt seine Unterschrift unter das Dokument	Text auf Dokument: Ferdinand S .S.A.S. XMY X po FERE[464]	Musik: Hispanola (Chor sich leicht steigernd) Kratzen der Feder am Papier/Pergament Wind	Columbus scrawls his name.	Zoom-In auf Vertrag	Detail	Aufsicht	inbesitznehmend
35		04:04–04:51 47	Columbus blickt auf, Notar spricht ihn ehrfürchtig an; Columbus macht kleine Schritte vorwärts, bleibt stehen und spricht bedächtig und mit großen Pausen Richtung Regenwald blickend	Notar: *Exzellenz* Columbus: *Durch die ... durch die Gnade Gottes ... im Namen ihrer erlauchten Majestäten von Kastilien und Aragon*	Keine Musik Wind Text Notar Text Columbus mit Meeresbrandung in zweiter Sprechpause Brandung	The men stare at him, filled not only with new respect, but with something amounting to awe Columbus By the Grace of... God... He swallows. Tears have sprung to his eyes. He is so moved he cannot continue.	Leichter Horizontalschwenk links-rechts zu Beginn der Einstellung	Von Nah zu Groß	Normalsicht	pathetisch
36		04:51–04:56 5	Juanito trommelt		Keine Musik Ergreifen der Sticks Trommelschläge Brandung	The ship's boy starts to roll the drum.	Vertikalschwenk oben-unten	Von Nah auf Detail	Normalsicht	feierlich
37		04:56–05:12 16	Columbus wendet sich um und spricht zur Mannschaft	Columbus: *Dank aller mir verliehenen Macht ... ist dieses Land unser und ich nenne es ... San Salvador*	Musik: Hispanola (Anschwellen von Chor) Fahnenflattern Text Columbus	Columbus turns to them, tries to speak.	Kamera statisch	Groß	Normalsicht	bestimmend

38		05:12–05:14 2	Links Diego Méndez, rechts Pinzón, im Hintergrund trommelnder Juanito und Mannschaft mit Fahnen	Musik: Hispanola (Chor) Brandung zwei Trommelschläge	The men cheer as the flags are rammed into the sand, flapping in the wind.		Totale	Normalsicht	
39		05:14–05:29 15	Mannschaft schreitet breit aufgestellt und langsam mit Fahnen von Strand Richtung Regenwald	Musik: Hispanola (Chor schwillt ab) Schritte einzelne, leise Trommelschläge Brandung Klappern der Schwerter und Fahnenstangen und Schritte		Langsame, horizontale Parallelfahrt rechts-links	Totale	Normalsicht	wachsam
40		05:29–05:39 10	Columbus betritt zuerst die erste Baumreihe, die Männer folgen nach	Keine Musik Ab Eintritt in Regenwald bricht Brandung ab, nur noch Klappern, Schritte, einzelne, leise Trommelschläge und unheimliche Geräusche	Columbus starts to walk towards the jungle, and in silence the rest follow.	Horizontale Parallelfahrt rechts-links	Totale	Normalsicht	unheilschwanger
41		05:39–05:49 10	Männer kämpfen sich durch dichten Bewuchs, Dunst, Lichtflecken	Musik: Opening (Panflöte, bedrohlich) Rascheln Geräusch von Durchstreifen des Laubwerkes Stöhnen der Männer	Immediately they are met by an incredible wall of sound! The jungle is filled with noise. The impossibly-loud cries of exotic birds, the chattering of monkeys.	Langsame, horizontale Parallelfahrt rechts-links	Totale	Normalsicht	strapaziös

42		05:49–06:02 13	Männer in Rüstung bahnen sich den Weg, Licht fällt durch das Blätterdach	Musik: Opening (wird dominant) Schwerthiebe im Hintergrund		Leicht entfesselte Kamera – Handkamera	Totale	Normalsicht	bedrohlich
43		06:02–06:12 10	Wie 42, düsterer	Musik: Opening Bewegungsgeräusche der Männer Schwerthiebe		Horizontale Parallelfahrt	Nah	Normalsicht	
44		06:12–06:17 5	Gelbe Schlange ringelt sich astabwärts und züngelt	Musik: Opening (Marimba, Klangstäbe etc.) Geräusche der Spanier im Hintergrund		Horizontalschwenk links-rechts	Nah	Normalsicht	gefahrvoll
45		06:17–06:28 11	Männer gehen langsam um sich blickend durch den Regenwald, ein Fass wird mitgetragen	Musik: Opening Geräusche der Männer		Horizontalfahrt rechts-links entgegen der Gehrichtung der Männer	Amerikanisch	Untersicht	vorsichtig
46		06:28–06:31 3	Schlange lässt sich von Baum hängen	Musik: Opening (Marimba oder Klangstäbe) Geräusche der Spanier im Hintergrund		Vertikalschwenk oben-unten	Nah	Normalsicht	gefahrvoll
47		06:31–06:35 4	Columbus stolpert, hält inne und blickt nach oben	Musik: Opening Geräusch der Männer	The Spaniards are overwhelmed.	Leichter Horizontalschwenk rechts-links in Kombination mit Vertikalschwenk unten-oben	Nah	Untersicht	unsicher
48		06:35–06:38 3	Flügelschlagender Ara fliegt Richtung Lichteinfall	Musik: Opening (Harfe) Geräusche der Männer weg		Schneller Horizontalschwenk rechts-links	Totale	Frosch	überraschend

	06:38–06:51 13	Pinzon sieht nach oben, blickt weiter zu Mendez, dieser weiter zu Columbus, dessen Blick den Regenwaldgeräuschen folgt	Musik: Opening (Harfe) Regenwaldgeräusche (Vogelgezwitscher) ähnlich wie hämisches Lachen	They move forward. Rays of sunlight pierce through the high canopy of leaves, like the roof of a magnificent cathedral. The sounds and smells intoxicate their senses. They are filled with wonder.	Horizontalschwenk rechts-links, Vertikalschwenk unten-oben	Groß	Normalsicht zu Untersicht	faszinierend
49								
	06:51–06:57 6	Vogelschwarm flattert auf und fliegt Richtung Baumkronen	Musik: Opening (ganz im Hintergrund) Regenwaldgeräusche Flattern des Vogelschwarms		Kamera statisch	Totale	Frosch	aufgeschreckt
50								
	00:00–06:57 417 insgesamt							

5. Fachdidaktische Erkenntnisse und Konsequenzen

Christoph Kühberger

5.1. Geschichtsdidaktische Befunde

Im Mittelpunkt der vorliegenden Untersuchung steht die „Durchdringungstiefe" der Proband/innen einer filmischen Darstellung der Vergangenheit hinsichtlich einer konsistenten Unterscheidung zwischen „Vergangenheit" und „Geschichte". Damit wird darauf verwiesen, dass bereits vor der Erhebung davon ausgegangen wurde, dass innerhalb einer Schülerpopulation der 7. Schulstufe in der Sekundarstufe I unterschiedliche Niveaus im Umgang mit Darstellungen über die Vergangenheit vorhanden wären. Anhand von Schüleressays, welche nach einer zweimaligen Präsentation eines Spielfilmausschnittes entlang einer Impulsaufgabe von den Proband/innen verfasst wurden, wurden die Erhebungsergebnisse auf zwei verschiedene Arten ausgewertet, um einen mehrdimensionalen Einblick in die Gruppe der Proband/innen zu erhalten. Zunächst wurde über eine textimmanente und koordinierte Interpretation des Materials (n=176) festgestellt, inwieweit man aus den Antworten der Schüler/innen auf die Frage „Zeigt uns dieser Filmausschnitt, wie die Ankunft des Kolumbus 1492 stattgefunden hat?" ableiten kann, ob sie diese Frage mit „ja" oder mit „nein" beantworten. Das diesbezügliche Ergebnis zeigt ein relativ ausgewogenes Bild zwischen jenen Schüler/innen, welche dazu tendierten dem Filmausschnitt als mögliche Abbildung der Verhältnisse von 1492 zu lesen („ja" und „eher ja"/46,02% der Schüler/innen), und jenen, welche angaben, man könnte im Filmausschnitt diese Vergangenheit nicht erkennen („nein" und „eher nein"/43,75% der Schüler/innen).[457] Bereits diese Zahlen verdeutlichen eine stark durchwachsene Grundvoraussetzung im Umgang mit Spielfilmen über die Vergangenheit als historische Narrationen und den diesen Darstellungen zugeschriebenen Möglichkeiten. Auffällig ist, dass Lernende, welche einen erhöhten Fersehkonsum besitzen eher angeben, dass der Filmausschnitt nicht die Vergangenheit darstellt. Dieser signifikante Zusammenhang zeigt sich auch bei den männlichen Probanden vor dem Hintergrund eines erhöhten Internetkonsums. Davon abgeleitet, steht zu vermuten, dass Lernende mit einem erhöhten Medienkonsum und einer Vielzahl an medialen Erfahrungen eher den Konstruktionscharakter von filmischen Darstellungen der Vergangenheit wahrnehmen. Für den hier untersuchten Bereich ist daher mit einem Blick auf die Theorien der Mediensozialisation davon auszugehen, dass ein TV- und Internetkonsum sich positiv auf die Ausprägung einer kritischen Grundhaltung gegenüber filmischen Darstellungen über die Vergangenheit auswirken.[458]

---

457 Vgl. Abb. 4.9.
458 Vgl. Kapitel 4.1.4.

In einer zweiten hermeneutischen Analyse des Datenmaterials wurden nun jene Essays herangezogen, welche eine explizite Thematisierung hinsichtlich der Unterscheidung von „Geschichte" und „Vergangenheit" vornehmen. Entgegen der Auswertung oben, welche der expliziten und impliziten Schülerinterpretation hinsichtlich einer Beantwortung mit „ja" und nein" folgte, konnten für diese Perspektivierung nur 115 Essays herangezogen werden. Ziel war es dabei, eine aus dem Material erwachsende Typologie zu bilden, welche auf der expliziten Argumentation der Proband/innen beruht. Demnach konnte zwischen fünf Typen unterschieden werden, welche in unterschiedlichen Maßen repräsentiert waren:

a) agnostischer/skeptizistischer Typus: Dieser Typus lässt die Ansicht erkennen, dass die Vergangenheit grundsätzlich nur in geringem Maße oder auch gar nicht erschließbar wäre (4,3%).

b) konstruktivistischer Typus: Dieser Typus lässt die Ansicht erkennen, dass Geschichte eine (Re-)Konstruktion mit gewissen Gütekriterien wäre. Eine objektive Darstellung wäre demnach nicht möglich, sondern nur eine Konstruktion, welche von Interessen, Kenntnissen, Absichten, Quellen, dem Medium der Darstellung etc. geleitet ist (36,5%).

c) darstellungskritischer Typus: Dieser Typus lässt die Ansicht erkennen, dass eine Darstellung der Vergangenheit von bestimmten Aspekten gelenkt oder auch verzerrt wird. Der Konstruktionscharakter wird nicht eindeutig angesprochen (26,1%).

d) positivistischer/historistischer Typus: Dieser Typus lässt die Ansicht erkennen, dass es grundsätzlich als möglich erscheint eine objektive Darstellung der Vergangenheit anzufertigen, wenn es ein Bemühen seitens des Autors/der Autorin gäbe (16,5%).

e) naiver/faktizitätsorientierter Typus: Dieser Typus lässt die Ansicht erkennen, dass zwischen Geschichte und Vergangenheit nicht unterschieden wird. Der Konstruktionscharakter von Geschichte ist den Vertreter/innen dieses Typus fremd (16,5%).

Eine derartige Typologie ermöglicht es der Praxis des Geschichtsunterrichtes auf verschiedene Problemlagen und auftretende Argumentationsstränge, welche in der Sekundarstufe I anzutreffen sind, einzugehen. Beide Auswertungsarten zeigen jedoch, dass es im schulischen Lernprozess unumgänglich ist, vorhandene Argumentationsstrukturen und vorhandene „beliefs" aufzugreifen, da ohne eine Beachtung der subjektiven (fachspezifischen) Denkstrukturen der Lernenden, es zu einer radikalen Entfremdung zwischen individuellen Verstehensakten und vom Geschichtsunterricht als zulässig gesetzten Momenten kommen würde. Die empirischen Befunde können dabei nach Bernhardt einerseits fachspezifische Vorstellungen über zu erbringende Leistungen und die davon meist abgeleiteten spekulativen Setzungen von Niveaus im Rahmen der Kompetenzorientierung korrigieren, modifizieren oder revidieren, bieten jedoch auch die Möglichkeit Lernende "in der Unterrichtssituation besser beurteilen zu können [...] Unterricht ist ein Lernprozess von Subjekten und nicht ein Lernprozess, in dem die Lernenden nur als Adressaten der Deduktion didaktischer Modelle dienen. Mit empirischen Forschungen tritt der reale Lernende mit seinen individuellen Voraussetzungen ans Licht. Nicht immer ist es so, wie wir ihn gerne hätten. Aber allemal bietet er bessere Orientierung für didaktische Überlegungen als der fiktive Normalschüler."[459]

Aus diesem Grund versucht die vorliegende Untersuchung vor dem Hintergrund einer fachdidaktischen Subjektorientierung auch jene Aspekte im Umgang mit „Geschichte" und „Vergangenheit" offen zu legen, an welche im fachspezifischen Lernprozess angeknüpft werden kann. Entlang einer theoretischen Konzeption nach Jörn Rüsen wurde versucht, jene Konzepte der Schüler/innen sichtbar zu machen, welche die Proband/innen auf einer normativen, narrativen, empirischen und metareflexiven Ebene einbringen, um über das aufgeworfene Problem, nämlich inwieweit ein Filmausschnitt die Vergangenheit abbilden könne, nachzudenken. Wendet man sich den von den Schüler/innen verwendeten Konzepten zu, welche sie heranziehen, um sich mit dem Filmausschnitt aus „1492 – Die Eroberung des Paradieses" zu beschäftigen, zeigt sich, dass die Mehrzahl auf Aspekte der empirischen Triftigkeit zurückgreifen, um ihre Einschätzung hinsichtlich der Darstellbarkeit der Ankunft des Kolumbus 1492 zu begründen. Dabei werden verschiedenste Aspekte anhand des eigenen Wissensstandes angezweifelt oder zumindest hinterfragt. Man kann deutlich erkennen, dass es unter den Proband/innen eine häufig anzutreffende Haltung ist, Einzelaspekte (z.B. Kleidung der Personen, gezeigte Orte, verwendete Sprache) herauszugreifen oder auch das Aussehen von historischen Personen oder Objekten zu bemängeln. Die überragende Häufigkeit, mit der die Schüler/innen auf Momente der empirischen Triftigkeit auf ganz unterschiedlichen Niveaus referieren,[460] lässt die Vermutung zu, dass in diesem Bereich der Beschäftigung mit Geschichte ein Zugang zum historischen Denken der Schüler/innen relativ leicht möglich sein dürfte. Gleichzeitig muss jedoch festgehalten werden, dass das Heranziehen von empirischen Konzepten nur unzureichend mit einer Wahrnehmung des Filmausschnittes als Darstellung der Vergangenheit und den in ihm ruhenden erkenntnistheoretischen Momenten in Verbindung zu bringen ist.

Weitaus schwieriger stellt sich ein Anknüpfen an die Vorstellungen von Schüler/innen im Zusammenhang mit normativen Fragestellungen heraus, da kein Proband/keine Probandin in der Reflexion des Filmausschnittes auf diese Bereiche (wie etwa einseitige Perspektiven, vermittelte Werte oder Verhaltensmuster zu den Ereignissen) Bezug nahm. Das Fehlen von normativen Konzepten in den Schüleressays ordnet sich jedoch in bekannte geschichtsdidaktische Befunde ein, welche aufzeigen, dass der konstruktive Umgang mit Phänomenen der normativen Triftigkeit sowie mit dem damit verknüpften Fällen und Erkennen von Werturteilen

---

459 Bernhardt 2007, 118.
460 Vgl. Abb. 4.12.

bzw. Perspektiven ein schwach ausgeprägter Aspekt in der schulischen Geschichtskultur, zu dem man den Geschichtsunterricht rechnen sollte, ist.[461]

Hinsichtlich des Aufgreifens von Aspekten der narrativen Ebene zeigen die Schüler/innen eine durchaus weite Bandbreite an möglichen Ansatzpunkten, welche es in historischen Lernprozessen ermöglichen würden, an ein konzeptionelles Verständnis der Probanden/innen anzuschließen. Sowohl Momente der Regie, des Castings und der Schauspielerei als auch der Ausstattung und der Filmtechnik werden herangezogen, um anhand von ganz konkreten Beispielen den Filmausschnitt zu besprechen. Anhand von einer Vielzahl an Beispielen konnte gezeigt werden, dass Schüler/innen, welche narrative Konzepte einbringen, in der Regel eine klare Unterscheidung zwischen „Vergangenheit" und „Geschichte" vornehmen.[462]

Darüber hinaus gibt es in fünfzehn Essays einige Hinweise darauf, dass einzelne Proband/innen auch dazu in der Lage sind, auf einer metareflexiven Ebene, also in einer abstrakten Form über die Problemstellung nachzudenken. Unabhängig von konkreten Momenten im Filmausschnitt (wie z.B. die Figur des Kolumbus, der gezeigte Regenwald) breiten dabei Schüler/innen theoretische Aspekte aus, welche auf basalem Niveau eine abstrakte erkenntnistheoretische Argumentation entwerfen. In diesen Äußerungen offenbaren sich grundlegende Denkstrukturen, welche vor allem hinsichtlich einer Typenbildung des Geschichtsverständnisses bei Schüler/innen hinsichtlich der Unterscheidung von „Geschichte" und „Vergangenheit" von besonderer Bedeutung sind.[463] Eine zu vernachlässigende Größe stellen hingegen konzeptionelle Verbindungen zwischen den hier angenommenen konzeptionellen Ebenen dar. Nur bei 2,5 % der Schüler/innen sind diese anzutreffen.

Die Ergebnisse, welche es als Ist-Standserhebungen vorerst anzunehmen gilt, entsprechen dabei jedoch durchaus bekannten geschichtsdidaktischen Theoriegebäuden und anderen empirischen Annäherungen. Der Fokus der empirisch fachdidaktischen Forschung wäre demnach in Hinkunft durchaus auch auf Entwicklungslogiken zu legen. Hinsichtlich der konkreten Arbeit in den „Klassenzimmern" könnte das empirische Wissen und die davon ableitbaren Systematiken für die fachdidaktische Diagnostik nutzbar gemacht werden.

---

461 Vgl. Kapitel 4.2.4.
462 Vgl. Kapitel 4.2.3.
463 Vgl. Kapitel 4.2.5.

5.2. Geschichtsdidaktische Diagnose im Unterrichtsgeschehen[464]

5.2.1. Was ist fachdidaktische Diagnose?

Durch den Wechsel von der Inhalts- zur Kompetenzorientierung veränderte sich der Fokus von den zu bewältigenden Stoffmengen hin zu den individuellen Lernleistungen der Schüler/innen und ihren je spezifischen Bedürfnissen, um die geforderten fachspezifischen Kompetenzen erwerben zu können. Während „die Lehrenden den Input weitgehend selbst kontrollieren können, erschließt es sich nicht automatisch, welche Kompetenzen die Lernenden tatsächlich erworben haben. Defizite im Kompetenzerwerb sollten nicht erst in zentralen Prüfungen oder Vergleichsarbeiten erkannt werden, sondern – transparent gesteuert durch den Lehrer oder die Lehrerin – den Schülerinnen und Schülern bereits im Unterrichtsgeschehen bewusst werden."[465]

Die in Lerngruppen feststellbare Heterogenität in den Lernvoraussetzungen, aber auch in den Lernfortschritten stellt schulische Systeme vor besondere Herausforderungen.[466] Einen Zugang, um diese Neuperspektivierung im Rahmen des schulischen Lernens verstärkt berücksichtigen zu können, stellt die *fachdidaktische Diagnostik* dar. Dabei handelt es sich um eine gezielte Beobachtung von fachspezifischen Schülerleistungen mit dem Ziel, über systematisches Sammeln und Aufbereiten von Informationen Lernangebote erstellen zu können, um individuelles Fördern und Fordern zu ermöglichen.[467] Im Zusammenhang mit der domänenspezifischen Kompetenzorientierung stehen damit in der Fachdidaktik nicht – wie in der älteren „Pädagogischen Diagnostik" bzw. in der klinischen Psychologie üblich – Störungsbilder oder die Feststellung von Defiziten im Mittelpunkt, sondern es wird versucht, auf Grundlage der Beobachtungen Maßnahmen zu setzen, „mit deren Hilfe auf der Basis theoriegeleiteter Annahmen der Lehr- und Lernerfolg ermittelt wird, um pädagogisches [und didaktisches; C.K.] Handeln zu optimieren."[468] Nach Taubinger/Windischbauer soll Diagnostik in diesem Sinn Lehrer/innen Antworten auf die Frage geben, „an welches Vorwissen, welche Voraussetzungen der Unterricht anknüpfen kann, welche Lernhindernisse zu überwinden sind, welche lernförderlichen Aspekte zu stärken sind. Aus diesen Antworten müssen Angebote für fruchtbare Lernwege und fundierte Lernangebote erwachsen."[469] Für eine Umsetzung im konkreten Unterrichtsgeschehen ist es jedoch als günstig einzustufen, wenn die Leistungsfeststellung (Beurteilung/Benotung) von einer Lernstandserhebung (Diagnose) eindeutig unterschieden bzw. eigentlich sogar strikt getrennt wird, um die Schüler/innen nicht einer permanenten Prüfungssituation auszusetzen bzw. um zeitliche Räume der (Selbst-)Reflexion über ihr historisches Lernen zu schaffen.

---

464 Dieses Kapitel beruht in einer Erweiterung weitgehend auf einem bereits veröffentlichten Beitrag: Kühberger 2012c.
465 Fachgruppe Chemieunterricht/Gesellschaft Deutscher Chemiker 2008, 4.
466 Vgl. Kühberger/Windischbauer 2012, 6ff.
467 Vgl. Jäger 2006, 632.
468 Conrad 2007, 4.
469 Taubinger/Windischbauer 2011, 5.

Lernstandserhebungen können auf ganz unterschiedliche Art und Weise durchgeführt werden. Frank Langler macht dafür drei Dimensionierungen aus (vgl. Abb. 5.1.).

Abb. 5.1. Dimensionen der fachdidaktischen Diagnostik (F. Langner)[470]

> 1) Ergebnisbezogene oder prozessbezogene Diagnostik:
> Dieser Typus „kann primär den erreichten Lernstand bzw. das erreichte Kompetenzniveau reflektieren oder die Fortschritte und Hemmnisse bei der Bewältigung der einzelnen Lernschritte nachzeichnen."
> 2) Punktuelle oder kontinuierliche Diagnostik:
> „Die punktuelle Diagnostik stützt sich auf isolierte Begebenheiten im Fachunterricht […], während die kontinuierliche Diagnostik hinsichtlich einer längeren und zusammenhängenden Unterrichtssequenz erfolgt."
> 3) Lehrer- oder schülergesteuerte Diagnostik:
> Wird die Diagnose nicht durch die Lehrperson vorgenommen, sondern durch die Schüler/innen selbst, indem diese Verfahren der Prozessbeobachtung anwenden, können sie in der Einschätzung von Felix Winter ihr Handeln durchleuchten, erkennen und gegebenenfalls Strategien zur Veränderung anwenden.

5.2.2. Zugänge

Aus fachdidaktischer Perspektive heraus gilt es Diagnoseinstrumente zu entwickeln bzw. einzusetzen, die den Lehrenden einen methodischen Zugang zu der angestrebten Erkenntnis über ihre Schüler/innen legen, um den Lernprozess effizient und adäquat begleiten zu können. Im Geschichtsunterricht wird es daher in Zukunft darauf ankommen, Aufgabenformate und Beobachtungssettings zu entwickeln, die nicht nur einzelne Schüler/innen erfassen, wie dies etwa auch bisher durch Lehrer-Schüler-Gespräche geschehen ist, sondern die in regelmäßigen Abständen auch die Lerngruppe als Ganzes erfassen, um über (teil)standardisierte Herangehensweisen individuelle Rückmeldungen von allen Schüler/innen einer Klasse zu erhalten.[471] Erste Versuche in diese Richtung in der Schulpraxis der gymnasialen Unterstufe haben gezeigt, dass auf diese Weise zentrale Teile des historischen Denkens hinsichtlich ihrer je individuellen Ausprägungen bei den Lernenden abgefragt werden können,[472] um im Anschluss durch gezielte Interventionen an vertiefenden Aspekten arbeiten oder erkannte Defizite des Schülerdenkens oder der Unterrichtsgestaltung ausgleichen zu können. Durch diagnostische Vergleichsarbeiten können daher Einblicke in die heterogenen Lernstandsleistungen gewonnen werden, um davon

---

470 Langner 2007, 61f.
471 Vgl. dazu etwa Zurstrassen 2011.
472 Vgl. Kühberger 2010a. – Es handelte sich dabei um ein anzufertigendes Essay.

ausgehend differenzierte und individualisierte Lernangebote machen zu können. Neben derartigen meist überraschenden Einblicken über Paper-Pencil-Verfahren in das fachliche Denken aller Schüler/innen einer Klasse, die meist in testartigen Anordnungen erhoben werden,[473] sollten aber auch andere Formen von Rückmeldungen als diagnostische Gradmesser herangezogen werden, die per se ein verstärktes individuelles Arbeiten der einzelnen Lernenden einfordern und bei entsprechender Dokumentation des Lernprozesses bzw. der Ergebnisfindung/-begründung auch Rückschlüsse auf die individuellen prozesshaften Lernwege zulassen. Dazu zählen nach Borries etwa (a) kumulative Vorlagen, welche Einblicke in den gesamten Lernprozess ermöglichen (Lerntagebücher, Portfolios, Themenmappen o.ä.), (b) aktive (schriftliche, mündliche oder bildliche) Präsentationen eines konkreten Analyse- oder Syntheseergebnisses (Referate, Essay, Rezension, Darstellung/Narration), (c) Arbeitsberichte oder Produkte, die im Rahmen eines Projektes erstellt wurden, (d) Vollzug eines Rollen-, Plan-, Theaterspiels, (e) langfristige Beobachtungen der individuellen und teammäßigen Arbeitsweise sowie (f) die Wahrnehmung von geschichtskulturellen (geschichts-)philosophischen Aktivitäten außerhalb des Klassenzimmers (vgl. zu unterschiedlichen Diagnoseinstrumenten Kapitel 5.3).[474]

5.2.3. Diagnostische Kompetenz von Lehrpersonen

„Wer als Lehrerin, als Lehrer historisches Lernen anbahnen will, muss in der Lage sein, die Standorte und Denkwege der Schülerinnen und Schüler zu erkennen. Wer das Geschichtsverständnis von Lernenden fördern möchte, muss deren Geschichtsbewusstsein in den Blick bekommen. Dafür sind diagnostische Kompetenzen notwendig"[475] (Gautschi 2005,11).

Die Bereitschaft von Lehrpersonen zur fachdidaktischen Diagnostik erfordert eine intensive Auseinandersetzung mit möglichen Beobachtungsaspekten. Um eine fachdidaktische Diagnose durchführen und nutzen zu können, benötigen Fachlehrer/innen ein domänenspezifisches Kompetenzmodell, eine ausreichende Vorstellung über mögliche Niveaustufen der dort ausformulierten Kompetenzbereiche[476] sowie

---

473 Vgl. Ammerer/Windischbauer 2011.
474 Borries 2007a, 666f. – Die hier angeführten Zugänge sind weit zeitintensiver als punktuelle Testungen, geben jedoch bei einer systematischen Beobachtung unter einer theoriegeleiteten Perspektive gute Einblicke in die Denk- und Lernprozesse der Schüler/innen. Werden derartige „Leistungen" nicht nur beurteilt (Bewertung/Benotung), sondern eben im Sinn der fachdidaktischen Diagnostik genützt und weiterentwickelt, ergeben sich Chancen für eine positive Unterrichtsentwicklung seitens des Lehrenden, aber eben auch für die Anbahnung eines höheren Kompetenzniveaus auf Seiten der Lernenden.
475 Gautschi 2005, 11.
476 Die Niveaustufen werden in vielen Kompetenzmodellen normativ festgesetzt. Das österreichische Kompetenzmodell für politische Bildung geht etwa von einem Lernkorridor aus, der durchschritten werden sollte, ohne jedoch eine normative Festlegung über das Niveau zu treffen. – Vgl. Krammer/Kühberger/Windischbauer et al. 2008, 10ff. – Vgl. zur Graduierung der historischen Kompetenzen: Körber 2007.

„Metawissen, um auf gewonnene Diagnoseergebnisse kompetent zu reagieren, geeignete Arbeitsmittel und Handlungsspielräume und Organisationsstrukturen, um das, was man als richtig und wichtig erkannt hat, auch nachhaltig umzusetzen."[477]

Oftmals stellt es die zentrale Herausforderung dar, einen ausreichend operationalisierbaren Bereich zu identifizieren, der einer Beobachtung zugeführt werden kann. Vage Zielsetzungen (wie z.B. „Kritik" oder „Verantwortung") erweisen sich dafür im Geschichtsunterricht als ungeeignet.[478] Versucht man jedoch etwa zu beobachten, ob den Schüler/innen durch ihre sprachlichen Äußerungen bewusst ist, dass Erzählungen über die Vergangenheit (etwa die der Lehrperson, des Schulbuches oder die eignen) selektive, partielle und retrospektive Re-Konstruktionen darstellen, kann an den Besonderheiten solcher Darstellungen sowohl sprachlich als auch inhaltlich und methodisch gearbeitet werden, um ein tieferes Verständnis für die geschichtstheoretischen Grundlagen des historischen Denkens zu gewinnen.[479] Ähnliches gilt auch für die Diagnose von methodischen Kompetenzen (z.B. Interpretation einer Karikatur)[480]. Erste Instrumente, wie etwa Kompetenzraster, die nach systematischen Beobachtungen durch die Lehrperson standardisierte Rückmeldungen über den Lernstand für die Schüler/innen bieten, ermöglichen eine zeitökonomisch angelegte fachdidaktische Diagnose (vgl. dazu Kapitel 5.3).[481]

Verfügt eine Lehrperson über ausreichende fachdidaktisch-diagnostische Kompetenzen, ist es ihr möglich (a) individuelle domänenspezifische Kompetenzniveaus von Schüler/innen festzustellen, (b) die in Klassen vorhandene Streuung von unterschiedlichen domänenspezifischen Kompetenzniveaus zu erkennen, (c) fachspezifische Lernaufgaben hinsichtlich ihrer Bewältigung vor dem Hintergrund der unterschiedlichen domänenspezifischen Kompetenzniveaus der Schüler/innen zu gestalten sowie (d) deren (Nicht)Bewältigung – auch unter Einbeziehung des sozialen Settings der Lernenden – zu ergründen.[482] Dass dafür neben fachdidaktischen eben auch pädagogische und psychologische Kenntnisse eine Rolle spielen, ist selbstredend.[483]

---

477 Kretschmann 2003, 10f.
478 Borries 2007a, 654.
479 Vgl. ein Beispiel zur Beobachtung sprachlicher Muster von Schülern/innen zur Beschreibung von Rekonstruktionszeichnungen in der 6. Schulstufe: Kühberger 2008b. – Beobachtungen im Lehrgang „Unterrichtspraktikum" an der Pädagogischen Hochschule Salzburg bei Lehrauftritten im Rahmen des Mentoring von Junglehrer/innen im Gymnasium haben gezeigt, dass Schüler/innen den Konstruktionscharakter von Geschichte sowohl theoretisch als auch sprachlich eher nachvollziehen, wenn die Lehrperson diesen im eigenen Unterricht positioniert, begreifbar macht und (sprachlich) vorlebt. So kann anhand von Unterrichtsbeobachtungen festgehalten werden, dass sich Lernende durch die Verwendung des Konjunktivs bei der Re-Konstuktion der Vergangenheit auf Seiten des Lehrers/der Lehrerin eingeladen fühlen, selbst über weitere zulässige Interpretationen der Quellen nachzudenken und Geschichte nicht als ein abgeschlossenes Projekt anzusehen. Die abwägende Haltung der Lehrperson wurde dabei oft übernommen.
480 Vgl. Krammer/Kühberger 2009, 10ff; vgl. auch Windischbauer 2011.
481 Heuer 2007; vgl. auch Kühberger/Windischbauer 2012, 32ff.
482 Vgl. Sander 2009, 63. – Sander führt auch die Diagnose des „Klassenmittels" an, die jedoch vor dem Hintergrund der Erkenntnisse über die Heterogenität von Lernprozessen als überholte Illusion betrachtet werden sollte. – Vgl. Kühberger/Windischbauer 2012, 6ff.
483 Vgl. Hascher 2003.

5.3. Mögliche Diagnoseinstrumente

5.3.1. Essays mit offenen Aufgabenstellungen

Ein Zugang zum historischen Denken von Schüler/innen kann über Essays gelegt werden. Derartige Verschriftlichungen gelten nicht nur im Rahmen von qualitativen Erhebungen als authentische Objekte, deren Umsetzung in Form einer schriftlichen Manifestation ähnlich wie in Lernprozessen durch einen didaktischen Impuls erreicht werden, sondern können auch als diagnostisches Beobachtungstool innerhalb von schulischen Lernprozessen punktuelle Auskunft über die Art des fachspezifischen Denkens und den dabei verwendeten Komplexitätsgrad geben. Auf ähnliche Weise wie in der vorliegenden Untersuchung gewähren derartige schriftliche Erhebungen dem Lehrer/der Lehrerin einen Einblick in die Denkwelten der Schüler/innen, um davon ausgehend weitere Schritte des Förderns und Forderns setzen zu können. Dabei kann man jedoch für den Bereich des schulischen Lernens nicht erwarten, dass sich das Können der Schüler/innen in Abstraktionen zeigt, sondern es wird vor allem anhand von inhaltlich eng am Fallbeispiel geführten Äußerungen erschließbar sein. Diese situationsbezogenen Denkvorgänge sollten jedoch durchaus im Rahmen der fachdidaktischen Konzeption in einer an die Diagnose anschließende Unterrichtseinheit transferfähig gemacht werden, um strukturelle Denkleistungen mittelfristig auch auf andere Fallbeispiele des Umgangs mit Vergangenheit und/oder Geschichte anwendbar zu machen. Eine mehrfache Übersetzungsleistung von den Äußerungen der Schüler/innen hin zum Gemeinten und schließlich zu transferfähigen fachspezifischen Konzepten wird dabei von der Lehrpersonen und einer didaktisierten Lernumgebung geleistet werden müssen.

Abb. 5.2. Beispiel für „Übersetzungen"[485]

Feststellung des Schülers	Extrakt		Transferfähiges fachspezifisches Konzept
„Ich finde es stimmt mit den alten Überlieferungen nicht zusammen."[492]	„Überlieferung"	i.e. „Quelle"	Quelle
	„es stimmt … nicht zusammen"	i.e. Beleggebot des historischen Arbeitens/Rückbezug auf Quellen	Belegbarkeit

Wird den Schüler/innen der Filmausschnitt der Landung von Kolumbus und seiner Crew aus Ridley Scotts Film „1492 – Die Eroberung des Paradieses" vorgeführt, kann daher durchaus mit der Forschungsfrage dieser Untersuchung als Diagnosefrage gearbeitet werden[486] und die Ergebnisse der Klasse mit einem ver-

---

484 Schüleressay Nr. 216.
485 Vgl. zu den fachspezifischen Konzepten: Kühberger 2012a, 46ff.
486 Die Forschungsfrage lautete: „Du hast einen Ausschnitt aus einem modernen Kinofilm gesehen. Zeigt uns dieser Filmausschnitt, wie die Ankunft des Kolumbus 1492 stattgefunden hat? Schreibe *alle* deine Überlegungen dazu in mindestens 50 Wörtern auf."

einfachten Raster, der auf zentrale Aspekte fokussiert, die mit der Intention einer historischen De-Konstruktion von Spielfilmen über die Vergangenheit übereinstimmen, beim Lesen der Essays durch die Lehrperson erfasst werden (vgl. Abb. 5.3.).

Abb. 5.3. Auswertungsschema(exemplarische Auswertungskategorien)

	Name	Erkennt, dass Film eine Konstruktion der Vergangenheit ist	Ist verunsichert, ob der Film die Vergangenheit zeigen kann	Glaubt, dass Film die Vergangenheit abbildet	Bezieht sich auf Fragen der Quellenkritik	Bezieht sich auf die Art der Darstellung/Bauplan	Bezieht sich auf Bewertungen/Perspektiven o. ä.
Schüler/in 1							
Schüler/in 2							
Schüler/in 3							
Schüler/in …							
…							

Eine nicht minder effektive Methode wäre es, den einzelnen Schülern/innen anhand eines Diagnoserasters eine individuelle Rückmeldung zu geben. Dazu würde jedem Schüler/jeder Schülerin in einem eigenen Raster, der in diesem Fall das kritische Arbeiten mit Spielfilmen über die Vergangenheit im Sinn der historischen De-Konstruktion in den Mittelpunkt stellt (Abb. 5.4.), das erreichte Niveau ausgewiesen werden. Die so erstellte relativ zeiteffiziente Rückmeldung entlang von vorgefertigten Rückmeldebausteinen könnte zudem durch kurze schriftliche Erklärungen, Ergänzungen, Ermutigungen etc. erweitert werden. Ein derartiger Diagnoseraster versucht fixierte und gestufte Lernstandards in Form einer Tabelle oder Matrix gegenüber den Lernenden nach festgelegten Kriterien transparent zu machen, um im Sinn eines Feedbacks Möglichkeiten zur Lernreflexion sowie zum Umgang mit einer individuellen Kompetenzentwicklung zu bieten. Gleichzeitig ist es jedoch notwendig, den Schüler/innen zu kommunizieren, welches Niveau (Anforderung) in einer bestimmten Schulstufe erwartet wird, um zwischen jenen Teilaspekten unterscheiden zu können, welche von den Lernenden bereits beherrscht werden, jenen welche in der Performanz weit über das Erwertete hinausgehen bzw. jene, welche weiter vertieft bzw. erworben werden müssen.[487]

[487] Heuer 2007, 29; Kühberger/Windischbauer 2012, 34.

Abb. 5.4. Vorschlag für die Erstellung eines Diagnoserasters „Kritisches Arbeiten mit Spielfilmausschnitten über die Vergangenheit"

Kriterium	Anforderung 1	Anforderung 2	Anforderung 3	Anforderung 4
Bewertungen durch filmische Mittel erkennen (normative Ebene)	Es können keine Bewertungen im Filmausschnitt identifiziert werden.	Es können Bewertungen wahrgenommen werden, doch ihre Herkunft kann nicht angegeben werden.	Es können Bewertungen ansatzweise mit filmischen Mitteln in Verbindung gebracht werden.	Es können Bewertungen eindeutig identifiziert werden und über filmische Mittel begründet werden.
Höhepunkte identifizieren (narrative Ebene)	Es können keine Höhepunkte im Filmausschnitt identifiziert werden.	Es können Höhepunkte benannt werden, doch keine Begründungen angegeben werden, warum es sich dabei um Höhepunkte handelt.	Es können Höhepunkte ansatzweise mit filmischen Mitteln in Verbindung gebracht werden.	Es können Höhepunkte eindeutig identifiziert werden und über filmische Mittel begründet werden.
Geräusche/Musik als Teil der Darstellung erkennen (narrative Ebene)	Die Funktion von Geräuschen und/oder Musik wird nicht erkannt.	Die Funktion von Geräuschen und/oder Musik wird erahnt, kann jedoch nicht anhand des Filmausschnittes belegt werden.	Die Funktion von Geräuschen und/oder Musik wird ansatzweise erkannt und kann durch vage Beispiele aus dem Filmausschnitt begründet werden.	Die Funktion von Geräuschen und/oder Musik wird erkannt und kann anhand von Beispielen aus dem Filmausschnitt begründet werden.
Quellenbezug/Belege als Problem reflektieren (empirische Ebene)	Es können keine Fragen nach der Überprüfbarkeit des Gezeigten formuliert werden.	Es können Fragen nach der Überprüfbarkeit des Gezeigten ansatzweise formuliert werden.	Es können Fragen nach der Überprüfbarkeit des Gezeigten formuliert werden.	Es können Fragen nach der Überprüfbarkeit des Gezeigten sehr differenziert formuliert werden.
usw.				
Kommentar:				

Derartige quantitativ angelegte Auswertungen geben einen schnellen Überblick über das fachspezifische Denkvermögen der Schüler/innen im Zusammenhang mit dem in den Mittelpunkt gestellten Problem. Die einzelnen Zeilen des Rasters müssen dabei jedoch mit angebahnten fachspezifischen Aspekten und der diagnostischen Aufgabenstellung in enger Verbindung stehen.

5.3.2. Testformate mit geschlossenen und halboffenen Aufgabenstellungen

Diagnostische Erhebungen können auch mit geschlossenen Fragestellungen im Paper-Pencil-Testformat durchgeführt werden. Dabei wird durch die Lehrperson die Varainz der Antwortmöglichkeiten eingeschränkt, was man zwar als Nachteil klassifizieren könnte, gleichzeitig gelingt es aber solchen Formaten, eine an den Testkriterien der Objektivität, Reliabilität und Validität ausgerichtete Bewertung zu gewährleisten.[488] Solche diagnostischen Tests eignen sich daher für Lernstandsdiagnosen, um Ist-Stands-Erhebungen zur adäquaten Einschätzung von Lernvoraussetzungen zu einem bestimmten Zeitpunkt zu erhalten, wie etwa am Beginn eines Schuljahres oder beim erstmaligen (oder erneuten) Aufgreifen eines bestimmten Kompetenzbereiches. Im Gegensatz zum Essay oder zur prozessorientierten Diagnose (z.B. Portfolios) gewähren derartige Testformate jedoch wenig Einblicke in individuelle Denkvorgänge und in die damit in Verbindung stehenden konzeptionellen Strukturen der Lernenden, um daran anschließend individuelle Förder-/Fordermaßnahmen zu knüpfen.[489] Aus diesem Grund sollte man diagnostische Tests mit geschlossenen Fragestellungen auch nur als eine Möglichkeit in einem Set an Diagnoseinstrumenten verstehen, um zeitökonomisch eine punktuelle Rückmeldung zu den darin angelegten Aspekten des fachspezifischen Lernens zu erhalten. Sie als einzige Art der fachspezifischen Diagnose zu nutzen, würde daher wenig Sinn machen und der Intention einer diagnostischen Annäherung an Lernprozesse und -leistungen widersprechen.

Für die Konstruktion von geschlossenen Aufgabenformaten gilt es zu beachten, dass[490]

a) diese sich im Kontext der normativen Vorgaben bewegen (z.B. Lehrplanbezug),

b) man entlang eines domänenspezifischen Kompetenzmodells anzugeben weiß, auf welchen Teilaspekt eines Kompetenzbereiches (oder mehrerer Bereiche) man sich damit beziehen, also eine exakte theoretische Vorstellung davon besteht, welcher Aspekt getestet werden soll (hier gilt es u. a. die Lesekompetenz als Hürde von fachspezifischen Aufgabenstellungen mitzudenken),

c) verschiedene Kompetenzniveaus mit den Aufgabenstellungen sichtbar gemacht werden können.

Werden diese Minima zur Konstruktion dieser Formate ernst genommen, sollten die folgenden Aufgaben mit geschlossenen Items nicht nach einer detaillierten Beschäftigung mit dem Filmausschnitt eingesetzt werden, sondern (a) als Einstieg, um Lernvoraussetzungen zu diesem Bereich punktuell zu erheben oder (b) um im Anschluss an die Arbeit mit einem komplett anderen Filmausschnitt, idealer Weise sogar eines anderen Films, der sich einer anderen historischen Epoche annähert,

---

488 Vgl. Taubinger/Windischbauer 2011, 10.
489 Vgl. Paradies/Linser 2007, 84ff.
490 Dannenhauser et al. 2008, 58ff; Kühberger 2011c, 8f.

eine Transfersituation hinsichtlich jener Aspekte zu kreieren, die an einem anderen Objekt erworben wurden. Wie die Aufgabenstellungen im Test mit den geschlossenen Items zeigt (Abb. 5.5.), zielt Aufgabe 1 darauf ab, den Unterschied zwischen Vergangenheit und Geschichte in den Blick zu nehmen, die Aufgaben 2 bis 4 versuchen hingegen verschiedene Aspekte der normativen, narrativen und empirischen Ebene exemplarisch in den Blick zu nehmen.

Abb. 5.5. Beispielaufgaben für einen Test mit geschlossenen Aufgabenstellungen

Nach zweimaligem Abspielen des Filmausschnittes, werden den Schüler/innen folgende Fragen vorgelegt:

Aufgabe 1: Du hast einen Ausschnitt aus einem modernen Kinofilm gesehen. Zeigt uns dieser Filmausschnitt, wie die Ankunft des Kolumbus 1492 stattgefunden hat? Kreuze die Antwort an, die für dich am stimmigsten ist!
- ☐ a) Ja, der Filmausschnitt zeigt es genau so, wie es damals war.
- ☐ b) Ja, der Filmausschnitt kann uns ziemlich genau zeigen, wie es damals war. Die Filmemacher/innen haben ja genau nachgeforscht.
- ☐ c) Ja und nein. Ein Teil war sicher ganz genau so, der andere Teil ist frei erfunden.
- ☐ d) Nein, denn niemand kann etwas Verlässliches über die Vergangenheit herausfinden.
- ☐ e) Nein, der Filmausschnitt zeigt nur, wie es sich die Filmemacher/innen vorgestellt haben.

Aufgabe 2: Warum wissen die Filmemacher/innen, wie die Menschen damals ausgesehen haben?
- ☐ a) Das kann man nicht wissen, weil niemand 1492 dabei war.
- ☐ b) Das weiß man aus Büchern.
- ☐ c) Das weiß man aus Überresten aus der Vergangenheit.
- ☐ d) Das ist alles frei erfunden.
- ☐ e) Das kann man nicht herausfinden. Man müsste mit Menschen von damals sprechen.

Aufgabe 3: Aus welcher Perspektive wird uns die Ankunft des Columbus und seiner Mannschaft erzählt?
- ☐ a) Aus der Sicht der Indianer und der Europäer.
- ☐ b) Aus der Sicht von Christoph Kolumbus.
- ☐ c) Aus der Sicht eines Matrosen.
- ☐ d) Aus der Sicht der ankommenden Europäer.
- ☐ e) Aus der Sicht eines Indianers, der die Ankunft beobachtet.

Aufgabe 4: Versuchten die Filmemacher/innen die Szene der Ankunft in Amerika spannender zu machen?
- ☐ a) Nein, alle Szenen im Filmausschnitt sind gleich gemacht.
- ☐ b) Nein, weil man in Filmen nichts extra spannend machen kann.
- ☐ c) Nein, weil es einfach so abgefilmt wurde, wie es war.
- ☐ d) Ja, eigentlich eher schon und zwar durch die Auswahl der Schauspieler.
- ☐ e) Ja, zum Beispiel durch die Zeitlupe bei den ersten Schritten am neuen Land.

Einen bereits etwas individuelleren Zugang zum fachspezifischen Denken bieten halboffene Aufgabenstellungen. Sie ermöglichen es, dass der Schüler/die Schülerin zwar eine Entscheidung aufgrund einer vorgegebenen Struktur treffen muss, aber gleichzeitig etwa durch das Abgeben einer Begründung subjektive Denkstrukturen erfasst werden können (Abb. 5.6.). Im Gegensatz zum geschlossenen Format hat man dabei die Möglichkeit, die Denkwege und Gedanken, die hinter den Aussagen der Schüler/innen stehen, kennenzulernen und analysierbar zu machen.

Abb. 5.6. Beispielaufgaben für ein Testformat mit halboffenen Aufgabenstellungen

Den Schüler/innen werden die halboffenen Fragestellungen vorgelegt und sie werden dazu aufgefordert, nach dem Lesen der Aussage (a) eine grundsätzliche Entscheidung zu treffen und (b) diese in wenigen Sätzen unter Bezugnahme auf den Filmausschnitt zu begründen.

Aussage 1:

Der Filmausschnitt kann die Vergangenheit abbilden. Die Ankunft des Kolumbus und seiner Mannschaft hat sicher genau so wie im Film stattgefunden.		
	Ich stimme der Aussage zu. ☐	Ich stimme der Aussage nicht zu. ☐
Begründung: Ich habe mich so entschieden, weil ….		

Aussage 2:

Die Menschen waren damals so gekleidet, wie im Film dargestellt.		
	Ich stimme der Aussage zu. ☐	Ich stimme der Aussage nicht zu. ☐
Begründung: Ich habe mich so entschieden, weil …		

Aussage 3:

Der Film zeigt die Ankunft des Kolumbus aus der Sicht der ankommenden Europäer.		
	Ich stimme der Aussage zu. ☐	Ich stimme der Aussage nicht zu. ☐
Begründung: Ich habe mich so entschieden, weil …		

5.3.3. Portfolios[491]

Portfolios sind Mappen (auch in elektronischer Form), „in denen Arbeitsergebnisse, Dokumente, Visualisierungen und alle Arten von Präsentationen bis hin zu audio-visuellen Dokumentationen oder Kunstwerken eigenständig von Lernern gesammelt und gesondert reflektiert werden. Das Portfolio soll während einer Ausbildungs- oder Lernphase dazu anhalten, wichtige Inhalte, Methoden und Ergebnisse (pieces of evidence) gezielt zu beobachten und schriftlich oder in anderer Form dokumentiert festzuhalten. Gleichzeitig soll dieser Vorgang gezielt reflektiert werden, um vor schematischen Übernahmen zu schützen und eigenständige Urteile zu fördern."[492] Auf diese Weise können geschickt genutzte Lernportfolios für eine fachdidaktische Diagnostik, die sich auf stark individuelle Lernfortschritte einlässt, einen wertvollen Beitrag leisten, vor allem dann, wenn in ihnen nicht nur einmalige punktuelle Outputs (z.B. eine einmalige Interpretation einer bildlichen Quelle) gesammelt, sondern auch gezielt geplante, prozessorientierte Ergebnisse festgehalten werden (z.B. komplexere und zeitlich anspruchsvollere Arbeitsaufgaben, die bereits bekannte Zugänge oder Kenntnisse in Transfersituationen wieder aufnehmen).[493] Für eine solche Diagnose, die eben stets auch die fachdidaktische Progression im Rahmen des historischen Lernens im Auge behält, sind Prozessportfolios vor allem dann von Nutzen, wenn es durch sie gelingt, eine domänenspezifische Kompetenzentwicklung kontinuierlich zu begleiten und zu dokumentieren, um sie im zeitlichen Verlauf beobachtbar zu machen. So könnte man Übungen zu einer bestimmten (Teil-)Kompetenz zu unterschiedlichen Zeitpunkten im Schuljahr als Portfolioarbeiten konzipieren, die versuchen den Transfer (also das Nutzen von „altem" Wissen zur Lösung „neuer" Probleme[494]) sowie die damit verbundenen Denkprozesse der Schüler/innen systematisch offen zu legen. Die Lehrer/innen würden auf diese Weise die Chance erhalten, die Leistungen desselben Schülers/derselben Schülerin im Bezug auf ein in der Konzeption des Portfolios berücksichtigten Kriteriums (z.B. die Entwicklung der Unterscheidung von „Geschichte" und „Vergangenheit" anhand unterschiedlicher Darstellungen der Vergangenheit) über mehrere Monate hinweg zu beobachten, um Rückschlüsse auf den individuellen Kompetenzerwerb ziehen zu können. Verwendet man so erhobene diagnostische Beobachtungen als Lehrer/Lehrerin in einer auf die eigene Unterrichtsarbeit rückbezogenen Art und Weise, wird man nicht nur über das Kompetenzniveau der Lernenden informiert, sondern erhält auch Informationen zur Verbesserung der (fach)didaktischen und methodischen Gestaltung des eigenen Unterrichts.[495]

Ein beispielhafter Zugang soll dies verdeutlichen: Im ersten Lernjahr Geschichte (Sekundarstufe I) bietet es sich entlang des österreichischen Lehrplanes im Fach

---

491 Dieses Unterkapitel orientiert sich auch an der Erstveröffentlichung: Kühberger 2012c.
492 Reich, Kersten (Hg.): Methodenpool. In: http://methodenpool.uni-koeln.de/download/portfolio.pdf (24.4.2013).
493 Zur Portfolioarbeit vgl. Adamski 2003a; Adamski 2003b; Häcker/Winter 2010; Kühberger/Windischbauer 2012, 35ff; Sauer 2006, 294.
494 Mürwald-Scheifinger/Weber 2011, 117.
495 Vgl. Krammer/Kühberger 2009, 9.

„Geschichte und Soziakunde/Politische Bildung" an, sich an mehreren Stellen mit dem Konstruktionscharakter von Darstellungen der Vergangenheit zu beschäftigen. Den Schüler/innen werden dazu im Unterricht zur Ur- und Frühgeschichte *Rekonstruktionszeichnungen* vorgelegt, die hinsichtlich ihrer Möglichkeit die Vergangenheit abzubilden befragt werden und gleichzeitig nach der möglichen Quellengrundlage, die man für eine redliche Re-Konstruktion benötigen würde. Zudem wird zwischen erfundenen Elementen (*Ficta*) und belegbaren Elementen (*Facta*) unterschieden.[496] Im Kapitel zur römischen Geschichte wird dieser Aspekt anhand eines Spielfilmes über die Vergangenheit (z.B. eine Szene am Beginn des Spielfilms „Gladiator" (Ridley Scott/2004) wieder aufgegriffen. Diesmal erlernen die Schüler/innen jedoch nicht wie bei den Rekonstruktionen zur Ur-/Frühgeschichte den Umgang mit systematischen Frageraster und engen Analyseschritten, wie man derartige Darstellungen der Vergangenheit befragt, sondern sie werden vielmehr mit Spielfilmausschnitten konfrontiert und es wird ihnen eine offene Fragestellung vorgelegt (z.B. „Zeigt der Filmausschnitt die Vergangenheit tatsächlich so, wie die Ereignisse stattgefunden haben? Überlege genau und begründe deine Antwort!"). Durch das Lesen und Auswerten der Begründungen wird es der Lehrperson ermöglicht zu erkennen, welche Aspekte der bereits in der Ur-/Frühgeschichte eingeführten Problematik die Schüler/innen bereits in einer Transfersituation bewältigen können und an welchem konzeptionellen Vorstellungen zu deren Weiterentwicklung zu arbeiten ist. Der Filmausschnitt wird nämlich nach der schriftlichen und offenen Diagnoseaufgabe durchaus wieder zum systematischen Lerngegenstand im Geschichtsunterricht. Die mit den Rekonstruktionszeichnungen grundgelegten Aspekte können auf diese Weie in einer Transfersituation gefestigt, erweitert und ausdifferenziert werden. Dazu bietet sich etwa die filmische Perspektive auf das Gezeigte an oder filmtechnische Mittel, welche auf die Wahrnehmung der Darstellung der Vergangenheit Einfluss nehmen.

Diese Herangehensweise sollte im Verlauf des Unterrichtes an weiteren Beispielen vertieft werden. Dazu bieten sich einerseits bereits bekannte Darstellungsformen an (hier: Rekonstruktionszeichnungen, Spielfilmausschnitte), aber auch Gattungen wie etwa Sach-/Schulbuchtexte, Comics, TV-Dokumentationen, Reportagen als Hypertext auf Internetseiten, Computerspiele o. ä.

5.3.4. Mit dokumentierten Denk- und Lösungswegen arbeiten

Ein Ansatz, der auf das „Dialogische Lernen" nach Urs Ruf und Peter Gallin zurückgeht,[497] versucht die Schüler/innen im Lernprozess mit ihren eigenen Denk- und Lösungswegen zur Bewältigung von Arbeitsaufträgen zu konfrontieren. Durch eine reflektierte und (selbst-)reflexive Herangehensweise an das eigene (fachspezifische) Denken und die damit eingeschlagenen Lösungswege wird es möglich, das (fachspezifische) Denken selbst in den Mittelpunkt von Lernprozessen zu stellen

---

496 Vgl. Kühberger/Schmidt 2011.
497 Vgl. Ruf/Keller/Winter 2008.

und nicht nur die Ergebnisse bzw. Lösungen einer Aufgabe. So ist es etwa möglich, dass die Lernenden die fachspezifischen Aufträge (z.B. das kritische Hinterfragen eines Spielfilmausschnittes über die Vergangenheit) derart bearbeiten, dass sie all ihre bei der Bearbeitung des Auftrages auftretenden Denk- und Lösungswege schriftlich dokumentieren. Die Lösung des Auftrages, welche klassisch im Zentrum von Unterricht stand, wird dabei um den Denkweg zur Erreichung dieses Zieles ergänzt. Auf diese Weise soll der Dialog zwischen dem Lerngegenstand (Sache) und dem Subjekt (Schüler/in) erreicht werden. Durch die Verschriftlichung werden vage Gedanken strukturiert und konkretisiert, es wird ein Abstand gewonnen zum eigenen Ich im Lernprozess und eine metareflexive Haltung gegenüber Lernerfahrungen eingenommen.[498]

Abb. 5.7. Exemplarischer Arbeitsauftrag

Arbeitsauftrag:
Wir haben uns bereits öfters mit verschiedenen Darstellungen der Vergangenheit beschäftigt. Wenn du nun diesen Filmausschnitt kritisch hinterfragen solltest, wie gehst du dabei vor? Erkläre mir Schritt für Schritt, was du dabei machst. Schreibe alle deine Denkwege, Überlegungen und auch Zweifel auf.

Eine so gestaltete Aufzeichnung dokumentiert für den Schüler/die Schülerin (vgl. Abb. 5.7.), aber auch für die Lehrperson den Lernstand im Umgang mit einem zu lösenden Problem. Die Texte der Lernenden sollten dabei jedoch nicht nur hinsichtlich einer fachspezifischen Diagnostik durchforstet werden, sondern auch genutzt werden, um davon ausgehend in einer Rückkoppelung den Schüler/innen neue Lernangebote im Sinn einer günstigen Passung zu unterbreiten. Der Text selbst wird dabei Lerngegenstand in der Art, dass alle Schüler/innen ihre Texte ihren Klassenkolleg/innen zur Verfügung stellen. Nach Beendigung ihrer schriftlichen Reflexionen und der Darlegung ihrer Zugangsweise, wie dies im Arbeitsauftrag formuliert wurde (Abb. 5.7.), wird es den Lernenden ermöglicht, die Ergebnisse der anderen Schüler/innen zu lesen und zu kommentieren. Dazu stehen alle Schüler/innen auf, lassen jedoch ihren eigenen Text am eigenen Platz liegen. Sie gehen im Anschluss zu einem fremden Text eines Mitschülers/einer Mitschülerin und lesen diesen. Als Kommentar sollten die Schüler/innen je ein positives Feedback (ca. 3–4 Zeilen) zu Momenten hinterlassen, die ihnen besonders gut gefallen haben oder die sie selbst noch nie so gesehen haben. Ist eine Schülerin/ein Schüler mit dem Lesen und Feedbackschreiben fertig, steht sie/er auf und wartet, bis auch ein anderer Schüler/eine andere Schülerin soweit ist und kann so auf den nächsten Arbeitsplatz wechseln usw. Je nach Geschwindigkeit sollten Schüler/innen bei diesem Zugang zwischen 2 und 5 Texte gelesen und kommentiert haben. Auf diese Weise erhalten die Lernenden einen vielschichtigen Einblick in die Gedankengänge ihrer Mitschüler/innen und können so ihre eigenen Gedanken daran reiben,

---
498 Vgl. Ruf 2008, 244f.

erweitern, umbauen, kritisch hinterfragen usw. Kehren nach einer bestimmten Zeit wieder alle zu ihren eigenen Plätzen zurück, erhalten sie dort nochmals ein ganz persönliches Feedback zum eigenen Text und können lesen, was die anderen Schüler/innen, welche den Text gelesen haben, hinterlassen haben.[499] Diagnose ist in dieser Variante kein isolierter, vom Unterrichtsgeschehen abgekoppelter Fremdkörper, sondern integraler Bestandteil des Unterrichts selbst. Auch die Lehrpersonen können sich an dieser interaktiven Schreibarbeit beteiligen, um einerseits einen Ad-Hoc-Einblick in einige Schülerarbeiten zu bekommen, andererseits, um über den eigenen Text einige Momente zu positionieren, die im Zusammenhang mit der Arbeitsaufgabe aus fachdidaktischer Sicht als zentral erscheinen.

Für eine produktive Weiterarbeit mit den Schülerarbeiten sammelt die Lehrperson die Essays für die Vorbereitung der nächsten Stunde ein. Um in der nächsten Unterrichtseinheit mit den konkreten Ergebnissen und individuellen Gedankengängen der Lernenden weiterzuarbeiten, erarbeitet die Lehrperson eine aus verschiedenen Schülerstatements zusammengestellte Vorlage, in der gelungene Beobachtungen bzw. Analyseansätze in Form von Auszügen aus den Schülerarbeiten (im Idealfall als kopierte Autographensammlung) enthalten sind. Alternativ könnten sich die Schüler/innen auch nur mit einer besonders gelungenen Schülerarbeit beschäftigen. Ziel ist es jedenfalls, dass die Lernenden sich damit beschäftigen, warum die von der Lehrperson ausgewählten Ausschnitte bzw. die Schülerarbeit vor dem Hintergrund einer zu erstellenden kritischen Filmanalyse als besonders gelungen gelten kann.

Über einen derartigen Zugang kann es gelingen, über die Schülerprodukte (i.e. Manifestationen des historischen Denkens) in die Mechanismen einer adäquaten systematischen Analyse von Spielfilmen über die Vergangenheit einzudringen. Anzustrebendes Ziel könnte es darüber hinaus sein, dass die Lernenden aus den eigenen gelungenen Denkansätzen einen Analyseraster oder Tipps für ein kritisches Rezipieren von Darstellungen der Vergangenheit in filmischer Form ableiten.[500]

Die Lehrperson erhält durch eine derartig intensive Weiterarbeit mit den Schüleressays einen Einblick in die verschiedenen individuellen Denkwege und einen guten Überblick über den Stand der Lerngruppe. Durch eine gezielte Auswahl an Ausschnitten aus den Schülerarbeiten können intendierte Lernwege initiiert werden. Damit wird eine fachspezifische Diagnose an eine unmittelbare Weiterarbeit im Unterricht gekoppelt.

---

499 Vgl. Gallin 2008, 102f.
500 Ruf 2008.

6. Umsetzungsmöglichkeiten für den Unterricht – „1492" als Beispiel

6.1. Möglichkeiten der historischen De-Konstruktion am Beispiel von Spielfilmen über die Vergangenheit

Reinhard Krammer

6.1.1. De-Konstruktionskompetenz[501] – ein Ziel des historischen Lernens

Geschichtserzählungen sind Re-Konstruktionen der Vergangenheit unter Zuhilfenahme von Quellen. Was und wie erzählt wird, das hängt von der Qualität und Quantität der Quellen ebenso ab wie vom Wissen, der Einstellung und der Intention derjenigen, die re-konstruieren. Wer in einem Spielfilm Geschichte lebendig werden lässt, wendet sich in der Regel an ein historisch nicht vorgebildetes Publikum und verbindet damit primär kommerzielle Interessen.[502] Geschichte wird im Film schon deshalb anders erzählt als es eine wissenschaftliche Abhandlung, ein Schulbuchtext oder ein Ausstellungskatalog tut. Spannend und attraktiv, das wollen Spielfilme sein – die Produzent/innen sind ja auf hohe Besucherzahlen angewiesen – und deshalb wird die Nähe zur historischen Realität zumeist als mehr oder weniger nachrangig eingestuft. Aber auch wenn eine möglichst große Übereinstimmung mit dem historischen Geschehen angestrebt wird: Filmische Darstellung von Vergangenheit hat notwendigerweise immer auch Fiktion zum Inhalt. Vieles, von dem Filme erzählen, ist noch nicht erforscht oder wird unterschiedlich gesehen: Der Film muss dennoch Entscheidungen treffen und Persönlichkeiten, Ereignisse und Gegenstände des täglichen Gebrauchs auch dann im Bild zeigen, wenn sich die Geschichtswissenschaft – was sie betrifft – nicht einig ist oder das Fehlen entsprechender Quellen Sicherheit ausschließt.[503]

Jede/r der/die einen Film mit historischen Inhalten herstellt, durchläuft notwendigerweise die Operationen des Geschichtsbewusstseins,[504] indem die Filmemacher/innen zunächst von einem bestimmten vergangenen Geschehen Kenntnis genommen haben und dieses als für eine filmische Darstellung als geeignet befunden wird. In einer zweiten Phase werden genauere Informationen aus Quellen und anderen Darstellungen beschafft. Es werden eigene Vorstellungen von der Bedeutung der Ereignisse sowohl in ihrer Zeit als auch für die Gegenwart entwickelt und nach den Ursachen und Folgen gefragt. Dadurch wird das vergangene Geschehen zu *ihrer* Geschichte und zum Plot für einen Film.

---
501 Vgl. zum theoretischen Hintergrund Kapitel 1.3.
502 Dazu etwa Manfred 1992, 60.
503 Zur Authentizität von Filmen: Zemon Davies 1991.
504 Schreiber 2002.

Wollte man aber Spielfilme nur auf die historische „Wahrheit", auf ihre Nähe zu den Quellen hin untersuchen, so hieße das, auf halbem Wege stehen zu bleiben. De-Konstruieren heißt, die konstruierte Einheit der erzählten Geschichte wieder aufzulösen und nach den Kriterien für die Auswahl, Gewichtung und Deutung der Inhalte und den damit verbundenen Intentionen zu fragen. De-Konstruieren meint auch, (selbst-)reflexiv an sich selbst die Wirkungen zu erkennen, die die Geschichtserzählung auslöst.

Im Fokus der De-Konstruktion stehen zudem die durch die Filme transportierten Wertmaßstäbe, die Schlussfolgerungen, die für die Gegenwart nahegelegt und die historisch-politischen Urteile, die direkt oder indirekt gefällt werden. Historischen Spielfilmen oder besser: geschichtsbezogenen Spielfilmen[505] ist nicht selten der Hang zum Moralisieren und zur politischen Belehrung eigen und geschichtliche Ereignisse und Personen werden deshalb oft mit leichter Hand in die Kategorien gut/böse und richtig/falsch gepresst. Einen Spielfilm zu de-konstruieren heißt, solche Deutungen der Vergangenheit kritisch zu analysieren, indem man die Interessen und Absichten jener, die Geschichte im Film erzählen, ebenso transparent zu machen versucht wie die Konsequenzen, die diese für die Geschichtserzählung haben.

Nur methodisch kontrolliertes Vorgehen kann den Schüler/innen verständlich machen, wie perspektivisch, funktional und parteilich die Darstellung politischer und historischer Probleme im Film sein kann und wie folgenreich eine unreflektierte und naive Rezeption für das eigene Geschichts- und Politikbewusstsein ist.[506] Dies setzt freilich entsprechend ausgebildete Lehrer und Lehrerinnen voraus.[507]

Eine so verstandene Filmarbeit sollte in jedem Falle einer naheliegenden Versuchung nicht erliegen: Den pädagogischen Zeigefinger allzu hoch zu erheben und so die sinnliche und intellektuelle Freude am Film zu gefährden. Kompetentes Arbeiten mit dem Film muss in jedem Falle darauf angelegt sein, das kritische Interesse am Film zu fördern und sollte nicht zur Folge haben, dass Jugendliche der Filme überdrüssig werden. Eine attraktive Filmarbeit wird dann nicht gelingen, wenn der Lehrer/die Lehrerin sich zum Richter/zur Richterin über „einseitige und falsche Deutungsrichtungen"[508] aufschwingt, die Gespräche über Filme also entlang eines „Richtig-Falsch-Schemas" verlaufen und so einer spontanen und engagierten Teilnahme der Schüler/innen entgegenstehen. Individuelle und nicht von allen geteilte Sichtweisen der Schüler/innen sind – wenn sie den historischen Quellen nicht entgegenstehen – nicht zu diskreditieren, sondern zu akzeptieren.

Die Einsicht, dass Vergangenheit und Geschichte (also die vorliegenden re-konstruierten Teile der Vergangenheit) nicht deckungsgleich sind und sein

---

505 Der in der Literatur häufig verwendete Begriff „historischer Spielfilm" ist zweideutig und daher unglücklich gewählt. ‚Historische Spielfilme' – das können auch Filme sein, die sich nicht auf historische Ereignisse beziehen, sondern selbst eine historische Bedeutung erlangt haben. „Geschichtlicher Film", „geschichtsbezogener Film" oder „Geschichtsfilm" sind Bezeichnungen, die Filme mit historischen Inhalten präziser benennen.
506 Dazu immer noch gültig: Borries 1983.
507 Schreiber 2007b.
508 Meyers 2001, 257.

können, ist nicht selbstverständlich, sie stellt vielmehr das Resultat von anspruchsvollen Lehr- und Lernprozessen dar und ist wesentlicher Teil eines „reflektierten Geschichtsbewusstseins". Den Lernenden zu ermöglichen, sich die Kompetenzen anzueignen, die sie brauchen, um mit den historischen Narrationen sachkundig und kritisch umzugehen, mit der sie in ihrer Lebenswelt konfrontiert werden, ist eines der wichtigsten Anliegen des historischen Lehrens und Lernens.[509]

Von allen Medien, die Geschichte erzählen, beeinflusst vielleicht der Film und das Fernsehen das Geschichtsbewusstsein Jugendlicher am intensivsten.[510] Dass diese Medien Geschichte in erheblichem Ausmaß transportieren, das beweist schon ein knapper Blick auf die Kino- und TV-Programme. Viele Filme, die sich mit historischen und politischen Themen auseinandersetzen, zählen seit geraumer Zeit zu den Kassenschlagern im Kino und erzielen hohe Auflagen beim Verkauf von DVDs. Im Unterschied zu anderen Arten der Geschichtserzählung erfreuen sich diese Spielfilme offensichtlich auch bei Jugendlichen großer Beliebtheit.

6.1.2. Die Eigengesetzlichkeit des Filmes

Produzent/innen, Regisseur/innen und Schauspieler/innen sind zu allererst an hohen Zuschauerzahlen interessiert und bevorzugen deshalb gestalterische Mittel, die geschichtliche und politische Themen auf unterhaltsame und spannende Art präsentieren. Historische und politische Themen mit einer abwägenden, die verschiedenen Parteien zu Wort kommen lassenden Grundintention darzustellen, ist mit dieser Absicht kaum vereinbar. So werden Akzente gesetzt, die nicht unbedingt mit den Ergebnissen politik- und geschichtswissenschaftlicher Forschung übereinstimmen, die aber der filmischen Erzählung jene Attraktivität verleihen, die sie braucht, um viele Menschen zum Kauf der Kinokarte zu veranlassen. Wie andere Medien auch, weist der Spielfilm also einige Eigengesetzlichkeiten auf und verfügt über ganz spezifische Optionen bei der Gestaltung einer historischen Narration.

Beim Betrachten eines Geschichtsfilms bewegt man sich auf drei zeitlichen Ebenen (Abb. 6.2.). Die Zeit, in der wir einen Film sehen, gibt die Fragen vor, die wir an einen Film stellen und sie prägt unser Interesse an der dargestellten Zeit. Unsere Wertvorstellungen und politisch-moralischen Haltungen, die wir an den Film heran tragen, sind an die jeweilige Gegenwart gebunden. Die Zeit, in der der Film gedreht wurde, ist maßgeblich für die damalige Sichtweise auf die dargestellten Ereignisse und mit verantwortlich für die Perspektive, aus der die Ereignisse erzählt werden. Die Zeit, in der die Handlung des Filmes spielt, also die dargestellte Zeit, bildet die dritte Ebene.

---

509 Schreiber et al. 2006. – Über den Beitrag der Filmarbeit zur Förderung historischer Sach-, De-Konstruktions- und Orientierungskompetenz: Reinhard 2010.
510 Vgl. dazu etwa Baumann 1999.

Abb. 6.1. Beispiele für neuere geschichtsbezogene Filme

Im Westen nichts Neues (1979), Die weiße Rose (1982), Gandhi (1982), Danton (1983), The Killing Fields – Schreiendes Land (1984), Platoon (1986), Full Metal Jacket (1987), Auf Wiedersehen Kinder (1987), Georg Elser – Einer aus Deutschland (1989), Hitlerjunge Salomon (1989), JFK – Tatort Dallas (1991), Malcolm X (1992), Swing Kids (1993), Schindlers Liste (1993), Forrest Gump (1994), Nixon (1995), Titanic (1997), Amistad (1997), Comedian Harmonists (1997), Der schmale Grat (1998), Gladiator (2000), Marlene (2000), Thirteen Days (2000), Pearl Harbour (2001), Die Wannsee-Konferenz (2001), Andreas Hofer – Die Freiheit des Adlers (2002), Der Pianist (2002), Alexander (2004), Hotel Ruanda (2004), Stauffenberg (2004), Der Untergang (2004), Königreich der Himmel (2005), München (2005), Sophie Scholl – Die letzten Tage (2005), Das Leben der Anderen (2006), Neger, Neger, Schornsteinfeger! (2006), Elizabeth – Das goldene Königreich (2007), Operation Walküre – Das Stauffenberg Attentat (2008), Der Baader Meinhof Komplex (2008), Die Päpstin (2009), Das weiße Band – Eine deutsche Kindergeschichte (2010), The King's Speech (2010), Jud Süß – Film ohne Gewissen (2010), Die Eiserne Lady (2011), Argo (2012) uvm.

Abb. 6.2. Die drei Zeitebenen der Filmanalyse

Zeitebene 1	Zeitebene 2	Zeitebene 3
Die Gegenwart (die Zeit, in der der Film gesehen wird) ⇩	Die Zeit, in der der Film hergestellt wurde ⇩	Die Zeit, in der die Handlung des Filmes spielt ⇩
Maßgeblich für das Interesse, das dem Film entgegengebracht wird: Die gegenwärtigen Probleme, Ängste, Hoffnungen und Erwartungen formen auch den Blick auf die Vergangenheit.	Maßgeblich für die Perspektiven und Sichtweisen des Regisseurs/der Regisseurin und der Schauspieler/innen. (Wie sah eine Zeit eine andere Zeit? Was erfahren wir über die Entstehungszeit des Filmes und über Wertvorstellungen, Mentalitäten, Hoffnungen, Ängste?)	Geschichtserzählung als Resultat der Re-Konstruktion. Als solche abhängig von der Zeitebene 2. (Wie wird Vergangenheit rekonstruiert? Was wird berichtet, was verschwiegen? Etc.)

Filme mit historischem Bezug pflegen Vergangenheit mit ganz unterschiedlichem Realitätsanspruch zu re-konstruieren. Die im Film angewendeten Mittel erzeugen aber in jedem Fall eine Suggestivität, wie sie anderen Narrationen weitestgehend fehlt.

Das hat einerseits den Vorteil, dass die Dynamik des Spielfilms Geschichte plastischer und fesselnder erscheinen lässt, andererseits verleitet die Überzeugungskraft des Filmes die Zuseher/innen nur allzu leicht dazu, die filmische Darstellung mit der historischen „Wahrheit" in eins zu setzen. Hinweise wie „Nach einer wahren Begebenheit" im Vorspann des

Filmes verstärken diesen fälschlichen Eindruck noch. Wer sich aber der Verführungskraft einer filmischen Geschichtserzählung ausgeliefert sieht, wer außer Stande ist, die individuellen Sichtweisen, Urteile und Schlussfolgerungen zu identifizieren und zu kritisieren, dem fehlt es an Mündigkeit dem Medium gegenüber. Daher sollten Schüler/innen Gelegenheit erhalten, zumindest exemplarisch die De-Konstruktion von Filmen mit historischem Inhalt einzuüben.

Nicht die im Film gezeigten historischen Ereignisse sind also primär Gegenstand des Lernens, sondern mit welcher Absicht und mit welchen filmischen Mitteln davon erzählt wird.

Um Filme über die Vergangenheit „de-konstruieren" zu können, brauchen Schüler/innen allerdings neben einem ausreichenden Fundus an Kontextwissen, das das jeweilige historische Thema betrifft, einige anspruchsvolle Fähigkeiten und Fertigkeiten: Die Fähigkeit zur Wahrnehmung der „Eigenlogik" des Mediums etwa ist eine der unverzichtbaren Voraussetzungen für eine kompetente Auseinandersetzung mit dem Film.

Wer einen Film herstellt, der wird Wert darauf legen, sein Publikum kognitiv nicht zu überfordern. Die Komplexität vergangenen Geschehens wird daher reduziert, die Geschichte vereinfacht und für die Zuseher/innen leichter verständlich gestaltet werden. Historische Spielfilme zeigen Ereignisse der Geschichte als „Story", teils bezugnehmend auf tatsächliche Begebenheiten, wie es bei der filmischen Aufarbeitung von Biographien, Revolutionen, Kriegen etc. der Fall ist, teils anhand einer rein fiktiven, also erfundenen Handlung, die vor einem historischen Hintergrund abläuft. In den meisten Fällen ist der Film von einer moralischen Botschaft getragen, die sich an die Betrachter/innen in der Gegenwart richtet. Im Wissen um den Umstand, dass ein Geschehen umso stärker berührt, als es Gelegenheit gibt, sich mit dem Handeln teilhabender Menschen zu identifizieren, wird der Regisseur/die Regisseurin eines Filmes die Taten und die Entscheidungen einzelner Menschen stärker in den Vordergrund der Geschichte stellen und für den Fortgang des Geschehens als bestimmender zeigen, als sie es in Wahrheit gewesen sind. Komplizierte ökonomische und politische Bedingungen historischer Vorgänge bleiben hingegen abgeschattet, die historischen Prozesse werden häufig linear und monokausal beschrieben.

„Good guys" als Identifikationsangebote und „bad guys" als Objekte der Abneigung des Kinopublikums – es liegt auf der Hand, welchen Einfluss solche Stigmatisierungen auf die historische Narration haben. Welche historischen Personen, Gruppen und Parteien dadurch positiver und welche negativer Konnotation verfallen – die Geschichtserzählung erfährt dadurch ihre spezifische Ausprägung, die Geschichte ihre Deutung.

Die Notwendigkeit, historische Ereignisse und Sachverhalte in einen Spannungsbogen einzupassen – der Film soll ja „verkauft" werden –, hat zur Folge, dass das Unerwartete und Überraschende betont und der Psychologie und auch der Erotik ein hoher Stellenwert im Geschehen zugemessen wird. Der Regisseur/die Regisseurin greift damit in die geschichtlichen Ereignisse erzählerisch gestaltend und verändernd ein. Dass die Geschichtserzählung sich so vom realen historischen Geschehen mehr oder weniger weit entfernt, wird dabei billigend in Kauf genommen.

6.1.3. Fragen an einen Spielfilm

Um der Eindringlichkeit und Suggestivität der bewegten Bilder nicht zu erliegen, ist die Fähigkeit dienlich, die angewandten filmischen Mittel identifizieren und ihre Wirkung bewusst wahrnehmen zu können.[511] Worauf im Geschehen die Kamera fokussiert ist, wen sie in Großaufnahmen oder aus welch anderer Perspektive zeigt, wer allenfalls an der Peripherie in den Blick kommt – das alles ist Teil der Erzählung. Musikuntermalung, Zeitlupen- bzw. Zeitrafferverwendung und Einsatz der Symbolik – dies bewusst wahrnehmen und die Wirkung analysieren zu können, ist Voraussetzung der kompetenten De-Konstruktion einer filmischen Narration.

Wenn Schüler/innen noch wenig Erfahrung mit Filmarbeit mitbringen[512], dann eignen sich offene Gespräche über den Film(ausschnitt) zunächst besser als ein straff gelenktes, schnell als einengend empfundenes analytisches Vorgehen. Solche Erstgespräche werden sich vor allem der Wirkung des Filmes auf die Schüler/innen widmen: Was hat gefallen, was nicht? Was ist besonders aufgefallen? Was wurde vermisst? Bei diesen offenen Gesprächsformen ist eine systematische Dekonstruktion allerdings noch nicht möglich, daher wird es notwendig sein, in einem zweiten Durchgang konkrete Fragen zu stellen, Fragen, die Impulse geben, sich genauer mit dem Gesehenen und Gehörten auseinander zu setzen.

In Bezug auf die angewendeten filmischen Mittel könnten die Fragen
- den eingebauten Spannungselementen und deren Auswirkung auf die Erzählung der historischen Ereignisse (was wird dadurch betont, was vernachlässigt),
- einer möglicherweise problematischen Personalisierung (wird der Fortgang der Geschichte ursächlich auf das Handeln einiger wichtiger Persönlichkeiten zurückgeführt?),
- den Besonderheiten der Kameraführung (Einstellungen, Perspektiven),
- den Effekten der Lichtgestaltung, der Schnitttechnik (weiche und harte Schnitte), der Montage (Blendtechniken),
- und den verwendeten Symbolen (Welche und wofür stehen sie?)

gelten!

Ein Vorgehen entlang eines reflektierten Fragekonzeptes ist schon deshalb notwendig, weil Spielfilme in wenigen Augenblicken eine große Informationsfülle übermitteln können. Wie ein historischer Ort ausgesehen hat, wie Gebrauchsgegenstände hergestellt und benutzt wurden, wie die handelnden Personen gekleidet waren, darüber ist ebenso in kurzer Zeit etwas zu erfahren, wie über Stimmung, Atmosphäre und Emotionen.

---

511 Ein Überblick über die wichtigsten Begriffe der Filmsprache mit didaktischem Bezug etwa bei Nebe 1994. –Ausführlicher, aber ohne direkte Bezugnahme auf den Geschichtsunterricht: Kleber 1989.
512 Grundsätzlich dazu Borries 2002.

Ein Film, der Geschichte zeigt, bezieht sich auf „reale" oder fiktive Ereignisse in einem bestimmten Zeitrahmen an bestimmten Orten. Diese zeitlich-räumliche Konstellation und das Verhältnis zwischen Fiktion und „historischer Realität" kann durch die Beantwortung von Fragen nach
- Zeit und Ort der Handlung,
- „realen" oder fiktiven Elementen der dargestellten historischen Ereignisse,
- der Quellennähe und der Übereinstimmung mit den historischen Forschungsergebnissen,
- den thematischen Akzenten (welche Aspekte, die in Forschung oder im Schulbuch thematisiert werden, werden im Film weggelassen, welche betont?),
- einer möglichen Vereinfachung der Komplexität der Ereignisse geklärt werden.

Die im Spielfilm sehr oft zu beobachtende Personalisierung des historischen Geschehens einerseits, die bewusst negative oder positive Charakterisierung der historischen Handlungsträger/innen andererseits verlangt die Analyse der Darstellung der Personen entlang von Fragen, die sich auf
- die Schilderung der historischen Handlungsträger/innen (sympathisch/unsympathisch, glaubwürdig/unglaubwürdig, historisch bedeutend/historisch unbedeutend),
- die filmischen Mittel, die diesen Eindruck erzeugen (Äußere Erscheinung, Mimik und Gestik, Sprechweise, Präsenz in der Handlung),
- die insgesamt eher positiven oder negativen Bewertungen von Personen, Parteien, Ideologien,
- die Identifikationsangebote (mit welchen Personen, Parteien, Gruppen kann und/oder soll sich der Zuseher/die Zuseherin identifizieren und mit welchen nicht?),
- die Nachvollziehbarkeit solcher Charakterisierungen beziehen.

Gerade geschichtsbezogene Filme vermitteln Botschaften, die nicht auf den ersten Blick sicht- und hörbar sind: Befürwortung und Ablehnung von Ideologien und politischen Systemen oder versteckte bis offen zutage tretende Chauvinismen bzw. unreflektierte Patriotismen können da ebenso eine Rolle spielen wie spezifische Auffassungen darüber, wie das Verhältnis zwischen Männern und Frauen, zwischen Angehörigen verschiedener Glaubensrichtungen oder zwischen Jugendlichen und Erwachsenen zu gestalten sei.

Politische Botschaften, die der Film an sein Publikum weitergibt, und Schlussfolgerungen, die er aus der Geschichte für die Gegenwart zieht oder nahe legt: Die De-Konstruktion sollte sie sichtbar machen und in das Bewusstsein heben.

6.1.4. Das Arbeiten mit dem Filmausschnitt

Ein Missverständnis liegt nahe und kann die Effektivität der Filmarbeit in Frage stellen: Nicht die lückenlose und hieb- und stichfeste Rezension des Filmes hat im Mittelpunkt der Lernprozesse zu stehen, sondern die Aneignung von Kompetenzen durch die Schüler/innen. Die Förderung der De-Konstruktionskompetenz braucht die kritische Filmarbeit, braucht das Verweilen beim Filmausschnitt, bei Schlüsselszenen und besonders interessanten Sequenzen, sie fordert die Wiederholung und die Diskussion. Das ist bei einer Analyse des gesamten Filmes nicht möglich. Zu schnell überlagern sich die Eindrücke und zu schnell ebbt die Bereitschaft zum genauen Hinsehen und Hinhören ab. Wer nicht didaktische Mittel und methodische Wege findet, am Ausschnitt zu arbeiten, der wird auf das Arbeiten mit Filmen überhaupt verzichten müssen.

Ein ganzer Spielfilm transportiert stets eine solche Anzahl an Informationen, dass sich die Eindrücke gegenseitig auszulöschen drohen. Die Evaluation des Gesamtwerkes wird notwendigerweise an der Oberfläche verbleiben. Schüler/innen zu finden, die nach dem Betrachten eines abendfüllenden Filmes noch zu einer intensiven Arbeit am Detail bereit sind, dürfte nicht leicht sein.

Ein Einwand gegen die Reduzierung der Auseinandersetzung mit dem Film auf einen oder mehrere Ausschnitte ist gewiss ernst zu nehmen: Durch die fehlende genaue Kenntnis der Handlungsgenese und der auftretenden Charaktere kann das für eine De-Konstruktion notwendige Verstehen des Film(ausschnitt)es erschwert oder unmöglich gemacht werden. Und wenn keine geeigneten Vorkehrungen getroffen werden, so wird die analytische Arbeit tatsächlich an der Oberfläche verbleiben.

Hintangehalten werden kann diese Gefahr dann, wenn Filmausschnitte gewählt werden, die auch ohne genaue Kenntnis des gesamten Inhaltes zu verstehen sind.[513] Das trifft dann zu, wenn sie eine Geschichte in der Geschichte zeigen. Filme erzählen in den seltensten Fällen nur eine Geschichte, sondern beinhalten Haupt- und Nebenhandlungen sowie Episoden, die die Anliegen verdichten. Es sind diese Geschichten und Szenen im Film, die Ansatzmöglichkeiten zu ausführlicher, genauer und letztlich für Schüler/innen motivierender Analysearbeit bieten.

In den meisten Fällen wird es ratsam sein, kognitive „Anschlussstellen" für das Verstehen des Ausschnittes zu schaffen, indem eine kurze Inhaltsangabe des Filmes vorgegeben wird. Die Position des Ausschnittes im Film kann dabei deutlich markiert werden (Was geschah vorher, was nachher?) Die in der Filmszene auftretenden Personen können schon im Vorgespräch eingeführt werden (Abbildung und Charakterisierung auf Handout, Overhead-Transparent oder per Beamer an die Wand geworfen). Zudem können Ausschnitte wiederholt und zwischen den Durchgängen auftretende Verständnisfragen gestellt oder wechselnde Beobachtungsimpulse gegeben werden.

---

513 Beispiele: Die Rede Hynkels im „Großen Diktator", die Landungsszene in „1492 – Die Eroberung des Paradieses" und die Unterrichtsszene, die die „körperlichen und geistigen Unterschiede" zwischen Juden und ‚Ariern' zum Inhalt hat, in „Hitlerjunge Salomon".

Filmausschnitte von nicht zu großer Länge eigenen sich zur arbeitsteiligen Beobachtung: So kann etwa die Filmmusik (illustrierend, konterkarierend, spannungserzeugend, einzelne Personen oder Geschehnisse konnotierend), die Zeichnung historischer Handlungsträger (positiv, negativ, sympathisch, unsympathisch, zentral oder marginal im Geschehen), die Erzählweise (Schwerpunkte, Desiderate, historische Sichtweisen, Perspektive etc.) und der Einsatz filmischer Mittel (Kameraführung, Schnitt, Montage, Zeitlupeneffekte etc.) in separaten Gruppen beobachtet, analysiert und beurteilt werden. Die Leitfrage hat dabei stets zu lauten: Inwieweit wird dadurch auf die Erzählung von Geschichte Einfluss genommen?

6.1.5. Organisation der Filmarbeit – exemplarische Vorschläge für Zugänge zur Arbeit mit Filmen[514]

Ein wesentliches Qualitätsmerkmal der Lehr- und Lernprozesse ist ihre Variabilität. Sollen sie zu befriedigenden Ergebnissen führen, wird es notwendig sein, ausgetretene Wege zu verlassen und für Abwechslung in den Organisationsformen zu sorgen.[515]

Steht die Lerngruppe am Anfang der Auseinandersetzung mit Filmen, dann kann die Blitzlichtmethode verhindern, dass sich die Aktivitäten auf einige wenige Teilnehmer/innen beschränkt: Im Anschluss an den einmal gezeigten Film(ausschnitt) bilden die Schüler/innen einen Sesselkreis. Reihum äußert sich jeder Schüler/jede Schülerin kurz zum Gesehenen und beschränkt sich dabei auf einen Aspekt, etwa auf einen persönlichen Eindruck, eine Stellungnahme, eine Kritik oder eine Frage. Dazu darf es von den übrigen Teilnehmer/innen vorerst keine Kommentare geben. Erst wenn alle zu Wort gekommen sind, wird die Diskussion eröffnet.

Wenn der Film unter verschiedenen Beobachtungsgesichtspunkten gesehen wird, dann ist eine Arbeit in Kleingruppen sinnvoll. Die Klasse wird in verschiedene Gruppen geteilt (zwischen 3 und 5 Teilnehmer/innen), die je spezifische Beobachtungsaufgaben erhalten und jeweils einen Bericht über ihre Ergebnisse liefern. Um eine ganzheitliche Erfassung der filmischen Eindrücke durch die speziellen Beobachtungsgesichtspunkte nicht zu gefährden, wird sich dabei ein zweimaliges Vorführen des Ausschnittes empfehlen: Ein erster Durchgang verzichtet noch auf spezielle Aufgaben, die erst vor Beginn des zweiten Durchgangs gestellt werden.

Um möglichst alle Schüler/innen zu aktivieren, können Filmclusters angefertigt werden: Auf einen Bogen Packpapier (Overheadfolie, Flip-Chart) wird in die Mitte ein Titel für den Filmausschnitt geschrieben, um ihn herum notieren die Schüler/innen in Kurzformeln dazu ihre Gedanken, Eindrücke und Empfindungen. Das kann in Gruppen geschehen, oder es wird ein einziges Cluster an der Wand befestigt und die Schüler/innen schreiben ihre Bemerkungen auf Zettel, die sie anheften. Anschließend werden die Cluster vorgestellt oder im Plenum besprochen.

---

514 Werner 1986. – Hier auch weitere Vorschläge, die auf Dekonstruktion hin profiliert und/oder adaptiert bzw. modifiziert werden können.
515 Einen Überblick über mögliche Sozialformen des politischen Unterrichts gibt Reinhart/Richter 2007, 144–157 und über methodische Varianten Giesecke 2000, 163–201.

Soll die Analyse der im Film auftretenden Personen im Vordergrund stehen, dann können nach dem Betrachten des Film(ausschnitt)es verschiedenfärbige Klebebuttons in bestimmter Zahl an jeden Schüler/jede Schülerin ausgegeben werden. Auf dem Boden des Klassenzimmers sind die Personen der Handlung in Form von Portraits oder Namen ausgelegt. Die Schüler/innen bewerten mit Hilfe der aufgeklebten Buttons die Handlungsträger (z.B. rot = sympathisch, weiß = weder/noch, blau = unsympathisch). Die so entstandene Sympathielandschaft wird im Anschluss diskutiert (Warum erscheint die Person sympathisch/unsympathisch, warum wollte der Regisseur/die Regisseurin diesen Eindruck erzeugen, mit welchen Mitteln erzielte er diesen Effekt, welche politischen und sozialen Positionen werden dadurch positiv, welche negativ bewertet usw.).

Ein Film kann an einer geeignet erscheinenden Stelle abgebrochen und Überlegungen darüber angestellt werden, wie sich die Handlung des Filmes weiter entwickelt. Die Schüler/innen bilden Gruppen und stellen „ihren" Entwurf für das Ende des Filmes vor. Abschließend wird darüber diskutiert, welche Absichten jede Gruppe mit ihrer Lösung verfolgt hat und die Entwürfe mit dem Originalfilm verglichen.

Nach dem Ende eines gezeigten Film(ausschnitt)es werden die Schüler/innen aufgefordert, sich vorzustellen, sie würden ein Remake des Filmes drehen. Als Regisseur/Regisseurin überlegen sie (einzeln, in Gruppen oder im Plenum), welche Veränderungen sie heute vornehmen würden (Zeichnung der Charaktere durch die Schauspieler, Veränderungen der Schwerpunktsetzung im Handlungsablauf etc).[516]

6.1.6. Der Ertrag der Filmarbeit

Die aktive Auseinandersetzung mit filmischen Geschichtserzählungen sollte dazu beitragen können, dass junge Menschen aus der rezeptiven und affirmativen Haltung, mit der sie diesem Medium üblicherweise begegnen, herausgelöst werden. Die Gläubigkeit, mit der die im Film gezeigte Sichtweise auf die Geschichte akzeptiert wird, sollte durch eine Haltung des kritischen Nachfragens, besonders was die Ansichten und Interessen derer, die den Film produzierten, betrifft, abgelöst werden. Konkret sollten die Schüler/innen lernen, Vergangenheit von ihrer Re-Konstruktion – der Geschichtserzählung – zu unterscheiden. Die Urteilskompetenz der Schüler/innen wird dann angesprochen sein, wenn es gelingt, durch den Film gefällte oder nahegelegte Urteile und Botschaften auf ihre Begründung hin zu untersuchen und die einzelnen, Gruppen oder Parteien unterstellten Auffassungen, Handlungsweisen und Werthaltungen auf ihre Plausibilität zu überprüfen.[517] Historische und politische Bildung können dazu beitragen, dass sich Schüler und Schüler/innen des suggestiv-attraktiven Charakters der bewegten Bilder und der

---

516 Schulz 1986, 21–23. – Hier auch weitere Vorschläge, die auf De-Konstruktion hin profiliert und/oder adaptiert bzw. modifiziert werden können.
517 Vgl. Krammer 2008.

erzielten Wirkungen bewusst werden. Neben De-Konstruktions- und Urteilskompetenz ist es die historische Re-Konstruktions- und die politikbezogene Methodenkompetenz, die durch die Arbeit mit dem Film primär erworben und verbessert werden können. Vor allem aber: Filmarbeit ist spannend und weckt Freude an der Geschichte, ein Aspekt, den man in Hinsicht auf das oft beklagte Desinteresse der Schüler/innen an Geschichte und Politik nicht gering schätzen sollte.

6.2. Eine „Grammatik" zur historischen De-Konstruktion von Spielfilmen über die Vergangenheit

Christoph Kühberger

Filme werden konstruiert. Dabei werden verschiedene gestalterische Mittel genützt, um bei den Rezipient/innen eine bestimmte Wirkung zu erzielen. Es macht daher durchaus Sinn, sich in Lernsituationen mit den Konstruktionsmechanismen von Filmen – eben auch als Teil von Narrationen über die Vergangenheit – zu beschäftigen, indem filmische Mittel und ihr Zusammenspiel mit der angebotenen Erzählung über die Vergangenheit systematisch analysiert und interpretiert werden. Die dafür benötigten Versatzstücke einer systematischen Beschreibung der filmischen Mittel stellen dabei im engen Sinn keine „Grammatik" des Films dar, da sie in unendlichen Variationen kombinierbar und letztlich kein starres Regelwerk der filmästhetischen Kommunikation sind. Worauf jedoch mit dem Begriff „Grammatik" aufmerksam gemacht werden möchte, ist, dass die einzelnen filmischen Mittel in sich durchaus kommunikative Strukturen ausgeprägten, welche von einem wiederkehrenden (vielleicht sogar in Teilen eben doch regelhaften) Charakter gekennzeichnet sind.

Den Ausgangspunkt für eine Beschäftigung mit Spielfilmen über die Vergangenheit sollten dabei ausgewählte Sequenzen bilden, anhand derer man wichtige Einblicke in einen Film gewinnen kann. Reinhard Krammer schlägt aus diesem Grund auch das Arbeiten mit Filmausschnitten vor. Er argumentiert, dass es nicht die Aufgabe des Geschichtsunterrichtes sein könnte, einen Spielfilm über die Vergangenheit „in seiner Gesamtheit Gerechtigkeit widerfahren zu lassen. Primäres Ziel des Arbeitens mit Filmen im Geschichtsunterricht muss vielmehr die Schaffung von Qualifikationen sein, die es SchülerInnen ermöglichen, Filme bewusst und kritisch wahrzunehmen und zu analysieren."[518] Nach Krammer hängt dabei viel von der Auswahl des Filmausschnittes ab. Da Filme über die Vergangenheit jedoch aus ganz vielen verschiedenen Handlungssträngen, Themen und Geschichten zusammengesetzt sind, erscheint es ihm eben als legitim, eine „Geschichte" daraus der historischen De-Konstruktion zuzuführen.[519]

In den folgenden Unterkapiteln werden dafür eine Auswahl an filmischen Mitteln skizziert und Materialien angeboten, welche bei der Arbeit mit Filmen zum

---

518 Krammer 2006, 29f.
519 Krammer 2006, 30; Schreiber 2008, 130ff.

Einsatz kommen können, um eine kritische Reflexion zu erreichen. Die Palette an möglichen Aspekten ist aber bei weitem größer, als es die hier vorgestellten filmischen Mittel auch nur anzudeuten vermögen.

Abb. 6.3. Spektrum der Möglichkeiten der Filmanalyse (G. Teuscher)[520]

Ton (Sprache, Geräusche, Musik)	Montage (u.a. Schnittrhythmus, Montagearten)	Dramaturgie (u.a. Story/Plot, Konflikte, Figurengestaltung, Erzählperspektive, Zeitgestaltung, Genres)
Kamera (u.a. Einstellungsgrößen, Kameraperspektiven, Kamerabewegungen)	**Filmanalyse**	Bildgestaltung/Mise-en-scène (u.a. Schauspieler, Kostüme, Schauplätze, Ausstattung, Licht, Spezialeffekte, Bild-Ton-Beziehung)

So sinnvoll es dabei ist, einzelne filmische Mittel genauer in ihrer Funktion für die Darstellung der Vergangenheit unter die Lupe zu nehmen, so wichtig ist es jedoch auch, nicht in einer Fragmentierung stecken zu bleiben und das historische Lernen unwirksam hinter einem medienpädagogischen Nachdenken zu verstecken. Die einzelnen filmischen Mittel der hier vorgestellten „Grammatik" sind daher wieder aufeinander zu beziehen, wodurch sich spannende synergetische Einsichten hinsichtlich kumulativer Momente (in denen sich etwa die Filmmusik und die Kameraeinstellung ändern, um etwas Besonderes zu markieren) sichtbar werden. Gleichzeitig dürfen derartige Analysen aber nicht nur die Oberflächenstruktur der filmischen Darstellung beschreiben (Wahrnehmen der Bilder, des Gesprochenen, der Kameraperspektiven etc.), sondern sollten auch damit gebotene Erzählstrukturen (u.a. Haupt-/Nebenerzählungen, Argumentationsstrukturen, Intentionen, Perspektiven), Deutungs- und Sinnbildungsmuster offen legen sowie Triftigkeitsprüfungen durchführen, um das in filmischer Form mit spezifischen Mittel über die Vergangenheit Erzählte kritisch zu erschließen.[521]

6.2.1. Kameraperspektive

Die Perspektive der Kamera legt immer fest, was und wie Rezipient/innen ein Geschehen in einem Film sehen. Im Extremfall können die Zuschauer/innen das Geschehen nur aus der Perspektive einer Figur wahrnehmen und der Rest des Hand-

---

520 Teuscher, 2006, I.
521 Schreiber 2008, 133f. – Es geht daher tatsächlich um mehr als eine einfache Adaption einer traditionellen Quellenkritik auf die Analyse von Spielfilmen über die Vergangenheit, wie dies Michele Barricelli andeutet, weshalb ihm zuzustimmen ist, dass das kritische Eindringen in historische Narrationen das Hauptziel darstellen sollte, um die Kernaufgabe des Geschichtsunterrichtes nicht zu übergehen. – Vgl. Barricelli 2008, 110.

lungszusammenhangs bleibt verborgen („subjektive Kamera").[522] Durch die Positionierung der Kamera innerhalb des Handlungsraumes des Filmes können jedoch in der Regel für den Zuschauer/die Zuschauerin verschiedene Standpunkte eingenommen werden, welche letztlich auch einen Einfluss auf die mediale Narration nehmen. Einen neutralen Standpunkt kann die Kamera daher nicht einnehmen. Durch unterschiedliche Positionierungen der Kamera auf einer horizontalen und einer vertikalen Ebene können jedoch wechselnde Sichtweisen auf das Geschehen geworfen und psychologische Nebenbedeutungen transportiert werden.[523] Einen objektiven Standpunkt einzunehmen, gelingt selbst einer „objektive Kamera" nicht, wie sie etwa John Ford als „Fenster" konzipierte. Denn auch eine Kameraperspektive, welche den Rezipient/innen nur ein „Fenster" zum Geschehen bietet, schränkt dadurch die Objektivität zwangsläufig ein. Durch den Versuch mit einem solchen „Fenstereffekt" das Geschehen wiederzugeben, kann es lediglich gelingen, eine objektivere Wirkung zu erzeugen, weil der Kameraeinsatz auf neutrale und normale Positionen baut:

> „The objective point of view employs a static camera as much as possible in order to produce this window effect, and it concentrates on the actors and the action without drawing attention to the camera. The objective camera suggests an emotional distance between camera und subject; the camera seems simply to be recording, as straightforwardly as possible, the characters and actions of the story."[524]

Dennoch sollte man es vermeiden, davon auszugehen, dass die Kameraperspektive und ihre Aneignung des Geschehens in allen Einstellungen immer eindeutigen psychologisch-suggestiven Gesichtspunkten folgt:

> „Die Interpretation des Merkmals ‚Froschperspektive' bzw. ‚Vogelperspektive' darf nicht schematisch vorgehen, trotzdem kann es aufschlussreich sein, die Häufung von Aufsichten oder Untersichten in bestimmten Sequenzen eines Filmes festzuhalten."[525]

Letztlich bleibt es auch von der inhaltlichen Erzählstruktur und dem damit aufgebauten Kontext abhängig, welche Perspektiven wie wahrgenommen werden können. Dennoch kann festgestellt werden, dass Kameraperspektiven häufig Veränderungen im Verhältnis von Figuren ausdrücken. Durch die mediale Inszenierung des Blickes von oben kann es etwa gelingen, dass die betrachtete Figur („unten") als hilflos oder ohnmächtig erscheint. Verändert sich jedoch in der Sequenz oder im Verlauf des Films die hierarchische Position der Figur, kann dies durch eine Untersicht kommuniziert werden.[526] Letztlich bestimmt jedoch bereits häufig das Drehbuch, welche Perspektiven im Film zugelassen werden und ob den Zuseher/

---

522 Faulstich 2008, 123.
523 Hickethier 2007, 58.
524 Boggs/Petrie 2008, 127.
525 Kuchenbuch 2005, 53.
526 Faulstich 2008, 123.

innen über unterschiedliche Perspektiven explizite Angebote gemacht werden, das Gezeigte auf eine andere Weise wahrzunehmen.

Für das Analysieren von Filmen bzw. Filmausschnitten ist es im Zusammenhang mit der Kameraperspektive – aber auch mit anderen filmischen Mitteln (z.B. Einstellungsgrößen) – durchaus sinnvoll, mit Standbildern zu arbeiten. Zwar stammt das Filmstandbild aus einer Reihe von dynamisch miteinander verknüpften Bildern, welche erst in Summe und ab einer bestimmten Abspielgeschwindigkeit den Film selbst ergeben, doch durch ein künstliches Stillstellen dieser Dynamik gelingt es nach Claude und Francis Desbarats, die „Anzahl der szenografischen Parameter" zu reduzieren, wodurch es zu einer Steigerung der Wirkung jener Aspekte kommt, welche auch im Standbild beibehalten und analysierbar werden. Unabhängig von den damit verbundenen Defiziten (u.a. Problem der Auswahl des Standbildes) besitzt diese Art der Reduktion aber durchaus eine besondere Stärke. Der Schüler/Die Schülerin „betrachtet ein im Vergleich zum Film reduziertes Objekt, das es ihm ermöglicht, in aller Ruhe in die Welt des Filmemachers einzudringen und sie ohne Risiko in Besitz zu nehmen."[527] In den Übungen zu diesem Kapitel wird aus diesem Grund mehrfach auf Filmstandbilder zurückgegriffen.

Im Zusammenhang mit Darstellungen der Vergangenheit ist es jedoch für das historische Lernen zentral, nach der jeweiligen Einflussnahme der filmischen Mittel auf die Wahrnehmung der Vergangenheit zu fragen. Letztlich handelt es sich im Rahmen des historischen Lernens nicht um eine medienpädagogische Übung. Sondern um das De-Konstruieren einer historischen Narration, weshalb es jeweils den unmittelbaren Zusammenhang zum filmischen Erzählen über die Vergangenheit herzustellen gilt. Haben die Schüler/innen die grundlegenden medienkritischen Momente im Zusammenhang mit der Kameraperspektive verstanden (vgl. Arbeitsblätter „Kameraperspektive" und „Übungsaufgaben/Kameraperspektive"), gilt es die Interaktionen zwischen filmischen Mitteln und historischer Darstellung zu erörtern:

- Welche handelnden Personen werden mit welcher Kameraperspektive gezeigt? Welche Funktion hat diese Perspektive auf das Gezeigte?
- Werden für Personen durch die Kameraperspektive Sympathien oder Antipathien erzeugt, welche auf die Darstellung Einfluss nehmen?
- Werden Machtverhältnisse zwischen den handelnden Personen durch die Kameraperspektive unterstrichen, herausgehoben oder konterkariert?
- Wird durch die Kameraperspektive eine Scheinobjektivität gegenüber dem Gezeigten suggeriert? Was könnte dafür der Grund sein?
- Verändert sich die Kameraperspektive zwischen zwei erzählten Zeitpunkten gegenüber einer Person oder einem Objekt? Welche Intention könnte dahinter stehen? O.Ä.

---

527 Desbarats/Desbarats 2009, 63f.

Kameraperspektive

Grammatik des Films

Die Kamera legt immer fest, was und wie Zuschauer/innen in einem Film sehen. Durch die Analyse der Kameraperspektive kann dabei angegeben werden, aus welcher Position eine Kamera eine Szene aufgenommen hat (Betrachtungswinkel). Gleichzeitig legt sie den Standpunkt der Zuschauer/innen fest, der gegenüber dem Gezeigten eingenommen werden muss.

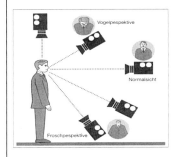

Durch die Wahl des Betrachtungswinkels wird eine gestalterische Aussage über das Gezeigte getätigt. Drehbuchautoren/innen geben daher in der Regel im Drehbuch die Kameraperspektiven an, um eine bestimmte dramaturgische Wirkung zu erzielen. Es ist dabei für die Aussage über das Gezeigte zentral, ob die Kamera von einem erhöhten oder einem niedrigen Punkt auf das filmische Geschehen blickt, da dadurch mit filmischen Mitteln unterschiedliche Aussagen getroffen werden können.

Aufsicht/Vogelperspektive
high angle/bird's eye view

Die Kamera befindet sich über dem Gezeigten. Die Zuschauer/innen erhalten den Eindruck, über den Dingen zu stehen und alles zu überblicken. Dies ermöglicht es, (a) die Akteur/innen in ihrem Umfeld zu beobachten, (b) den Überblick über viele Akteur/innen zu wahren oder (c) die Unterlegenheit oder Ohnmacht eines Akteurs/einer Akteurin zu dokumentieren. Das Gezeigte wirkt meist untergeben, erniedrigt oder auch verloren.

Normalsicht
eye-level angel

Die Kamera befindet sich auf gleicher Höhe mit dem Gezeigten. Es wird auf „Augenhöhe" gezeigt. Damit wird versucht, die gewohnte Sicht der alltäglichen Wahrnehmung nachzuahmen. Das Gezeigte wirkt ebenbürtig.
Durch die Normalsicht können die Auf- und Untersicht ihre Wirkung als Abweichungen davon entfalten.

Untersicht/Froschperspektive
low angel/worm's eye view

Die Kamera befindet sich auf dem Boden. Das Gezeigte wirkt aus dieser Perspektive größer, auch oft bedrohlich oder selbstbewusst, jedenfalls überlegen und dominant, manchmal mysteriös. Man schaut zum Gezeigten auf und wird als Zuschauer/in erniedrigt. Auf diese Weise kann etwa gezeigt werden, welcher Person im Film mehr Macht zugeschrieben wird.

Übungsaufgaben/Kameraperspektive

Grammatik des Films

Aufgabe 1:
Vergleicht folgende Skizzen zu den Standbildern aus dem Film „*1492 – Die Eroberung des Paradieses*" mit den Funktionen der Kameraperspektive! Welche Absicht könnte in den einzelnen Einstellungen hinter der gewählten Kameraperspektive stehen? Stellt Vermutungen an und begründet diese anhand des Filmausschnittes!

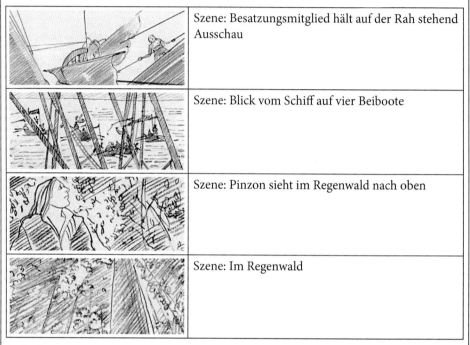

	Szene: Besatzungsmitglied hält auf der Rah stehend Ausschau
	Szene: Blick vom Schiff auf vier Beiboote
	Szene: Pinzon sieht im Regenwald nach oben
	Szene: Im Regenwald

Aufgabe 2:
Versucht nun mit einer Digitalkamera (oder der Kamera auf dem Mobiltelefon) zu experimentieren! Versucht eine Person je einmal aus der Normalsicht, einer Aufsicht und einer Untersicht aufzunehmen! Vergleicht eure Ergebnisse untereinander! Konnte die mit dieser Sicht in Verbindung stehende Aussagekraft (z.B. Überlegenheit mit einer Untersicht) erreicht werden?

Aufgabe 3:
Wählt nun auf einer Internetplattform einen aktuellen Werbespot aus und prüft ihn hinsichtlich der verwendeten Kameraperspektiven. Erstellt dazu einen Raster mit den einzelnen Einstellungen und beschreibt kurz die von euch vermutete Intention hinter der Perspektive!

Aufgabe 4:
Erörtere die Wahrnehmung der Natur durch die ankommenden Europäer! Berücksichtige dabei vor allem die gewählte Kameraperspektive, um die Begegnung zwischen Natur und Mensch in der dargestellten historischen Situation zu interpretieren!

6.2.2. Einstellungsgrößen

Die einzelnen Einstellungsgrößen ergeben sich durch die Größe der gezeigten Figuren oder Objekte im Verhältnis zum Bildausschnitt.[528] Mit ihnen wird das Verhältnis zwischen der Umgebung und den Protagonist/innen bestimmt sowie der Eindruck von Nähe und Distanz kommuniziert. Die Einstellungsgrößen haben letztlich – ähnlich wie die Kameraperspektiven – einen Einfluss auf die Wirkung des Gezeigten. Durch die Einstellungsgrößen wird den Zuschauer/innen ein bestimmter Ausschnitt als Sichtweise aufgezwungen. Lenkende narrative Muster und Beeinflussungen (z.B. überwältigende und beeindruckende Bildlandschaft, beobachtende Distanz, emotionale Nähe, unmittelbare Teilnahme am Geschehen etc.) werden so mit Hilfe dieses filmischen Mittels ermöglicht.

Obwohl es theoretisch unendlich viele Einstellungsgrößen gibt, werden diese in der Medienwissenschaft und auch in der Mediendidaktik in der Regel auf drei bis acht Einstellungsgrößen reduziert, um eine Kommunikation über sie zu erleichtern. Für den schulischen Unterricht erscheint es als sinnvoll acht Einstellungsgrößen einzuführen, da damit sowohl Kinospielfilme als auch TV-Filme und TV-Dokumentationen analysiert werden können.[529] Im deutschsprachigen Raum haben sich im Gegensatz zum anglo-amerikanischen Raum eigene Bezeichnungen durchgesetzt, die in der Aufstellung unten versuchsweise mit den englischen Bezeichnungen nach Barry Salt auf Deckung gebracht wurden.[530] Das hier angebotene Arbeitsblatt versucht daher Basics zu den Einstellungsgrößen zu vermitteln.[531]

Gleich wie das bereits im Zusammenhang mit der Kameraperspektive dargestellt wurde,[532] ist es eben auch hinsichtlich des Teilaspektes der Einstellungsgröße für das historische Lernen zentral, darüber nachzudenken, inwiefern dieses filmische Mittel die Darstellung der Vergangenheit in einem Film beeinflusst. Ein Feststellen alleine, in welcher Szene welche Einstellung gewählt wurde, reicht für die angestrebte differenzierte Beschäftigung mit einer filmischen historischen Narration nicht aus. Es gilt vielmehr darüber nachzudenken, wie die filmische Erzählung durch die Einstellungsgröße in eine besondere Kommunikation über das Gezeigte der Vergangenheit einsteigt:
- Mit welchen Einstellungen werden die Hauptdarsteller/innen vorrangig gezeigt? Welchen Einfluss hat dies auf die Wahrnehmung dieser historischen Personen?
- Wird durch Einstellungen auf soziale Beziehungen oder Machstrukturen im Sinn von „Nähe" und „Distanz" hingewiesen?
- Werden durch Detail- und Großaufnahmen besondere Aspekte hervorgehoben bzw. in den Mittelpunkt gestellt? Was könnte der Grund dafür sein, um dies in der historischen Darstellung auf diese Weise zu positionieren?

---

528 Munaretto 2009, 44.
529 Faulstich 2008, 115; vgl. auch Teuscher 2006, IV; Wenzel 2006, 20.
530 Vgl. dazu Kuchenbuch 2005, 43f; Salt 1983, 171; Ganguly 2011, 18; Buccheri 2011, 140ff.
531 Das Arbeitsblatt wurde etwas abgeändert entlang Teuscher 2006 entwickelt unter Einbezug weiterer Literatur aus diesem Unterkapitel. – vgl. auch Kühberger 2009a, 64f.
532 Vgl. Kapitel 6.2.1.

- Verändern sich mit den dargestellten Entwicklungen auch die Einstellungsgrößen gegenüber den Protagonisten? Was könnte damit kommuniziert werden? O.Ä.

Einstellungsgrößen der Kamera	Grammatik des Films

Einstellungsgrößen von filmischen Bildern ergeben sich durch die Distanz der Kamera zur gezeigten Figur. Es wird dabei das Verhältnis zwischen der Umgebung und den Protagonist/innen bestimmt.

Dies hat Einfluss auf die Wirkung des Dargestellten. Durch die Einstellungsgrößen wird den Zuschauer/innen ein bestimmter Ausschnitt als Sichtweise aufgezwungen. Beeinflussungen (beobachtende Distanz, emotionale Nähe, unmittelbare Teilnahme am Geschehen etc.) werden dadurch mit filmischen Mitteln ermöglicht.

Detail
extrem close up
Die Zuschauer/innen sehen einen kleinen Teil eines Körpers (z.B. ein Auge) oder eines Objektes (z.B. Minutenzeiger einer Uhr) und es scheint, dass man diesem sehr nahe ist.
Wirkung/Funktion: Derartige Detaileinstellungen können die emotionale Beteiligung steigern, Spannung erzeugen oder Begründungen für nachfolgende Handlungen bieten. Nähe wird erzeugt.

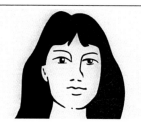

Groß
big close up
Diese Einstellungsgröße erfasst vollständig den Kopf einer Figur.
Wirkung/Funktion: Eine Identifikation der Zuschauer/innen mit der Figur wird erhöht, da auch nichtsprachliche Momente ohne Störung erfasst werden (Mimik, Emotionen etc.). Große Gefühle und intime Regungen werden vermittelt.

Nah
head and shoulder close up
Man sieht die Figuren vom Kopf bis zur Mitte des Oberkörpers. Die Einstellungen „nah" und „halbnah" werden in Filmen oft verwendet, um Dialoge zu zeigen.
Wirkung/Funktion: Mit dieser Einstellungsgröße wird die Mimik und Gestik der Figuren besonders betont. Sie eignet sich besonders für das Darstellen von Diskussionen und Gesprächen.

Halbnah
medium close up
Die Figuren sind etwa bis zur Hüfte zu sehen.
Wirkung/Funktion: Diese Einstellungsgröße wird oft eingesetzt, um die Beziehung zwischen Figuren zu verdeutlichen. Eine räumliche Orientierung wird in Teilen ermöglicht.

	**Amerikanisch** *medium shot* Die Figuren werden etwa bis zum Oberschenkel gezeigt. Diese Einstellung stammt ursprünglich aus dem Western-Genre, um bei Duellen zu zeigen, wer zuerst die Waffe zieht. <u>Wirkung/Funktion:</u> Diese Einstellungsgröße wird oft eingesetzt, um die Beziehung zwischen Figuren zu verdeutlichen.	
	**Halbtotale** *medium long shot* Die Figuren sind im Ganzen zu sehen. Die Gestik ist noch gut zu erkennen, nicht jedoch die Mimik. Die Umgebung wird verstärkt in das Bild miteinbezogen. <u>Wirkung/Funktion:</u> Durch die Miteinbeziehung der unmittelbaren Umgebung wird den Zuschauer/innen eine grundlegende räumliche Orientierung ermöglicht und der unmittelbare Handlungsraum der Figuren sichtbar. Die „Halbtotale" wird vor allem auch für körperbetonte Handlungen herangezogen.	
	**Totale** *long shot (or wide shot)* Die Figuren werden im Ganzen gezeigt. Die räumliche Orientierung wird im Vergleich zur Halbtotale verbessert. Das Erkennen eines größeren räumlichen Gesamtzusammenhangs wird ermöglicht. <u>Wirkung/Funktion:</u> Es wird eine umfassende räumliche Orientierung im Handlungsraum der Protagonist/innen geboten.	
	**Weit** *extreme (or very) long shot* Durch diese Einstellung wird die Umgebung (Landschaft, Horizont etc.) als Panorama gezeigt. Die Figuren sind dabei unbedeutend im Verhältnis zum Ort. <u>Wirkung/Funktion:</u> Es wird ein räumlicher Überblick geschaffen, der klärt, wo spätere Szenen stattfinden bzw. verortet sind.	

Übungsaufgaben/Einstellungsgrößen

Grammatik des Films

Aufgabe 1:
Vergleicht folgende Skizzen zu den Standbildern aus dem Film „*1492 – Die Eroberung des Paradieses*" mit den Funktionen der Einstellungsgrößen! Welche Absicht könnte in den einzelnen Einstellungen hinter der gewählten Einstellungsgröße stehen? Stellt Vermutungen an und begründet diese anhand des Filmausschnittes!

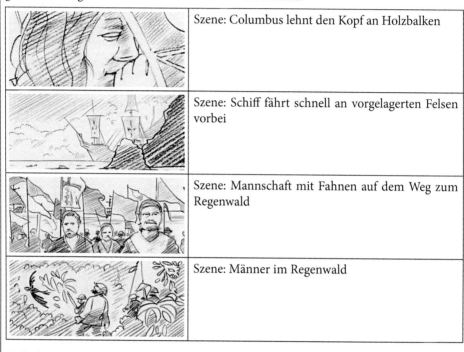

	Szene: Columbus lehnt den Kopf an Holzbalken
	Szene: Schiff fährt schnell an vorgelagerten Felsen vorbei
	Szene: Mannschaft mit Fahnen auf dem Weg zum Regenwald
	Szene: Männer im Regenwald

Aufgabe 2:
Versucht nun mit einer Digitalkamera (oder der Kamera auf dem Mobiltelefon) zu experimentieren! Versucht eine Person je einmal in der Einstellungsgröße „Groß", „Amerikanisch" und „Halbtotale" aufzunehmen! Vergleicht eure Ergebnisse untereinander! Konnte die mit dieser Sicht in Verbindung stehende Aussagekraft erreicht werden?

Aufgabe 3:
Wählt nun auf einer Internetplattform einen aktuellen Werbespot aus und prüft ihn hinsichtlich der verwendeten Einstellungsgrößen! Erstellt dazu einen Raster mit den einzelnen Einstellungen und beschreibt kurz die von euch vermutete Intention dahinter!

Aufgabe 4:
Betrachtet nochmals die Szene der Landung im Film „1492 – Die Eroberung des Paradieses". Wie wird Columbus dabei hinsichtlich der Einstellungsgrößen in den verschiedenen Einzelszenen filmisch eingefangen? Welche Auswirkung hat dies auf die Wahrnehmung des (filmischen) Columbus? Vergleicht auch, mit welchen Einstellungsgrößen andere Rollen gezeigt werden!

6.2.3. Filmmusik und Geräusche

Der Einsatz von Musik und Geräuschen im Film hat immer eine Funktion (Abb. 6.5.). Wird Musik zum Einsatz gebracht, gehört sie – wie andere Teilaspekte der filmischen Ausdrucksmittel – zu den einen Film konstituierenden Momenten und der dabei aufgebauten Narration. Dabei ist es irrelevant, ob die Musik als *„visible sounds"* in der konkret gezeigten Filmhandlung eingebettet ist (z.B. das Gitarrenspiel einer Straßenmusikerin, an der die Protagonisten vorbeigehen) oder als *„invisible sounds"* aus dem Off kommt (z.B. um eine Kampfszene zu untermalen). In beiden Fällen handelt es sich um ein dramaturgisches Mittel, welches zum Bauplan des Films gehört (vgl. Abb. 6.4.).[533]

Abb. 6.4: Kategorien der akustischen Filmanalyse[534]

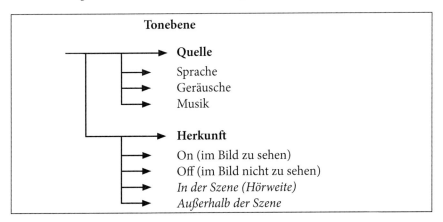

Werner Kamp verweist darauf, dass man für ein richtiges Einschätzen oder Verstehen von Filmmusik mit musiktheoretischen Kategorien arbeiten sollte (u.a. Melodieführung und Harmonik, Instrumentierung und Klangcharakter, Dynamik und Lautstärke).[535] Greift man hier exemplarisch die Instrumentierung heraus, so kann verdeutlicht werden, dass durch den Einsatz von bestimmten Musikinstrumenten im Film kulturelle Konventionen oder auch platte Klischees abgerufen werden (z.B. Dudelsack, um eine Assoziation mit Schottland zu erreichen), mit denen die Filmemacher/innen spielen können. Nach Kamp ist eine Kenntnis dieser Konventionen und/oder Klischees sowie die bewusste Rezeption dieser musikalischen Elemente von entscheidender Bedeutung, da durch den Einsatz von Musik die dramaturgische Wirkung des gesamten Films stark beeinflusst wird.[536] Demnach werden einzelne Musikinstrumente, zwischen gesellschaftlich abrufbaren Reiz-Reakti-

---

533 Werner Faulstich schreibt nur der Musik aus dem Off eine dramaturgische Rolle, welche nach ihm als Teil des Bauplanes des Films analysiert werden muss. Leider argumentiert er nicht, warum der Einsatz von Musik im On keine derartige Funktion übernehmen würde. – Faulstich 2008, 140; vgl. Boggs/Petrie 2008, 262ff; Calabretto 2010, 230ff.
534 Kamp/Rüsel 2011, 11.
535 Kamp 2010, 101f.
536 Kamp 2010, 104.

on-Schemata und dem je eigenen Klangcharakter zum Einsatz gebracht, um eine bestimmte Wirkung zu erreichen. So steht etwa eine Oboe für Liebe und Emotion. Gleichzeitig ist es jedoch auch von der Tonhöhe (Registerbereiche) abhängig, welcher Klangcharakter mit ihr erzielt wird. So kann eine Oboe in einem hohen Registerbereich einen dünnen und klagenden Charakter annehmen oder in einem tiefen Registerbereich einen dramatischen.[537]

Oftmals ist es das Hauptziel, mit Musik in Filmen Emotionen oder Gefühle hervorzurufen oder Stimmungen zu vermitteln.[538] So gelingt es Filmmusik immer wieder durch eine Interaktion zwischen den Bildern und der Musik, die nicht selten als permanenter Klangteppich auftritt, im inhaltlichen Kontext eines Filmes die Zuschauer/innen zu stimulieren oder zu erregen. Musik kann dabei filmisch Dargestelltes verstärken, wie etwa den Anstieg von Hektik durch ein Staccato, die Betonung von Gelassenheit des Geschehens durch ruhige Musik, die Verwendung von aufpeitschenden Stücken zur Erzeugung von emotionaler Unruhe oder das Erreichen von Langeweile durch eine musikalische Dehnung der gefühlten Zeit etc.

Abb. 6.5: Einzelfunktionen von Filmmusik (nach Zofia Lissa)[539]

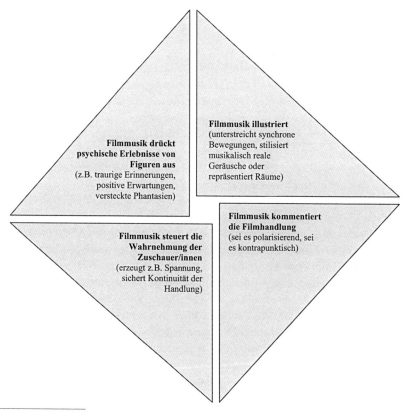

---

537 Kamp 2010, 104.
538 Kreuzer 2009, 58ff.
539 Faulstich 2008, 142.

Das Wahrnehmen von Musik in Filmen und deren Rezeption erfolgt jedoch höchst individuell. In der Regel können unterschiedliche Rezipient/innen zu unterschiedlichen Schlüssen über die mit der Musik intendierten Momente kommen. Daher gilt es bei einer Auseinandersetzung mit dem Einsatz von Filmmusik stets von einer intersubjektiven Verschränkung der Beobachtungen auszugehen und diese zu erörtern. Gleichzeitig sollten bestimmte filmmusikalische bzw. filmtechnische Muster aber auch kritisch hinterfragt und wieder zusammengeführt werden, die im Regelfall gemeinsam Bestimmtes in einem engen kommunikativen Setting beabsichtigen. Durch ein Abstimmen der Musik im Film auf die Handlung, die Bewegung, die Farben, die Kameraführung, die Dialoge oder die Geräusche in der Szenerie wird jedoch versucht, die Breite der Interpretationsmöglichkeiten seitens der Filmemacher/innen einzuschränken, weshalb vor allem auch eine Zusammenschau der einzelnen Bausteine eines Films notwendig ist.

Da davon auszugehen ist, dass nicht alle Lehrer/innen dazu in der Lage sind, mit ihren Schüler/innen differenzierte musikästhetische Analysen nach den Standards der Musikwissenschaften durchzuführen, sind methodische Tools hilfreich, die versuchen, Veränderungen der Tonspur eines Filmes im Bereich der Musik und der Geräusche auf eine weit weniger komplexe Art zu dokumentieren, um auch diese Aspekte im Rahmen einer Gesamtanalyse des Filmausschnittes mit einer Verlaufslinie im Lernprozess berücksichtigen zu können.

Hier werden zwei Bausteine angeboten, welche die Beschäftigung mit diesen Teilaspekten eines Filmausschnittes unterstützen möchten. Zum einen handelt es sich dabei um ein mehrschichtiges Verlaufsprotokoll zum Filmausschnitt (Abb. 6.6.), in dem entsprechend zu den Szenen der Einsatz von Musik und/oder Geräusche verzeichnet werden können. Dies macht vor allem deshalb Sinn, da gerade auch Musik bzw. Pausen, in denen Stille als dramaturgisches Mittel eingesetzt wird, Hinweise auf zentrale Momente im Film bieten. Zusammengehörige Filmszenen, aber auch Brüche im Film können damit sichtbar gemacht werden. Oftmals korrelieren auch die Lautstärke eines Films und ihre Varianz mit Botschaften an die Zuschauer/innen, die in der Regel nur unterbewusst wahrgenommen werden. Durch den Versuch, die Lautstärke eines Filmausschnittes in einem Verlaufsprotokoll zwischen „leise" und „laut" zu dokumentieren, kann es letztlich gelingen, jene Schlüsselmomente zu identifizieren, die dann eben auch anhand des filmischen Mittels der Filmmusik belegbar sind. Es ist aber darüber hinaus anzuraten, derartige Verlaufsprotokolle auch mit den Ergebnissen der Analysen anderer filmischer Mittel zu vergleichen (z.B. Kameraeinstellung), um Botschaften, welche durch einen verdichteten Einsatz verschiedener filmischer Mittel erreicht werden, analytisch fassbar zu machen.

Eine andere Variante ist es, sich mit den gewählten Musikstücken und der damit intendierten Wirkung der Filmemacher/innen auseinanderzusetzen. Dafür ist es etwa ein brauchbarer Zugang, die subjektiven Reaktionen auf Musik und Geräusche eines Filmes zu reflektieren. Da es Schüler/innen in der Regel schwer fällt, die von der Musik und Geräusche ausgelösten subjektiven Empfindungen zu beschreiben, ist es sinnvoll, mit so genannten Adjektivrauten zu arbeiten.[540] Auf

---

540 Vgl. Kühberger 2009b, 40.

diese Weise wird den Lernenden ein breites Spektrum an möglichen Eigenschaftswörtern zur Verfügung gestellt, um ihre Eindrücke unter Rückgriff auf diesen „passiven Wortschatz" beschreibbar zu machen.

Auch im Bereich der musikalischen filmischen Mittel bzw. der Geräuschkulisse ist es notwendig, nach den eine historische Narration beeinflussenden Mustern zu fragen. So gilt es etwa herauszufinden, ob fremdartige Musik, im Idealfall sogar historische Instrumente zum Einsatz kommen, um die im Film über die Vergangenheit angestrebte Authentizität zu erreichen. Im Film „Alexander" (Oliver Stone, 2004) gelingt dies etwa beim Einzug in Babylon durch „visible sounds", indem Geräusche von auf Sandboden stampfenden Füßen der gezeigten marschierenden Soldaten im Triumphzug mit historisch anmutenden Trompeten eingespielt werden. Bei der Verwendung von „invisible sounds" wird jedoch meist im weit stärkeren Ausmaß versucht, Stimmungen und Einstellungen gegenüber dem Gezeigten zu lenken, um Bewertungen vorzunehmen. Dieses Beispiel verdeutlicht, dass über Musik narrative Muster aktiviert werden, welche das Gezeigte als authentisch in Erscheinung treten lassen wollen. In diesem Zusammenhang macht es bei Filmen über die Vergangenheit durchaus Sinn, danach zu fragen, inwieweit die Tonspur eines Film(ausschnitts) dazu beiträgt, die Szene als ein vermeintliches Abbild der Vergangenheit wahrzunehmen, um letztlich über dieses filmische Mittel den Konstruktionscharakter zu verschleiern.

Abb. 6.6: Verlaufsprotokoll zur Analyse des Einsatzes von Filmmusik/Geräuschen

Skizze zur Varianz der Lautstärke

„laut"

„leise"

S	z	e	n	e	n																																													
1	2	3	4	5	6	7	8	9	1 0	1 1	1 2	1 3	1 4	1 5	1 6	1 7	1 8	1 9	2 0	2 1	2 2	2 3	2 4	2 5	2 6	2 7	2 8	2 9	3 0	3 1	3 2	3 3	3 4	3 5	3 6	3 7	3 8	3 9	4 0	4 1	4 2	4 3	4 4	4 5	4 6	4 7	4 8	4 9	5 0

Bestandsaufnahme der Musiksequenzen

Bestandsaufnahme der Geräusche

Musik und Geräusche im Film

Grammatik des Films

Neben den laufenden Bildern wird bei Filmen auch Musik verwendet, um mit dem Gezeigten eine bestimmte akustische *Atmosphäre* zu erreichen. Die Filmmusik und auch eingespielte Geräusche lösen damit – gemeinsam mit den Bildern – etwas aus. So werden durch die Zuseher/innen mit eingespielter Musik bestimmte Gefühle in Verbindung gebracht oder die Musik und Geräusche teilen mit, an welchem Ort man sich gerade befindet. Beispiel dafür wären:

Beispiel	… damit verbundene Dinge
Kirchenorgel	Kirche, Hochzeit, Trauer, Sonntag
Trompetensignale	militärisches Umfeld, Krieg
Dudelsack	Schottland
	… damit verbundenes Gefühl
Infraschallton	Angst, Panik, Horror
Oboe	Liebe
Mandoline	(italienisches) Urlaubsgefühl, Entspannung

Wie der Einsatz von Musik aber letztlich empfunden wird, ist eine sehr persönliche Angelegenheit der Zuschauer/innen. Durch ein *Abstimmen der Musik* auf die Handlung des Films, auf die Bewegungen, die Farben, die Kameraführung, die Dialoge oder die Geräusche in der Szenerie versuchen die Filmemacher/innen jedoch die Möglichkeiten der Auslegung (Interpretationen) einzuschränken.

Die *Adjektivraute* soll helfen, die Musikstücke besser beschreibbar zu machen:

<pre>
                    fröhlich
            glänzend   leicht
          lebhaft   anmutig
          heiter   wunderlich
         glücklich   phantastisch
           freudig sorglos/ spielerisch
          lebendig   sprühend
        sich aufschwingend humorvoll
         triumphierend   heiter
          froh erregt   gefühlvoll
           aufregend   ruhig
         ungestüm   sanft/ zart
          aufwühlend romantisch/ verträumt
          animierend   sehnsüchtig
           kraftvoll   empfindsam/ zart
            kriegerisch   tragisch
           nachdrücklich   schwer
         majestätisch/ königlich düster
            erhaben   gedrückt
             würdig   trauernd
            geistreich   klagend
            feierlich   jämmerlich
             nüchtern   traurig
              nüchtern ernsthaft
                  sachlich
</pre>

6.2.4. Erarbeiten eines Einstellungsprotokolls

Differenzierte und kritische Filmanalysen arbeiten mit Sequenzprotokollen, in denen sämtliche Szenen hinsichtlich der verschiedensten filmischen Mittel genau beschrieben und analysiert werden.[541] Dies ist auch in Lernsituationen sinnvoll, um einen systematischen Überblick über die Einzelerkenntnisse aus der Analyse von bestimmten filmischen Mitteln zusammenzuführen, die entweder nacheinander oder gruppendifferenziert ausgearbeitet wurden. Dazu eigenen sich Raster, welche es ermöglichen, die jeweiligen Erkenntnisse nebeneinander zu stellen, um so Vergleiche zwischen den filmischen Mitteln innerhalb der Szenen vornehmen zu können. Auf diese Weise könnte nämlich etwa geprüft werden, inwieweit die jeweilig ausgewählte Kameraeinstellung und die dazu geschnittene Musik eine gemeinsame Botschaft an die Rezipient/innen hinterlassen und wie diese zu interpretieren wäre.

In der Praxis – besonders in der Sekundarstufe I – hat es sich als hilfreich herausgestellt, den Schüler/innen kein Protokoll mit allen Filmszenen vorzulegen, sondern eines, welches in großen Zügen die Handlung des zu analysierenden Filmausschnittes wiedergibt. Dazu ist es sinnvoll auch Standbilder (Einzelbilder) als Screenshot in den Raster einzufügen, um den Schüler/innen einen visuellen Anker für die Bearbeitung der Szenen zur Verfügung zu stellen. Hier geschieht dies einmal, indem die 50 Szenen auf 37 (repräsentiert durch Einzelbilder) reduziert wurden (vgl. Abb. 6.7.) sowie einmal noch kursorischer, indem nur 15 Szenen (repräsentiert durch Einzelbilder) zum Filmausschnitt am Analyseraster vorgegeben sind (Abb. 6.8.). Möchte man nicht so viel Zeit für einzelne filmische Mittel aufbringen, weil man etwa zu einem früheren Zeitpunkt bereits einen Schwerpunkt zu einem filmischen Mittel gesetzt hat, ist es aus einer zeitökonomischen Perspektive heraus sinnvoll, einige Spalten des Rasters bereits vor der Bearbeitung durch die Schüler/innen auszufüllen, um sich auf Spezialfragen oder einen besonderen Fokus auf ein neues, bisher nicht oder nur wenig beachtetes filmisches Mittel zur Darstellung der Vergangenheit konzentrieren zu können. So ist es etwa besonders sinnvoll, die Dialoge im Film oder die eingespielten Anmerkungen aus dem Off bereits vorzugeben, um eine zeitökonomisch günstige Voraussetzung für den Unterricht zu schaffen.

---

541 Vgl. Kapitel 4.3.

Abb. 6.7: Sequenzprotokoll mit 37 Einzelbildern von 50 Szenen des Filmausschnittes

	Einzelbild aus Sequenz	Kameraeinstellungen	Kameraperspektive	Musik/Geräusche	Dialoge
1					
2	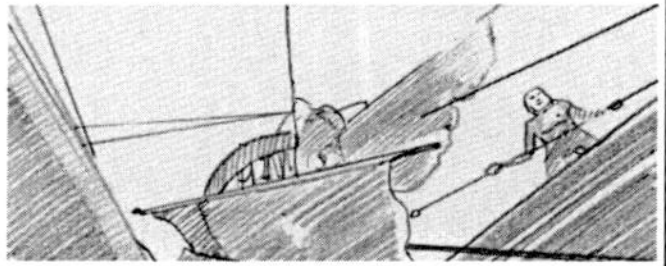				
3					
4					
5					
6					

Einzelbild aus Sequenz	Kameraeinstellungen	Kameraperspektive	Musik/Geräusche	Dialoge
13				
14				
15				
16				
17				
18				

Einzelbild aus Sequenz	Kameraeinstellungen	Kameraperspektive	Musik/Geräusche	Dialoge
25				
26				
27				
28				
29				
30				

Einzelbild aus Sequenz	Kameraeinstellungen	Kameraperspektive	Musik/Geräusche	Dialoge
31				
32				
33				
34				
35				
36				

Einzelbild aus Sequenz	Kameraeinstellungen	Kameraperspektive	Musik/Geräusche	Dialoge
37				

Abb. 6.8: Sequenzprotokoll mit 15 Einzelbildern der 50 Szenen des Filmausschnitts

	Einzelbild aus Sequenz	Kameraeinstellungen	Kameraperspektive	Musik/Geräusche	Dialoge
1					
2					
3					
4					

Einzelbild aus Sequenz	Kameraeinstellungen	Kameraperspektive	Musik/Geräusche	Dialoge
5				
6				
7				
8				
9				
10				

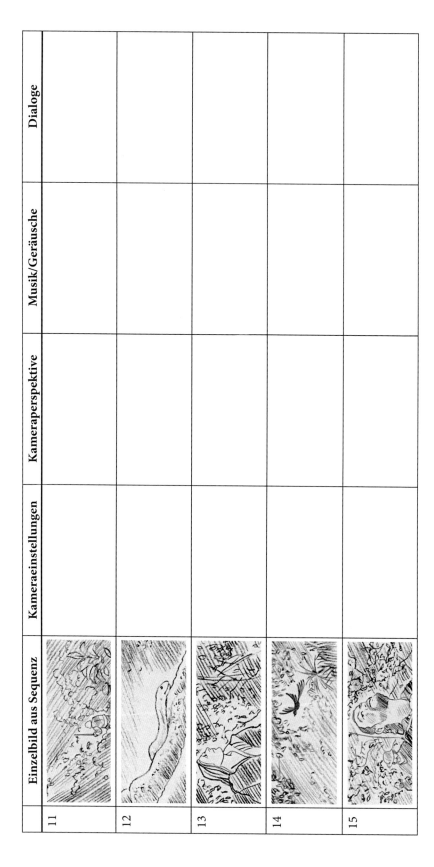

6.3. Bausteine für die Praxis

6.3.1. Begegnung mit der empirischen Ebene des Filmausschnittes – „Das Bordbuch" des Columbus

Sibylle Kampl

6.3.1.1. Das Bordbuch – Versuch einer Chronologie zur Entstehung einer historischen Quelle

Als *Das Bordbuch* wird im Allgemeinen das Logbuch der ersten Amerikareise von Christoph Columbus bezeichnet. Columbus verfasst dieses nicht für sich, sondern für Ferdinand II. von Aragon und Isabella I. von Kastilien, an die er das Original bei seiner Rückkehr auch tatsächlich übergibt. Das spanische Königspaar veranlasst die Anfertigung einer Abschrift (Barcelona-Kopie), die an Columbus ausgehändigt wird. Das Original-Bordbuch geht in der Folge in den königlichen Archiven „verloren", die Barcelona-Kopie jedoch fällt dem Dominikanermönch Bartolomeo de Las Casas, einem Vertrauten und Freund von Columbus, in die Hände. Er ist als Bischof in den spanischen Kolonien in Amerika tätig, erhält vermutlich die Barcelona-Kopie nach Columbus' Tod von dessen Sohn Diego oder Hernando zur Verfügung gestellt und fertigt eine eigene Abschrift an, die heute allgemein als *Das Bordbuch des Columbus* bekannt ist.[542] Viele Stellen zitiert Las Casas direkt und belässt den Text in der ersten Person, an anderen wiederum verwendet er die indirekte Rede, spricht von Columbus in der dritten Person. Zudem kürzt er vermutlich den Originaltext.[543] La Casas fertigt diese Abschrift vor allem für seine umfangreiche *Historia general de las Indias (Geschichte der westindischen Länder)* an, die er ab 1526 verfasst und in der er wiederum lange Auszüge aus dem Bordbuch überliefert. In den folgenden Jahrzehnten wird die Barcelona-Kopie von den Columbus-Erben weitergegeben, Luis, einer der Enkel von Christoph Columbus, verkauft sie, bis sich schließlich die Spur im Jahr 1554 verliert.[544]

Doch nicht nur Las Casas überliefert uns eine mehr oder weniger getreue Abschrift, sondern auch Columbus' Sohn Hernando Colón (1488–1539) greift für die Abfassung der Biografie seines Vaters, die 1571 unter dem Titel *Historie del Signor D. Fernando Colombo dell'Ammiraglio D. Chr. Colombo* in Venedig veröffentlicht wird, auf die Barcelona-Kopie zurück.[545]

In den folgenden Jahrhunderten gerät das Bordbuch in Vergessenheit. Erst Ende des 18. Jahrhunderts wird ein Exemplar der Abschrift von La Casas in einem spanischen Archiv entdeckt und 1826 veröffentlicht. Es folgen zahlreiche weitere

---

542 Las Casas Abschrift besteht aus 76 großen, auf beiden Seiten beschriebenen Papierbögen in spanischer Sprache. Columbus verfasste sein Bordbuch auf Kastilianisch. – Vgl. Fuson 1989, 34.
543 Fast alle deutschen Editionen des Bordbuches tilgen diesen Wechsel, indem sie den gesamten Text in die erste Person Singular setzen.
544 Venzke 1992, 150f.
545 Vgl. Friedmann 1991, 33.

Übertragungen.[546] Derart überliefert sich das Bordbuch des Columbus als Abschrift der Abschrift und wird dennoch meist schlicht als Columbus' Bordbuch tituliert.[547]

Das Bordbuch umfasst vom Tag des ersten Eintrags, dem 3. August 1492, bis zum letzten Vermerk am 15. März 1493, dem Tag der Rückkehr nach Spanien, einen Zeitraum von siebeneinhalb Monaten mit 225 Einträgen.[548]

6.3.1.2. Das Bordbuch im Unterricht

Teils entpuppt sich das Bordbuch damit in seiner Eigenschaft als mehrfach interpoliertes Schriftstück aus der Vergangenheit als eine unbefriedigende Quelle, teils geht man nach heutigem Erkenntnisstand davon aus, dass die Abschrift von Las Casas dem Original-Bordbuch am Nächsten kommt, vor allem im Vergleich mit der emotionaler gefärbten Columbus-Biografie von Sohn Fernando.[549]

Je nach Blickwinkel lässt sich daher an und mit der Quelle arbeiten. So gestattet das Bordbuch per se einerseits eine Diskussion zum Thema Problematik von Quellen ganz allgemein. Anderseits ermöglicht es, einen Vergleich beispielsweise zur filmischen Darstellung anzustellen – in diesem konkreten Fall eine Gegenüberstellung von Columbus' Eintrag vom Donnerstag, den 11. und Freitag, den 12. Oktober 1492 mit der Umsetzung eines Ridley Scott für *1492 – Die Eroberung des Paradieses*.

Wie auch immer gehandhabt – ob nun die Schwerpunktlegung auf Quellenkritik oder auf den Bereich der Anbahnung der De-Konstruktionskompetenz innerhalb der historischen Methodenkompetenz abzielt – sollte sich die Lehrperson der Komplexität der Quelle bewusst sein bzw. in Kenntnis der Zusammenhänge sein und den Schüler/innen diesen Zusammenhang zum Entstehungshintergrund dieser Quelle vermitteln.

6.3.1.3. Systematischer Überblick zu problematischen Punkten der historischen Quelle

Bei näherer Betrachtung ließe sich über die Sinnhaftigkeit diskutieren, Schüler/innen mit einer derart umfassenden Komplexität einer Quellenlage zu konfrontieren, wie sich dies in vorliegendem Fall darstellt, zumal die Thematik rund um die (Wieder-)Entdeckung Amerikas laut Lehrplan („Europa und die Welt von den Entdeckungen bis zur europäischen Expansion"[550]) bereits am Beginn der 7. Schulstufe steht. In jedem Fall bietet das Arbeiten mit dem Bordbuch als Quelle eine grundsätzliche Gelegenheit, um darzustellen, wie kompliziert sich die Sach-

---

546 Venzke 1992, 151.
547 Spanische Online-Version des Volltextes unter: URL: http://es.wikisource.org/wiki/Diario_de_a_bordo_del_primer_viaje_de_Crist%C3%B3bal_Col%C3%B3n:_texto_completo [Stand 16.10.2012]; deutsche Online-Version des Volltextes unter: URL: http://www.fiks.de/columbus/bordbuch/bordbuch.htm [Stand 16.10.2012].
548 Vgl. Kolumbus 2005.
549 Vgl. Friedmann 1991, 373; Menninger 2012, 129.
550 Online verfügbar unter: URL: www.bmukk.gv.at/medienpool/879/gsk_pb_hs.pdf [Stand 16.10.2012].

lage um eine Quelle gestalten kann. Zudem sollte einem Vergleich zwischen Ausschnitten des Bordbuchs und Spielfilmszenen eine kurze Auseinandersetzung mit dem Entstehen der Quelle vorangehen. Der folgende Überblick bietet hierfür eine zusammenfassende Hilfestellung zu Fragen, die Lehrpersonen den Schüler/innen im Vorfeld erläutern sollten.

Abb. 6.9: Fragestellungen zur inneren Quellenkritik

Wer verfasste die Quellen?	Original-Bordbuch: Christoph Columbus
	Abschrift des Bordbuchs: Bartolomeo de Las Casas
Wann wurden die Quellen verfasst? Lassen sich die Quellen eindeutig datieren?	Original-Bordbuch: vermutlich August 1492– 15. März 1493
	Abschrift des Bordbuchs: Anfang 16. Jh., kurz nach dem Tod von Columbus
In welchem Zusammenhang entstanden die Quellen?	Original-Bordbuch: als Reisebericht der ersten Amerikafahrt, verfasst für das spanische Königspaar
	Abschrift des Bordbuchs: als Grundlage für das Buch *Geschichte der westindischen Länder* von Las Casas
Was wird in den Quellen erzählt?	Columbus berichtet in Tagebuchform von seiner ersten „Amerikareise"

Abb. 6.10: Fragestellungen zur äußeren Quellenkritik

Um welche Quelle handelt es sich?	Original-Bordbuch: schriftliche Quelle, Reisebericht
	Abschrift des Bordbuchs: schriftliche Quelle, Abschrift als Vorlage für ein Buch
Welche Sprache wurde verwendet?	Original-Bordbuch: Kastilisches Spanisch
	Abschrift des Bordbuchs: Spanisch
Was lässt sich zur äußeren Form der Quellen noch feststellen?	Zur äußeren Form (Pergament oder Papier, gebunden oder geleimt etc.) des Original-Bordbuchs findet sich in der Literatur kein verbindlicher Hinweis
Wo wird das Original-Bordbuch aufbewahrt?	Original-Bordbuch: verschollen
	Abschrift des Bordbuchs: verschollen, jedoch in Form der Einarbeitung in Las Casas Buch *Geschichte der westindischen Länder* erhalten

6.3.1.4. Ankunft und Landungsszene in einer Gegenüberstellung von Bordbuch und „1492"

Auch wenn die hier ausgewählte Textpassage für eine Bearbeitung mit Schüler/innen der Sekundarstufe I lang erscheint, kann eine Kürzung für den Unterrichtsgebrauch nicht empfohlen werden, da vor allem die Gewichtung der einzelnen Vorkommnisse in den Quellen im Vergleich zur Bedeutsamkeit, die diesen Szenen im Film gegeben wird, besonders interessant erscheint. Um einer Überforderung der Schüler/innen hinsichtlich der Lesemenge entgegenzuwirken, besteht die Möglichkeit, den Text – den einzelnen Abschnitten entsprechend – in Form einer Gruppenarbeit bearbeiten zu lassen.

Abb. 6.11: Auszug Bordbuch[551]

	Aus dem Bordbuch des Columbus
	Donnerstag und Freitag, 11. und 12. Oktober 1492
Sichtung	[...] Als erster erspähte dieses Land ein Matrose, der Rodrigo da Triana hieß, wiewohl ich um 10 Uhr nachts vom Aufbau des Hinterschiffes aus ein Licht bemerkt hatte. Obzwar das schimmernde Licht so undeutlich war, daß ich es nicht wagte, es als Land zu bezeichnen, so rief ich dennoch Pietro Gutierrez, den Truchseß des Königs, um ihm zu sagen, daß ich ein Licht zu sehen glaubte, und bat ihn, es sich anzusehen, was jener auch tat und es tatsächlich auch sah. Desgleichen benachrichtigte ich Rodrigo Sánchez di Segovia, den der König und die Königin als Beobachter der Armada zugeteilt hatten. Dieser vermochte aber nichts zu erblicken, da er von seinem Standpunkt aus nichts sehen konnte. Nachdem ich meine Beobachtung gemeldet hatte, sah man das Licht ein-, zweimal aufscheinen; es sah so aus, als würde man eine kleine Wachskerze auf- und niederbewegen, was wohl in den Augen der wenigsten als Anzeichen nahen Landes gegolten hätte – allein ich war fest davon überzeugt, mich in der Nähe des Landes zu befinden.
Sichtung	Als dann die ganze Mannschaft das „Salve Regina" betete, das alle Seeleute auf ihre Art und Weise zu singen pflegen, und dann schweigend verharrte, gab ich meinen Leuten den guten Rat, auf dem Vorschiff gute Wache zu halten und auf das Insichtkommen des Landes wohl achtzugeben. Derjenige unter ihnen, der als erster melden würde, Land zu sehen, bekäme sofort eine seidene Jacke zum Geschenk, außer all den Belohnungen, die das Herrscherpaar versprochen hatte, nämlich die Auszahlung eines lebenslänglichen Ruhegehaltes von 10 000 Maravedís.
Ankunft	Um zwei Uhr morgens kam das Land in Sicht, von dem wir etwa 8 Seemeilen entfernt waren. Wir holten alle Segel ein und fuhren nur mit einem Großsegel, ohne Nebensegel. Dann lagen wir bei und warteten bis zum Anbruch des Tages, der ein Freitag war, an welchem wir zu einer Insel gelangten, die in der Indianersprache „Guanahaní" hieß.

---

551 Kolumbus 2005, 86ff.

Landung	Dort erblickten wir allsogleich nackte Eingeborene. Ich begab mich, begleitet von Martin Alonso Pinzón und dessen Bruder Vicente Yánez, dem Kapitän der „Niña", an Bord eines mit Waffen versehenen Bootes an Land. Dort entfaltete ich die königliche Flagge, während die beiden Schiffskapitäne zwei Fahnen mit einem grünen Kreuz im Felde schwangen, das an Bord aller Schiffe geführt wurde und welches rechts und links von den je mit einer Krone verzierten Buchstaben F und Y umgeben war. Unseren Blicken bot sich eine Landschaft dar, die mit grün leuchtenden Bäumen bepflanzt und reich an Gewässer und allerhand Früchten war.
Inbesitznahme	Ich rief die beiden Kapitäne und auch all die anderen, die an Land gegangen waren, ferner Rodrigo d'Escobedo, den Notar der Armada, und Rodrigo Sánchez von Segovia zu mir und sagte ihnen, durch ihre persönliche Gegenwart als Augenzeugen davon Kenntnis zu nehmen, daß ich im Namen des Königs und der Königin, meiner Herren, von der genannten Insel Besitz ergreife, und die rechtlichen Unterlagen zu schaffen, wie es sich aus den Urkunden ergibt, die dort schriftlich niedergelegt wurden.
Erstkontakt mit Inselbewohner	Sofort sammelten sich an jener Stelle zahlreiche Eingeborene der Insel an. In der Erkenntnis, daß es sich um Leute handle, die man weit besser durch Liebe als mit dem Schwerte retten und zu unserem Heiligen Glauben bekehren könne, gedachte ich sie mir zu Freunden zu machen und schenkte also einigen unter ihnen rote Kappen und Halsketten aus Glas und noch andere Kleinigkeiten von geringem Werte, worüber sie sich ungemein erfreut zeigten. Sie wurden so gute Freunde, daß es eine helle Freude war. […]

Abb. 6.12: Begriffserklärungen zum Quellenausschnitt

Truchseß	hohes Amt in der mittelalterlichen Hofgesellschaft
Armada	bewaffnete Flotte, bewaffneter Schiffsverband
Salve Regina	Kirchenlied
Vorschiff	vorderer Teil eines Schiffes
Maravedís	früher in Spanien verwendetes Geld
Seemeile	Maßeinheit der Schifffahrt, 1 Seemeile = 1.852 m
Niña	Columbus startete seine Reise mit drei Schiffen: Santa Maria, Niña und Pinta

Anhand eines Rasters lässt sich, nach genauem Durchlesen des Quellentextes und Betrachten des Filmausschnitts, eine Gegenüberstellung vornehmen, um die Unterschiede und Übereinstimmungen herauszuarbeiten und um im Anschluss Begründungen zu finden:

Abb. 6.13: Raster zum Vergleich des Bordbuches mit den Filmszenen

	Bordbuch des Columbus (1492)	1492 – Die Eroberung des Paradieses (1992)	Vermutungen zum historischen Ereignis: Was könnte Columbus verschwiegen und der Regisseur nicht in Szene gesetzt haben?
Wie wird die Landsichtung dargestellt?			
Wie wird die Ankunft dargestellt?	z. B.: • Um zwei Uhr morgens kommt Land in Sicht, man holt die Segel ein und wartet bis zum Morgen. • Die Mannschaft betet.	z. B.: • Bei Sonnenaufgang kommt Land in Sicht, man wirft Anker und geht von Bord. • Die Mannschaft jubelt.	Es ist filmisch schwer darstellbar, wie man um zwei Uhr ankommt. Eventuell wollte der Regisseur den Tagesanbruch mit dem Aufbruch in ein neues Land gleichsetzen.
Wie wird die Inbesitznahme der Insel dargestellt?			
Wie wird der Erstkontakt mit den Inselbewohnern dargestellt?			
Welcher dieser Abschnitte wird am Ausführlichsten geschildert? Was könnte der Grund dafür sein?			
Aus wessen Sicht wird der jeweilige Abschnitt geschildert?			
Welche Hinweise gibt es darauf, dass die Spanier Gefahren befürchten?			
Lässt sich der Grund für die Reise erkennen und wenn ja, woran?			
Gibt es Hinweise auf materielle Interessen der Spanier? Wenn ja, welche?			
Gibt es Hinweise auf den Missionierungswillen der Spanier? Wenn ja, welche?			
Wie wird die Emotionalität von Columbus dargestellt?			
Welche Rolle spielt die Mannschaft?			
Ist eine Hierarchie unter den Spaniern erkennbar und wenn ja, wodurch?			
Wer entdeckt zuerst Land?			

Welche Symbole der Macht sind herauszulesen, erkennbar bzw. wie wird Macht ausgedrückt?	z. B.: • Waffen • Flagge, Fahnen • Urkunden	z. B.: • Waffen • Rüstung • Flagge, Fahnen • Urkunden • Kleidung (z. B. Truchseß) • Trommel • Adelstitel (Don Christo, Exzellenz) • Militärisches Voranschreiten Richtung Dschungel	
Welche Interessen verfolgt das jeweilige Medium (Bordbuch und Film)?	z. B.: • Bordbuch: Information, Selbstdarstellung von Columbus	z.B.: • Film: Unterhaltung, Heroisierung von Columbus	

6.3.2. Normative Aspekte über die Protagonist/innen erschließen

Christoph Kühberger

Ein Zugang zu einem normativen Aspekt von Spielfilmen über die Vergangenheit kann über die Schauspieler/innen gelingen. So könnten entlang der Arbeitsimpulse von Reinhard Krammer die Darsteller/innen in Spielfilmen hinsichtlich ihrer Wirkung auf Rezipient/innen reflektiert werden[552] und über die dabei seitens der Regie angelegten Momente nachgedacht werden. Dazu ist es in der Sekundarstufe I etwa möglich mit Adjektivrauten zu arbeiten, die Eigenschaftswörter zur Verfügung stellen, welche die Schüler/innen für ihre individuellen Wahrnehmungen bzw. zu einer Verbalisierung ihrer Beobachtungen heranziehen können. Dazu eignen sich aber auch Kärtchen (Abb. 6.14.), welche die Schüler/innen in laminierter Form am Boden auflegen. Nach oder während dem wiederholten Betrachten eines Spielfilmausschnittes entscheiden die Schüler/innen in Kleingruppen darüber, welche Eigenschaften sie ausgewählten Charakteren der Darstellung zuordnen würden. Die Auswahl der Adjektive ist zwar einerseits vom konkreten Film abhängig, kann sich jedoch auch nur auf Grundmuster, welche man in Spielfilmen antrifft (Aspekte von „good guys" und „bad guys"), beschränken. Die Großaufnahmen sind dabei sicherlich von zentraler Bedeutung, da über sie in der filmischen Narrationen vor allem „Sympathie" und „Antipathie" transportiert werden.[553] Dieser Aspekt des Umgangs mit einer (filmischen) Darstellung der Vergangenheit zeigt auf, dass im Rahmen eines kompetenzorientierten Geschichtsunterrichtes nicht nur kognitive Herangehensweisen verfolgt werden, sondern in der Begegnung mit Geschichte eben durchaus auch affektive Momente einzubauen sind. Emotionale Reaktionen der Schüler/innen auf die vorgeführten Rollen der historischen Darstellung sollen

---
552 Vgl. Kapitel 6.1.
553 Hedinger 2006, 50.

etwa im hier vorgeschlagenen Unterrichtsbaustein erkannt und produktiv sowie reflexiv weiterverarbeitet werden.[554]

Idealerweise werden den Lernenden für diese Tätigkeit Bilder der Schauspieler/innen im Outfit ihrer Rollen aus dem Spielfilm über die Vergangenheit zur Verfügung gestellt sowie ein Kartensatz mit den Adjektiven. Haben die einzelnen Kleingruppen nun eine gemeinsam akzeptierte Lösung gefunden, sollte man den Schüler/innen Reflexionskarten in Form von beschreibbaren Kommunikationskärtchen in die Hand geben. Für jedes ausgewählte Adjektiv sollten die Lernenden nun eine Begründung aus dem Filmausschnitt heraus abgeben, warum sie sich für diese Bewertung entschieden haben (z.B. Sisi wird als „kindlich" wahrgenommen „…weil die spätere ‚Kaiserin' sich gegenüber ihrer Schwiegermutter so trotzig und wie ein kleines Kind verhält, indem sie laut wird und gleichzeitig körperlich vor ihr zurückschreckt"). Das so entstandene Charakterbild wird nun mit den Ergebnissen der anderen Gruppen verglichen und es wird versucht herauszufinden, welche filmtechnischen Gründe es über die schauspielerische Leistung hinaus gibt, die den Eindruck, der von einem Protagonisten/einer Protagonistin gewonnen wurde, verursacht. Mögliche Gründe könnten dabei die düstere Ausstattung, das farbenfrohe Kostüm, die Ausleuchtung des Sets, die eingespielte Hintergrundmusik, das Aussehen des Schauspielers/der Schauspielerin, Handlungsmuster o.Ä. sein. Zum Abschluss und als zentralen Teil einer historischen De-Konstruktion sollte dann über den Einfluss dieser Aspekte auf die Wahrnehmung der historischen Personen diskutiert werden, die auf diese Weise in einem Spielfilm über die Vergangenheit vorgeführt werden bzw. auch auf die damit in Verbindung stehende Gesamtinterpretation des historischen Kontextes.

Abb. 6.14: Mögliche Adjektive zur Charakteristik von Protagonist/innen

burschikos	weiblich	sensibel	selbstbewusst
wild	zahm	zurückhaltend	dominant
dumm	kindlich	intelligent	verschlagen
einfühlsam	überheblich	willensstark	ungeduldig
liebevoll	herrisch	ungeduldig	etc.

---

554 Borries 2012.

6.3.3. Narrative Bausteine in Spielfilmen und Dokumentationen erkennen

Christoph Kühberger

Eine Möglichkeit, um die narrativen Muster sowie die damit in Verbindung stehenden Bausteine einer Darstellung über die Vergangenheit in filmischer Form mit den Schüler/innen zu diskutieren und deren Konstruktionsmechanismen zu durchschauen, wäre es, einen Spielfilmausschnitt anzusehen und im Anschluss mit den Lernenden typische Merkmale eines Spielfilms über die Vergangenheit im Sinn einer „Gattungsreflexion" zu sammeln. Um die Dominanz derartiger Konstruktionsaspekte von Spielfilmen zusätzlich herauszuarbeiten, sollten die Schüler/innen im Anschluss dazu aufgefordert werden, zu erklären, was sich verändern würde, wenn man den Inhalt des Spielfilmes in einer TV-Dokumentation vermitteln möchte.

Auf diese Weise kommt die Dokumentation als alternative Gattung der filmischen Darstellung der Vergangenheit ebenfalls in den Fokus und es muss einerseits ein Bezug zur historischen Quellenlage eingebracht werden (empirische Ebene), aber auch die Art der Darstellung und die darin möglichen Bewertungen reflektiert werden (narrative und normative Ebene). Dokumentationen arbeiten mit anderen Bausteinen als Spielfilme. So kommen etwa Experteninterviews mit Historiker/innen, abgefilmte Dokumente, Aufnahmen an Originalschauplätzen etc. zum Einsatz und werden durch eine Erklärung, nicht selten durch einen Sprecher/eine Sprecherin (aus dem Off), zusammengehalten. Um den Schüler/innen diesen kontrastiven Schritt zu erleichtern, könnte man ihnen als Zwischenschritt auch Kärtchen zur Verfügung stellen, welche sowohl typische Elemente von Spielfilmen als auch von Dokumentationen anbieten. Die Aufgabe besteht dann darin, in Kleingruppen eine begründete Zuordnung der Elemente zu den Großgattungen vorzunehmen (Abb. 6.16.). Durch verschiedene Gruppierungen der Kärtchen können unterschiedliche Herausforderungen für die Lernenden geschaffen werden (z.B. a priori Trennung der Kärtchen nach Gattung, Reduktion der Anzahl der Kärtchen). Eine Zuordnung der Kärtchen wird nicht in jedem Fall einfach oder gar eindeutig sein, da es einige Momente gibt, die in beiden Gattungen auftauchen. So werden etwa in beiden Gattungen „Musik" und „Geräusche" verwendet, um die Dramatik zu steigern oder eine historische Unmittelbarkeit zu suggerieren. Doch über derartige uneindeutige Konstellationen und die daraus erwachsenden Diskussionen dringen die Schüler/innen durchaus in die Tiefenstruktur der Gattungen ein.

Die Gattung der Dokumentation hat sich in den vergangenen Jahrzehnten stark verändert. Neben sachlichen und nüchternen, oft auch langatmigen Erklärungen von Expert/innen fanden auch neue Bausteine in ihr Aufnahme, welche sich stark an den erfolgreichen Spielfilmen über die Vergangenheit orientieren, um vor allem auch fernsehgerechte und unterhaltsame Formate anbieten zu können. Dies hängt letztlich damit zusammen, dass man davon ausgeht, dass Spielfilmsequenzen eine größere Wirkung auf Geist und Seele besitzen würden, wodurch man diesen

Moment auch für Dokumentationen nutzen möchte. Man spricht in diesem Fall von „Doku-Dramen". Ausgewählte Szenen werden für derartige Dokumentation wie in einem Spielfilm über die Vergangenheit nachgespielt, um über einen „Fotorealismus" größere Anschaulichkeit zu erhalten und um den Unterhaltungswert zu mehren.[555] Nicht selten geschieht dies auf der Grundlage eines konkreten historischen Dokuments, das dadurch scheinbar zum Leben erweckt wird.[556] Dem Dokument wird dadurch meist gleichzeitig von der als sachlich geltende Dokumentation die absolute Wahrheit zugesprochen und so verliert es seinen eigentlich zu problematisierenden Charakter als historische Quelle. Nicht selten gelingt es dadurch, eine vermeintliche Authentizitätssteigerung im Umgang mit der Vergangenheit aufzubauen. Diese Sequenzen eines *Reenactment* beleben die lange Zeit als trocken geltende Dokumentation, indem die Zuschauer/innen nicht in ihren Köpfen die historischen Ereignisse selbstständig imaginieren müssen, sondern es wird ihnen eine Version angeboten, die in den meisten Fällen (leider) nicht kritisch hinterfragt oder durch eine zweite ebenfalls mögliche Darstellung des Geschehens konterkariert wird.[557] Es handelt sich dabei um einen Aspekt, den es bei Doku-Dramen mit den Lernenden zu bearbeiten gilt.

Ist es jedoch das vorrangige Ziel des Geschichtsunterrichts, die beiden Gattungen zu vergleichen und auf ihre speziellen Möglichkeiten der „Inszenierung" der Vergangenheit im Sinn der historischen De-Konstruktionskompetenz einzugehen. So wäre es durchaus möglich von den Schüler/innen Drehbücher oder zumindest Ideen für mögliche Sequenzen in einer Dokumentation entwerfen zu lassen, um die Unterschiedlichkeit der Gattungen herauszustellen und über den Vergleich der Schülerprodukte einen kritischen Diskurs zuzuführen. Für Schulen, die über die notwendige Ausstattung verfügen oder mit außerschulischen Einrichtungen zusammenarbeiten, könnte auch einer „Video-Produktion" von Dokumentationen angedacht werden.

---

555 Vgl. Wehen 2012, 28.
556 Vgl. Wildt 2008.
557 So kann man in Fernsehkrimiserien bereits eine bessere Nutzung der filmischen Möglichkeiten ausmachen, indem nämlich verschiedene Versionen von Zeug/innen filmisch vorgeführt werden, um etwa verschiedene Perspektiven bzw. Wahrnehmungen gegenüberzustellen. – Vgl. Brauburger 2009.

Abb. 6.15: *Auswahl an gattungsspezifischen Kennzeichen von filmischen Darstellungen der Vergangenheit*[558]

Spielfilm über die Vergangenheit	Dokumentation als „Untersuchung"	Doku-Drama
Unterhaltungswert, Markt- bzw. Publikumsorientierung steht im Mittelpunkt (neben den historischen Ereignissen werden Liebesgeschichten oder dramatische Beziehungen überspitzt)	Experten/innen, Wissenschaftler/innen oder Filmemacher/innen sind erkennbar anwesend und leiten anhand einer Fragestellung die (geschichtswissenschaftliche) Untersuchung	Verwendung von Spielszenen, welche vorgeben, Geschehnisse entlang von historischen Quellen (z.B. aus dem Off vortragende Tagebuchtexte o. Ä.) fotografisch-realistisch rekonstruierten zu können
meist fiktive Handlungen im historischen Kontext	Versuch der Vorführung hoher Faktizität (Quellennähe)	Fließender Übergang zwischen belegbaren Aspekten und Spielfilmdramaturgie, um Sachlichkeit durch Unterhaltungswert zu ergänzen
Komplexe historische Zusammenhänge werden vereinfacht (z.B. durch die Reduktion von historisch belegten beteiligten Personen)	Sprecherkommentar vermittelt die Interpretation des visuell Vorgeführten	
	Äußerungen, Vermutungen und Schlussfolgerungen werden offen gelegt und nachvollziehbar gemacht	Schauspieler/innen werden so ausgewählt, dass sie nah am physischen Erscheinungsbild der historischen Personen sind
Überwältigung der Zuschauer/innen durch ein „Einfühlen"/„Identifikation"		
Haltungen sollen bei den Zuschauer/innen geweckt werden	Belege (Bild- und Sachquellen, Zeitzeugen/innen o. ä.) werden eingewoben oder es wird am Originalschauplatz gedreht	Überwältigung der Zuschauer/innen durch ein „Einfühlen"/„Identifikation"
Dramatik bzw. narrativer Spannungsbogen werden in der Regel ausgereizt		populärwissenschaftliche Informationsabsicht
Entproblematisierung der historischen (Re-)Konstruktion	Verwendung von marktorientierten Zugängen zur Untersuchung (u.a. Rätsel, Geheimnisse, Mysterien, detektivische Spurensuche)	
	wissenschaftsorientiert Informationsabsicht	
Beispiele: „1492 – Die Eroberung des Paradieses" (1992); „Ben Hur" (1959); „Die Borgias" (2006)	Beispiel: „Schindlers Liste – eine wahre Geschichte" (2008)	Beispiele: „Franz Fuchs – ein Patriot" (2007); „Speer und Er" (2005)

---

558 Borries 2006, 50ff; Borries 2007.

Abb. 6.16: *Ausgewählte Bausteine einer Dokumentation und eines Spielfilms über die Vergangenheit*[559]

Musikunterlegung	eingespielte Geräusche	Ausstattung/Inszenierung des Studios
Spielszenen	Zeitzeuge/Zeitzeugin	Animationen
eingeblendete Karte	Interviewer/Interviewerin	eingeblendete schriftliche Informationen
Szenen vom Schauplatz	Experte/Expertin (im Interview)	abgefilmtes Quellenmaterial
Moderator/Moderatorin	unsichtbarer Sprecher/unsichtbare Sprecherin	verschiedene Interpretationen zu einem Ereignis werden angeboten
Stars als Darsteller/innen historischer Personen	starke Personalisierung der Handlung	gefühlsbetonte Rahmenhandlung
Einbinden einer Liebesgeschichte	genau nachempfundene Kulissen	lückenlose Darstellung von Details
Vorführen nur einer Interpretation der Vergangenheit	starke Detailverliebtheit in der Requisite	plakative Unterscheidung zwischen „Gut" und „Böse"
unterschiedliche soziale Typen werden in die Erzählung eingebunden	politische Zusammenhänge werden vereinfacht dargestellt	etc.

---

[559] Erweitert nach: Kühberger/Windischbauer 2012, 77; Baumgärtner 2012, 21.

Abb. 6.17: *Mögliche Bedeutungen der Bausteine in einer Dokumentation und in einem Spielfilm über die Vergangenheit*[560]

… damit wird versucht das Dargestellte zu belegen	… damit wird versucht das Dargestellte zu beweisen	… damit wird die Dokumentation aufgelockert
… damit wird versucht die Vergangenheit anschaulicher zu machen	… damit wird die „Echtheit"/„Authentizität" des Dargestellten unterstrichen	… damit wird eine Spurensuche im Heute verdeutlicht
… damit fühlt man sich unmittelbar als Mensch betroffen	… damit versucht man bewegte Bilder anzubieten, wenn Filmmaterial fehlt	… damit wird auf die Seriosität der Dokumentation verwiesen
… damit werden komplexe Ereignisse ins Bild gesetzt	… damit kann man die Zuschauer/innen faszinieren	… damit fühlen wir uns als Menschen angesprochen
… damit können verschiedene Sichtweisen die Vergangenheit geworfen werden	… damit wird versucht wissenschaftliche Wahrheit in der Dokumentation zu erzeugen	… damit wird ein eindeutiger Zusammenhang zwischen der Vergangenheit und der Gegenwart hergestellt
… damit werden bei den Zuschauer/innen bestimmte Gefühle wachgerufen	… damit kann eine bestimmte Atmosphäre erzeugt werden	… damit werden sachliche Erklärungen in die Dokumentation eingebracht
… damit werden einzelne Bausteine der Erzählung miteinander verbunden	… damit wir einen Ort oder eine Person als sympathisch/unsympathisch wahrnehmen	… damit werden kurze Zusatzinformationen geboten, die mit Bildern nicht vermittelt werden
… damit werden unterhaltende Elemente in die Dokumentation eingebracht	… damit können neueste Erkenntnisse der wissenschaftlichen Forschung berücksichtigt	… damit kann mehr Bewegung in Dokumentationen gebracht werden
… damit die nächste Szene intensiver wahrgenommen wird	… damit ein Bruch in der Erzählung über die Vergangenheit eindeutiger wird	… damit ein neuer Abschnitt in der Darstellung verdeutlicht wird
… damit wird das Interesse für den Film geweckt	… damit wird versucht die Zuschauer/innen auf der Gefühlsebene zu erreichen	… damit wird versucht eine Verbindung zwischen Zuschauer/innen und der Filmhandlung aufzubauen

[560] Erweitert nach: Kühberger/Windischbauer 2012, 77.

… damit wird versucht einen höheren Unterhaltungswert zu erzielen	… dadurch soll die Erzählung über die Vergangenheit als real erscheinen	… dadurch wird versucht in der Darstellung eine Glaubhaftigkeit zu erzeugen
… dies kommt den einfachen Unterhaltungsbedürfnis der Zuschauer/innen entgegen	… dies ermöglicht den Zuschauern/innen sich mit einer Person zu identifizieren	… dies soll den Unterhaltungswert unterstützen
… dies kommt einer sachlichen und kühlen Darstellung entgegen	… dies versucht, komplizierte Konstellationen zu umgehen	… dadurch erscheint das Gezeigte tatsächlich als mögliche Vergangenheit

7. Bibliographie

Adamski, Peter/Bernhardt, Markus: Diagnostizieren – Evaluieren – Leistung beurteilen. In: Praxis des Geschichtsunterricht. Bd. 2. Hg. v. M. Baricelli/M. Lücke. Schwalbach/Ts. 2012, 401–435.
Adamski, Peter: Portfolio für den Anfängerunterricht. In: Geschichte lernen 96/2003, 29–33.
Adamski, Peter: Portfolio im Geschichtsunterricht. Leistungen dokumentieren – Lernen reflektieren. In: GWU 54/2005/1, 32–50.
American Educational Research Association (AERA): Code of Ethics. In: Educational Research 40/2011/3, 145–156.
Ammerer, Heinrich/Windischbauer, Elfriede (Hg.): Kompetenzorientierter Unterricht in Geschichte und Politischer Bildung. Diagnoseaufgaben mit Bildern. Wien 2011.
Atteslander, Peter: Methoden der empirischen Sozialforschung. Berlin 2010[13].
Baacke, Dieter/Schäfer, Horst/Vollbrecht, Ralf: Treffpunkt Kino. Daten und Materialien zum Verhältnis von Jugend und Kino. Weinheim 1994.
Baacke, Dieter: Sinnmaschine Kino. Medienpädagogik. Tübingen 1997.
Baake, Dieter/Frank, Günter/Radde, Martin: Medienwelten – Medienorte. Jugend und Medien in Nordrhein-Westfalen. Opladen 1991.
Bachmair, Ben: Mediensozialisation. Die Frage nach Sozialisationsmustern im Kontext dominanter Medienformen. In: Jahrbuch Medienpädagogik 6. Medienpädagogik. Standortbestimmungen einer erziehungswissenschaftlichen Disziplin. Hg. v. W. Sesink/M. Kerres/H. Moser. Wiesbaden 2007, 118–143.
Bachmair, Ben: TV-Kids. Ravensburg 1994.
Bahiani, Ana Maria: 1492. Conquest of Paradise. In: Ridley Scott: Interviews. Hg. v. L. Knapp/A. Kulas. Mississippi 2005, 81–89.
Barricelli, Michele: History on Demand. Eine zeitgemäße Betrachtung zur Arbeit mit historischen Spielfilmen im kompetenzorientierten Unterricht. In: Zeitgeschichte als TV-Event. Erinnerungsarbeit und Geschichtsvermittlung im deutschen Fernsehen. Hg. v. A. Drews. Rehburg-Loccum 2008, 99–119.
Barricelli, Michele/Gautschi, Peter/Körber, Andreas: Historische Kompetenzen und Kompetenzmodelle. In: Handbuch Praxis des Geschichtsunterrichtes. Hg. v. M. Baricelli/M. Lücke. Schwalbach/Ts. 2012, 207–235.
Barthelmes, Jürgen/Sander, Ekkehard: Medien in Familie und peer group. Vom Nutzen der Medien für 13- bis 14jährige. München 1997.
Barthelmes, Jürgen: Funktionen von Medien im Prozess des Heranwachsens. Ergebnisse einer Längsschnittuntersuchung bei 13- bis 20-Jährigen. In: Media Perspektiven 2/2001, 84–89.
Baumann, Heidrun: Der Film. In: Erste Begegnungen mit Geschichte. Grundlagen historischen Lernens Bd. 1. Hg. v. W. Schreiber. Neuried 1999, 527–560.
Baumgärtner, Ulrich (Hg.): Geschichte und Film: Erkundungen zu Spiel-, Dokumentar- und Unterrichtsfilm. München 2004.

Baumgärtner, Ulrich: Ein verknappter Spielfilm? Faktenwissen und „Dokutainment". Die ZDF-Dokumentation „Karl der Große und die Sachsen". In: Praxis Geschichte 3/2012, 18–22.

Bechthold, Gerhard/Gericke-Schönhagen, Detlef: Spielfilme im Unterricht Deutsch als Fremdsprache. München 1991.

Beilner, Helmut: Empirische Forschung in der Geschichtsdidaktik. In: Geschichte in Wissenschaft und Unterricht 54/2003/5–6, 282–302.

Bellert, Hans: Handbuch der Filmmontage. München 1993.

Bernhardt, Markus: Die Subjektseite der visuellen Begegnung. Vom Nutzen qualitativer empirischer Untersuchungen für die Entwicklung fachspezifischer Kompetenzen. In: ZfGD 2007, 108–124.

Bergala, Alain: Kino als Kunst. Filmvermittlung an der Schule und anderswo. Marburg 2006.

Bergold, Björn: „Man lernt ja bei solchen Filmen immer noch dazu" – Der Fernsehzweiteiler „Die Flucht" und seine Rezeption in der Schule. In: GWU 9/2010, 503–515.

Bilandzic, Helena: Lautes Denken. In: Qualitative Medienforschung. Hg. v. L. Mikos/C. Wegener. Konstanz 2005, 362–370.

Bischur, Daniel/Sedmak, Clemens: „Aber ich bin eben auch ein Mensch". Zum Umgang mit ethischen Fragen im Wissenschaftsalltag (= Working Paper/theories and commitments 4). Salzburg o.J.

Blothner, Dirk: Erlebniswelt Kino. Über die unbewusste Wirkung des Films. Bergisch-Gladbach 1999.

Blothner, Dirk: Erlebniswelt Kino. Bergisch-Gladbach 1999.

Blothner, Dirk: Filminhalte und Zielgruppen 4. Generalisierungen und Tendenzen zum Verständnis der Zielgruppenbildung im Kino. Wirkungspsychologische Analyse der GfK-Paneldaten der Jahre 1998–2002. Berlin 2004.

Boggs, Joseph M./Petrie, Dennis W.: The Art of Watching Films. New York 2008[7].

Bohnsack, Ralf: Qualitative Bild- und Videointerpretation. Die dokumentarische Methode. Opladen 2009.

Bollmann, Matthias: Videoproduktion als Unterrichtsmethode im Geschichtsunterricht in der kooperativen Mittelschule. (Masch. Diss.) Wien 2009.

Borries, Bodo von: Geschichte im Fernsehen und Geschichtsfernsehen in der Schule. In: Geschichtsdidaktik 3/1983, 221–238.

Borries, Bodo von: Geschichte im Spiel- und Dokumentarfilm. Fach- und Mediendidaktische Überlegungen. In: Medien, Sozialisation, Unterricht. Hg. v. Bundeszentrale für Politische Bildung. Bonn 1990, 69–97.

Borries, Bodo von: Lehr-/Lernforschung in europäischen Nachbarländern – ein Stimulus für die deutschsprachige Geschichtsdidaktik? In: Methoden geschichtsdidaktischer Forschung. Hg. v. S Handro/B. Schönemann. Münster 2002, 13–49.

Borries, Bodo von: Qualitative Schülerbefragung und Lehrerbegleitbefragung. In: Schulbuchverständnis, Richtlinienbenutzung und Reflexionsprozesse im Geschichtsunterricht. Eine qualitativ-quantitative Schüler- und Lehrerbefragung im Deutschsprachigen Bildungswesen 2002. Hg. v. B. v. Borries/ C. Fischer/S. Leitner. Neuried 2005, 37–120.

Borries, Bodo von: Genese und Entwicklung von Geschichtsbewusstsein. Lern- und Lebensalter als Forschungsproblem der Geschichtsdidaktik. In: Zeitschrift für Geschichtsdidaktik 2002, 44–58.

Borries, Bodo von: Neue Formen historischen Lernens. Fallstudien zur öffentlichen Geschichtskultur als Beitrag zum systematischen Geschichtslernen. In: Geschichte, Politik und ihre Didaktik 32/2003, 10–27.

Borries, Bodo von: Arbeit mit „Dokumentarfilmen" als Erwerb „Historischer Kompetenzen". In: Geschichte im Film. Beiträge zur Förderung historischer Kompetenz. Hg. v. W. Schreiber/A. Wenzel. Neuried 2006, 46–62.

Borries, Bodo von: Empirie. Ergebnisse messen (Lerndiagnose im Fach Geschichte). In: Kompetenzen historischen Denkens. Ein Strukturmodell als Beitrag zur Kompetenzorientierung in der Geschichtsdidaktik. Hg. v. A. Körber/W. Schreiber/A. Schöner. Neuried 2007a, 653–673.

Borries, Bodo von: Historischer „Spielfilm" und „Dokumentation"? Bemerkungen zu Beispielen. In: Wahre Geschichte – Geschichte als Ware. Die Verantwortung der historischen Forschung für Wissenschaft und Gesellschaft. Hg. v. Ch. Kühberger/Ch. Lübke/Th. Terberger. Rahden/Westf. 2007b, 187–212.

Borries, Bodo von: Historisch Denken Lernen. Welterschließung statt Epochenüberblick. Geschichte als Unterrichtsfach und Bildungsaufgabe. Opladen 2008.

Borries, Bodo von: Fallstricke interkulturellen Geschichtslernens. In: Crossover Geschichte. Historisches Bewusstsein Jugendlicher in der Einwanderungsgesellschaft. Hg. v. V. B. Georgi/R. Ohlinger. Bonn 2009a, 25–45.

Borries, Bodo von: Historische Sinnbildung, geschichtliches Denken und Orientierung im historischen Kontinuum unserer Gesellschaft. In: Bodo von Borries: Lebendiges Geschichtslernen. Bausteine zu Theorie und Pragmatik, Empirie und Normfrage. Bodo von Borries zum 60. Geburtstag. Schwalbach/Ts. 2009^{3}b, 288–317.

Borries, Bodo von: Nicht-nur-kognitive Lernprozesse. In: Handbuch Praxis des Geschichtsunterrichtes. M. Barricelli/M. Lücke. Schwalbach/Ts. 2012, 422–438.

Borries, Bodo von/Pandel, Hans-Jürgen (Hrsg.): Zur Genese historischer Denkformen, Pfaffenweiler 1994.

Bortz, Jürgen: Statistik für Human- und Sozialwissenschaftler. Heidelberg 2005^6.

Bosch, Roselyne: 1492. Conquest of Paradise. Drehbuchversion 23. September 1991. – http://www.dailyscript.com/scripts/1492_conquest.html (10.8.2012).

Brauburger, Stefan: Fiktionalität oder Fakten? Welche Zukunft hat die zeitgeschichtliche Dokumentation. In: Fernsehen macht Geschichte. Vergangenheit als TV-Ereignis. Hg. v. C. Cippitelli/A. Schwanebeck. Baden-Baden 2009, 83–94.

Brauburger, Stefan: Fiktionalität oder Fakten? Welche Zukunft hat die zeitgeschichtliche Dokumentation. In: Fernsehen macht Geschichte. Vergangenheit als TV-Ereignis. Hg. v. C. Cippitelli/A. Schwanebeck. Baden-Baden 2009, 83–94

Buccheri, Vincenzo: Il Film. Dalla sceneggiatura alla distribuzione. Rom 2011^9.

Calabretto, Roberto: Lo schermo sonoro. La musica per film. Venedig 2010.

Charlton, Michael: Methoden der Erforschung von Medienaneignungsprozessen. In: Medienrezeption als Aneignung. Methoden und Perspektiven qualitativer Medienforschung. W. Holly/U. Püschel. Opladen 1993, 11–26.

Conrad, Franziska: Diagnostizieren im Geschichtsunterricht. In: Geschichte Lernen 116/2007, 2–11.

Dannenhauser, Ulrich et al.: Aufgaben mit diagnostischem Potential selbst erstellen. In: Diagnostizieren und Fördern in der Sekundarstufe I. Schülerkompetenzen erkennen, unterstützen und ausbauen. Hg. v. S. Kliemann. Berlin 2008, 57–73.

Decke-Cornill, Helene/Luca, Renate (Hg.): Jugendliche im Film – Filme für Jugendliche. Medienpädagogische, bildungstheoretische und didaktische Perspektiven. München 2007.

Desbarats, Claude/Desbarats, Francis: Filmstandbilder. Für eine schulische Vermittlung des Kino als Kunst. In: Filme sehen, Kino verstehen. Methoden der Filmvermittlung. Hg. v. B. Henzler/W. Pauleit. Marburg 2009, 33–65.

Drinck, Barbara/Ehrenspeck, Yvonne/Hackenberg, Achim/Hedenigg, Silvia/Lenzen, Dieter: Von der Medienwirkungsbehauptung zur erziehungswissenschaftlichen Medienrezeptionsforschung – Ein Vorschlag zur Analyse von Filmkommunikation. In: Mediepädagogik – Online Zeitschrift für Theorie und Praxis der Medienbildung 1/2001. – http://wl3www486.webland.ch/01-1/drinck1.pdf (1.6.2013)

Dück, Anna: Schülervorstellungen zu historischem Wandel. Eine empirische Untersuchung. Hamburg 2013.

Ebbrecht, Tobias: Geschichte. In: Handbuch Mediensozialisation. Hg. v. R. Vollbrecht/C. Wegener. Wiesbaden 2010, 341–348.

Eder, Jens: Die Dramaturgie des populären Films. Drehbuchpraxis und Filmtheorie. Hamburg 2000.

Ehrenspeck, Yvonne/Geimer, Alexander/Lepa, Steffen: Inhaltsanalyse, in: Sander, Uwe/von Gross, Friderike/Hugger, Kai-Uwe (Hrsg.): Handbuch Medienpädagogik, Wiesbaden 2008, 351–356

Ehrenspeck, Yvonne/Hackenberg, Achim/Lenzen, Dieter: Wie konstruieren Jugendliche filmische Todesdarstellungen? Ergebnisse eines DFG-Forschungsprojektes zur erziehungswissenschaftlichen Medienrezeptionsforschung. In: Zeitschrift für Erziehungswissenschaft 9/2006/3, 424–446.

Ehrenspeck, Yvonne/Lenzen, Dieter: Sozialwissenschaftliche Filmanalyse. Ein Werkstattbericht. In: Film- und Fotoanalyse in der Erziehungswissenschaft. Hg. v. Y. Ehrenspeck/B. Schäffer. Opladen 2003, 440–450.

Ehrenspeck, Yvonne/Geimer, Alexander/Lepa, Steffen: Inhaltsanalyse. In: Handbuch Medienpädagogik. Hg. v. U. Sander/F. von Gross/K.-U. Hugger. Wiesbaden 2008, 351–356.

Erll, Astrid: Literature, Film, and the Mediality of Cultural Memory. In: Cultural Memory Studies. An International and Interdisciplinary Handbook. Hg. v. A. Erll/A. Nünning. Berlin 2008, 390–398.

Fachgruppe Chemieunterricht/Gesellschaft Deutscher Chemiker: Diagnostizieren und Fördern im Chemieunterricht. Frankfurt/Main 2008.
Fatke, Reinhard: Fallstudien in der Erziehungswissenschaft. In: Handbuch Qualitative Forschungsmethoden in der Erziehungswissenschaft. Hg. v. B. Friebertshäuser/A. Langer/A. Prengel. Weinheim – München 2010³, 159–172.
Faulstich, Werner: Die Filminterpretation. Göttingen 1995.
Faulstich, Werner: Einführung in die Filmanalyse. Tübingen 1994.
Faulstich, Werner: Grundkurs Filmanalyse. München 2002.
Faulstich, Werner: Grundkurs Filmanalyse. Paderborn 2008².
Ferreri, Michel/Elik, Nezihe: Influence on Intentional Conceptual Change. In: Intentional Conceptual Change. Hg. v. G. M. Sinatra/P. R. Pintrich. New York – London 2003, 21–54.
FFA: Der Kinobesucher 2010. Berlin 2011. – www.ffa.de/downloads/publikationen/ kinobesucher_2010.pdf (22.6.2011)
Film Institut: Filmwirtschaftsbericht Österreich 2011. o.J. o.O. – www.filmwirt schaftsbericht.at/10/verwertung/kinobesuche-und-filmverleih/(20.8.2012)
Filmförderungsanstalt: Brennerstudie 2005. Kopieren und Downloaden von Spiel-/Kinofilmen. Berlin 2006.
Fischoff, Stuart/Antonio, Joe/Lewis, Diane: Favorite films and film genres as a function of race, age, and gender, in: Journal of Media Psychology 3/1998, 129–150.
Flick, Uwe/Kardoff, Ernst von/Steinke, Ines: Was ist qualitative Forschung? In: Qualitative Forschung. Hg. v. U. Flick/E. v. Kardoff/I. Steinke. Hamburg 2003², 13–29.
Flick, Uwe: Zum Stand der Diskussion – Aktualität, Ansätze und Umsetzung der Triangulation. In: Methodentriangulation in der qualitativen Bildungsforschung. Hg. v. J. Ecarius/I. Miethe. Opladen 2011, 19–39.
Flik, Uwe: Triangulation in der qualitativen Forschung. In: Qualitative und quantitative Methoden – kein Gegensatz. In: Qualitative Forschung. Ein Handbuch. Hg. v. U. Flik/E. v. Kardoff/I. Steinke. Hamburg 2003², 309–318.
Fried, Hellmut: „Wer die Macht hat, verlangt nach Zensur!". Zur Rezeption des Filmes „Im Westen nichts Neues". In: Praxis Geschichte 6/1992, 37–41.
Friedmann, Berger (Hg.): Christoph Columbus. Dokumente seines Lebens und seiner Reisen. Band 1. Leipzig 1991.
Fritsch, Dirk/Fritsch, Eva: Filmverstehen mit LERNORT FILM. Erfahrungen mit Entwicklung von Filmkompetenz in der Schüler- sowie Lehreraus- und Weiterbildung: In: Jugendliche im Film – Filme für Jugendliche. Medienpädagogische, bildungstheoretische und didaktische Perspektiven. Hg. v. H. Decke-Cornill/R. Luca. München 2007, 93–106.
Froschauer, Ulrike/Lueger, Manfred: Das qualitative Interview. Zur Praxis interpretativer Analyse sozialer Systeme. Wien 2003.
Fuson, Robert (Hrg.): Das Logbuch des Christoph Kolumbus. Bergisch Gladbach 1989.
Gädicke, Julia: Filme im Geschichtsunterricht. Ein qualitativer Vergleich zwischen Unterrichtsfilmen und Spielfilmen und deren inhaltliche Ergänzung für den Geschichtsunterricht der Sekundarstufe I an Thüringer Gymnasien am Fall-

beispiel „Napoleon Bonaparte – Von der Revolution zum Wiener Kongreß" (Unterrichtsfilm) und „Napoléon" (Spielfilm), Bachelor-Arbeit. Ilmenau 2010.

Gallin, Peter: Den Unterricht dialogisch gestalten – neun Arbeitsweisen und einige Tipps. In: Besser lernen im Dialog. Dialogisches Lernen in der Unterrichtspraxis. Hg. v. U. Ruf/St. Keller/F. Winter. Seelze-Velber 2008, 96–108.

Gangloff, Tillmann P.: Schlechte Nachrichten, schreckliche Bilder. Mit Kindern belastende Medieneindrücke verarbeiten. Freiburg 2002.

Gangloff, Tilmann P.: „Helden wie wir". Zeitgeschichte im Fernsehen. In: Fernsehen macht Geschichte. Vergangenheit als TV-Ereignis. Hg. v. C. Cippitelli/A. Schwanebeck. Baden-Baden 2009, 27–42.

Ganguly, Martin: Filmanalyse. Themenheft. Stuttgart – Leipzig 2011.

Gautschi, Peter: Geschichte lehren. Lernwege und Lernsituationen für Jugendliche. 2005^3.

Gautschi, Peter: Guter Geschichtsunterricht. Grundlagen, Erkenntnisse, Hinweise. Schwalbach/Ts. 2009.

Gehrau, Volker: Basisgenres und die geschlechtsspezifische Rezeption fiktionaler Unterhaltungsgenres. In: Empirische Unterhaltungsforschung. Studien zu Rezeption und Wirkung von medialer Unterhaltung. Hg. v. H. Schramm/W. Wirth/H. Bilandzic. München 2005, 29–46.

Geimer, Alexander/Ehrenspeck, Yvonne: Qualitative Filmanalyse in den Sozial- und Erziehungswissenschaften. In: Handbuch Qualitative Forschungsmethoden in der Erziehungswissenschaft. Hg. v. B. Friebertshäuser/A. Prengel. Weinheim 2010^3, 589–598.

Geimer, Alexander: Filmrezeption und Filmaneignung: Eine qualitativ-rekonstruktive Studie über Praktiken der Rezeption bei Jugendlichen. Wiesbaden 2010 (zugleich Univ. Diss., Freie Universität Berlin 2009).

Giesecke, Hermann: Politische Bildung. Didaktik und Methodik für Schule und Jugendarbeit. Weinheim und München 2000, 163–201.

Gieth, Hans-Jürgen van der: Lernzirkel Schindlers Liste. 14 Lernstationen für Klasse 5 bis 13. Lichtenau 1995.

Gläser, Jochen/Laudel, Grit: Experteninterviews und qualitative Inhaltsanalyse. Wiesbaden, 2010.

Glogner, Patrick: Altersspezifische Umgehensweisen mit Filmen. Teilergebnisse einer empirischen Untersuchung zur kultursoziologischen Differenzierung von Kinobesuchern. In: Wozu Jugendliche Musik und Medien gebrauchen. Jugendliche Identität und musikalische und mediale Geschmacksbildung. Hg. v. R. Müller/P. Glogner/St. Rhein/J. Heim. Weinheim 2002, 98–111.

Gräb, Wilhelm/Herrmann, Jörg/Nottmeier, Christian: Film als Medium religiöser Bildung, in: Zeitschrift für Erziehungswissenschaft 7/2004/3, 326–343.

Greif, Mark: Bluescreen. Berlin 2011. – Schorb, Bernd et al.: Medienkonvergenz MonitoringVideoplattform-Report 2009. – http://www.uni-leipzig.de/mepaed/sites/default/files/MeMo_VP09.pdf (1.3.2013)

Grüner, Christiane: Panzerkreuzer Potemkin. In: Geschichte lernen 42/1994, 53–57.

Günther-Arndt, Hilke: Arbeitsaufgaben in Schulgeschichtsbüchern. Mögliche Auswirkungen auf die Rezeption im Unterricht und das Geschichtsbewußtsein. Eine Pilotstudie. In: Geschichtsbewußtsein und historisch-politisches Lernen. Hg. v. G. Schneider. Pfaffenweiler 1988, 193–204.

Hackenberg, Achim: Filmverstehen als kognitiv-emotionaler Prozess. Zum Instruktionscharakter filmischer Darstellungen und dessen Bedeutung für die Medienrezeptionsforschung. Berlin 2004.

Hackenberg, Achim: Filmverstehen als persönliche Konstruktion: Rezeptionsweisen Jugendlicher aus konstruktivistischer Perspektive. In: tv-diskurs 9/2005/2, 72–77.

Häcker, Thomas/Winter, Felix: Portfolios – ein Beitrag zur Demokratisierung des Lernens und der Leistungsbeurteilung. In: Beteiligt oder bewertet? Leistungsbeurteilung und Demokratiepädagogik. Hg. v. S.-I. Beutel/W. Beutel. Schwalbach/Ts. 2010, 292–309.

Handro, Saskia: „Wie es euch gefällt." – Geschichte im Fernsehen. In: Zeitschrift für Geschichtsdidaktik 2007, 213–231.

Hasberg, Wolfgang: Empirische Forschung in der Geschichtsdidaktik. Bd.1. Neuried 2001.

Hasberg, Wolfgang: Im Schatten von Theorie und Pragmatik – methodische Aspekte empirischer Forschung in der Geschichtsdidaktik. In: Zeitschrift für Geschichtsdidaktik 2007, 9–40.

Hasberg, Wolfgang: Vermittlung geschichtskultureller Kompetenzen in historischen Ausstellungen. In: Historische Kompetenzen und Museen. Hg. v. S. Popp/B. Schönemann. Idestein 2009, 211–236.

Hascher, Tina: Diagnose als Voraussetzung für gelingende Lernprozesse. In: Journal für LehrerInnenbildung 2/2003, 25–30.

Haydn, Terry et al. (Hg.): Learning to Teach History in the Secondary School. A Companson to School experience. London 2008.

Hediger, Vinzenz: Gefühlte Distanz. Zur Modellierung von Emotionen in der Film- und Medientheorie. In: Die Massenmedien bewegen. Medien und Emotionen in der Moderne. Hg. v. F. Bösch/M. Borutta. Frankfurt/Main 2006, 42–62.

Hedinger, Vinzenz: Gefühlte Distanz. Zur Modellierung von Emotionen in der Film- und Medientheorie. In: Die Massen bewegen. Medien und Emotionen in der Moderne. Hg. v. F. Bösch/M. Borutta. Frankfurt/Main 2006, 42–62.

Heil, Werner: Kompetenzorientierter Geschichtsunterricht. Stuttgart 2010.

Herrmann, Jörg: Sinndeutung und Religion im populären Film. Gütersloh 2002.

Hesse, Ingrid/Latzko, Brigitte: Diagnostik für Lehrkräfte. Opladen 2009.

Heuer, Christian: Kompetenzraster im Geschichtsunterricht. Erstellung und Einsatz einer Diagnosehilfe. In: Geschichte lernen 116/2007, 28–33.

Hickethier, Knut: Film- und Fernsehanalyse. Stuttgart 2007[4].

Hofmann, Wilhelm/Baumert, Anna/Schmitt, Manfred: Heute haben wir Hitler im Kino gesehen. Evaluation der Wirkung des Films „Der Untergang" auf Schüler und Schülerinnen der neunten und zehnten Klasse. In: Zeitschrift für Medienpsychologie 17/2005/(N.F. 5) 4, 132–146.

Höijer, Brigitta: Publikumserwartungen und Interpretation von Fernsehgenres. Ein sozio-kognitiver Ansatz. In: SPIEL 15/1996/2, 235–251.

Holighaus, Alfred: Der Filmkanon. 35 Filme, die Sie kennen müssen, Berlin 2005

Horstkemper, Marianne: Fördern heißt diagnostizieren. Pädagogische Diagnostik als wichtige Voraussetzung für individuellen Lernerfolg. In: Friedrich Jahresheft 2006, 4–7.

Hughes-Warrington, Marnie: History goes to the movies, London 2009.

Institut für Film und Bild in Wissenschaft und Unterricht: Lernobjekte Geschichte. Beilage zu Praxis Geschichte 4/2009 (Historisches Lernen mit elektronischen Medien/FWU).

Jäger, Reinhold S.: Diagnostische Aufgaben und Kompetenzen von Lehrkräften. In: Handbuch Unterricht. Hg. v. K.-H. Arnold/U. Sandfuchs/J. Wiechmann. Bad Heilbrunn 2006, 631–638.

JIM 2010. Jugend, Information, (Multi-Media). Basisstudie zur Mediennutzung 12–19-jähriger in Deutschland. Stuttgart 2010.

Kaiser, Astrid: Neue Einführung in die Didaktik des Sachunterrichtes. Baltmannsweiler 2006.

Kaiser, Silke/Töpper, Claudia/Mikos, Lothar: Orientierung durch Unterhaltung zwischen Fakt und Fiktion. Kinder und die Nutzung des Kinderfernsehens. In: Empirische Unterhaltungsforschung. Studien zu Rezeption und Wirkung von medialer Unterhaltung. Hg. v. H. Schramm/W. Wirth/H. Bilandzic. München 2005, 47–66

Kamp, Werner: AV-Mediengestaltung. Grundwissen. Haan-Gruiten 2010^4.

Kamp, Werner/Rüsel, Manfred: Vom Umgang mit Film. Berlin 2011.

Kelle, Udo/Erzberger, Christian: Qualitative und quantitative Methoden – kein Gegensatz. In: Qualitative Forschung. Ein Handbuch. Hg. v. U. Flik/E. v. Kardoff/I. Steinke. Hamburg 2003^2, 299–309.

Kienberger, Martina: Einfluss von filmischen Geschichtsdarstellungen auf das historische Bewusstsein von Jugendlichen. Wien (Diplomarbeit) 2008.

Kinter, Jürgen: Meine Geschichte als Video. Möglichkeiten aktiver Geschichtsmedienarbeit, in: Geschichte lernen, 42/1994, 39–43.

Kleber, Reinhard: Wie funktioniert ein Film? Zu den Grundlagen der Filmgestaltung. In: Medien praktisch. Medienpädagogische Zeitschrift für die Praxis 4/1989, 4–8.

Klieme, Eckhard et al.: Zur Entwicklung nationaler Bildungsstandards. Eine Expertise. Berlin 2003.

Knapp, Laurence: Introduction. In: Ridley Scott: Interviews. Hg. v. Laurence Knapp/Andreas Kulas. Mississippi 2005, VII–XVI.

Kneile-Klenk, Karin: Unterrichtsfilme und Sendungen des Schulfernsehens der DDR über das Ende der Weimarer Republik und die NS-Zeit. Weinheim 2000.

Kolumbus, Christoph: Bordbuch. Aufzeichnungen seiner ersten Entdeckungsfahrt nach Amerika 1491–1493. Wiesbaden 2005.

Körber, Andreas: Dimensionen des Kompetenzmodells „Historisches Denken". In: Kompetenzen historischen Denkens. Ein Strukturmodell als Beitrag zur

Kompetenzorientierung in der Geschichtsdidaktik. Hg. v. A. Körber/W. Schreiber/A. Schöner. Neuried 2007a, 89–154.

Körber, Andreas: Graduierung. Die Unterscheidung von Niveaus der Kompetenzen historischen Denkens. In: Kompetenzen historischen Denkens. Ein Strukturmodell als Beitrag zur Kompetenzorientierung in der Geschichtsdidaktik. Hg. v. A. Körber/W. Schreiber/A. Schöner. Neuried 2007b, 415–472.

Körber, Andreas/Schreiber, Waltraud/Schöner, Alexander (Hg.): Kompetenzen historischen Denkens. Ein Strukturmodell als Beitrag zur Kompetenzorientierung in der Geschichtsdidaktik. Neuried 2007.

Krammer, Reinhard: Dekonstruktion von Filmen im Geschichtsunterricht. Materialien zur LehrerInnenfortbildung, Typoscript 2002.

Krammer, Reinhard: Paradigmenwechsel? Geschichte, Politische Bildung und eine neue Herausforderung: Globalgeschichte. In: Informationen zur Politischen Bildung 23/2005, 42–54.

Krammer, Reinhard: De-Konstruktion von Filmen im Geschichtsunterricht. In: Geschichte im Film. Beiträge zur Förderung historischer Kompetenzen. Hg. v. W. Schreiber/A. Wenzel. Neuried 2006, 28–41.

Krammer, Reinhard: Kompetenzen durch politische Bildung. Ein Kompetenz-Strukturmodell. In: Informationen zur Politischen Bildung 29/2008, 5–14.

Krammer, Reinhard: Wie Gerard Depardieu Amerika entdeckte. Historisches Lernen mit Spielfilmen. In: 1968 – Vorgeschichte – Folgen. Bestandaufnahmen der österreichischen Zeitgeschichte. 7. Österreichischer Zeitgeschichtetag 2008. Hg. v. I. Böhler/E. Pfanzelter/Th. Spielbüchler/R. Steininger. Innsbruck – Wien 2010, 622–632.

Krammer, Reinhard/Kühberger, Christoph: Geschichte und Politische Bildung – ein Fächerverbund. In: Historische Sozialkunde 1/2009, 3–13.

Krammer, Reinhard/Christoph Kühberger: Fachspezifische Kompetenzorientierung in Schulbüchern. Hilfestellungen für Autorinnen und Autoren, Schulbuchverlage und Gutachterkommissionen. Geschichte und Sozialkunde/Politische Bildung. Salzburg – Wien 2011.

Krammer, Reinhard/Kühberger, Christoph/Windischbauer, Elfriede (Hg.): Geschichte und Politische Bildung. (= Historische Sozialkunde 1/2009). Wien 2009.

Krammer, Reinhard/Kühberger, Christoph/Windischbauer, Elfriede et al: Die in der politischen Bildung zu erwerbenden Kompetenzen. Ein Kompetenzstrukturmodell (im Auftrag des BMUKK). Wien 2008.

Kretschmann, Rudolf: Erfordernisse und Elemente einer Diagnostik-Ausbildung für Lehrerinnen und Lehrer. In: Journal für LehrerInnenbildung 2/2003, 9–19.

Krettenauer, Tobias: Die Erfassung des Entwicklungsniveaus epistemologischer Überzeugungen und das Problem der Übertragbarkeit von Interviewverfahren in standardisierte Fragebogenmethoden. In: Zeitschrift für Entwicklungspsychologie und Pädagogische Psychologie 37/2005, 69–79.

Kreuzer, Anselm C.: Filmmusik in Theorie und Praxis. Konstanz 2009.

Kreuzinger, Birgit/Maschke, Kathrin: Mediennutzung und die Gewaltbilligung, Gewaltbereitschaft und Gewalttätigkeit Nürnberger Schüler. In: Nürnberger Schüler-Studie 1994. Hg. v. W. Funk. Regensburg 1995, 223–258.

Krützen, Michaela: Dramaturgie des Films. Wie Hollywood erzählt. Frankfurt/Main 2004.

Krützen, Michaela: Filmanfänge. Was der Beginn eines Filmes über sein Ende verrät. In: Der Deutschunterricht 3/2005, 75–84.

Kübler, Hans-Dieter und Helga; Geschichte als Film – Film als Geschichte. In: Praxis Geschichte. Film-Geschichte-Unterricht 6/1992, 6–12.

Kübler, Hans-Dieter: Wissen. In: Handbuch Mediensozialisation. Hg. v. R. Vollbrecht/C. Wegener. Wiesbaden 2010, 306–315.

Kuchenbuch, Thomas: Filmanalyse. Theorien, Methoden, Kritik. Wien 2005.

Kühberger, Christoph: Le competenze disciplinari nel nuovo curricolo austriaco di storia ed educazione civica. In: mundus 1/2008a/2, 34–37.

Kühberger, Christoph: Rekonstruktionszeichnungen und historisches Lernen. Geschichtsdidaktische Reflexionen zu Chancen und Problemen. In: Archäologie Österreichs 1/2008b, 50–60.

Kühberger, Christoph: Kompetenzorientiertes historisches und politisches Lernen. Innsbruck – Wien 2009²a.

Kühberger, Christoph: Impulse zum Arbeiten mit „politischen Liedern" – ein Beispiel. In: Historische Sozialkunde 1/2009b, 38–41.

Kühberger, Christoph: Inventing the EU. Probleme, Kontexte und Wege. In: Inventing the EU. Zur De-Konstruktion von „fertiger Geschichten" über die EU in deutschen, polnischen und österreichischen Schulgeschichtsbüchern. Hg. v. Ch. Kühberger/D. Mellies. Schwalbach/Ts. 2009c, 8–17.

Kühberger, Christoph: Normative Triftigkeit von historischen Narrationen – Annäherungen über das Medium Schulbuch. In: Inventing the EU. Zur De-Konstruktion von „fertiger Geschichten" über die EU in deutschen, polnischen und österreichischen Schulgeschichtsbüchern. Hg. v. Ch. Kühberger/D. Mellies. Schwalbach/Ts. 2009d, 154–173.

Kühberger, Christoph: Diagnose als Herausforderung im Geschichtsunterricht. De-Konstruktion in der Schulpraxis. In: 1968 – Vorgeschichte – Folgen. Bestandaufnahmen der österreichischen Zeitgeschichte. 7. Österreichischer Zeitgeschichtetag 2008. Hg. v. I. Böhler/E. Pfanzelter/Th. Spielbüchler/R. Steininger. Innsbruck – Wien 2010a, 639–646.

Kühberger, Christoph: Vorhandene Vorstellungen von Schülern/innen als Ausgangspunkt. Zur Konzeption eines konstruktivistischen Wissenserwerbs im frühen politischen Lernen. In: Politische Bildung in der Volksschule. Hg. v. Ch. Kühberger/E. Windischbauer. Innsbruck – Wien 2010b, 43–59.

Kühberger, Christoph: Sich in Neuen Medien historisch orientieren? Historisches Denken als Teil gesellschaftlicher Partizipation. In: Erziehung und Unterricht 7-8/2011a, 717–724.

Kühberger, Christoph: Die Darstellung des Faschismus und Nationalsozialismus in deutschen, italienischen und österreichischen Schulbüchern. In: Italien, Österreich und die Bundesrepublik Deutschland in Europa – ein Dreiecksverhältnis in seinen wechselseitigen Beziehungen und Wahrnehmungen von 1945/49 bis zur Gegenwart. Hg. v. M. Gehler/M. Guiotto. Wien 2011b, 339–352.

Kühberger, Christoph: Aufgabenarchitektur für den kompetenzorientierten Geschichtsunterricht. In: Historische Sozialkunde 1/2011c, 3–17.

Kühberger, Christoph: Konzeptionelles Wissen als besondere Grundlage des historischen Lernens. In: Historisches Wissen. Geschichtsdidaktische Erkundungen zu Art, Tiefe und Umfang für das historische Lernen. Hg. v. Ch. Kühberger. Schwalbach/Ts. 2012a, 33–74.

Kühberger, Christoph: Neue Medien als Teil des Geschichtsunterrichts. In: Historische Sozialkunde 1/2012b, 31–40.

Kühberger, Christoph: Fachdidaktische Diagnostik im Politik- und Geschichtsunterricht. In: Informationen zur Politischen Bildung 35/2012c, 45–48.

Kühberger, Christoph/Mellis, Dirk (Hg.): Inventing the EU. Zur De-Konstruktion von „fertigen Geschichten" über die EU in deutschen, polnischen und österreichischen Schulgeschichtsbüchern. Schwalbach/Ts. 2009.

Kühberger, Christoph/Schmidt, Ernestine: Rekonstruktinonszeichnungen. In: Kompetenzorientierter Unterricht in Geschichte und Politischer Bildung. Diagnoseaufgaben mit Bildern. Hg. v. E. Windischbauer/H. Ammerer. Wien 2011, 71–73.

Kühberger, Christoph/Sedmak, Clemens: Aktuelle Tendenzen der historischen Armutsforschung. Eine Einleitung. In: Aktuelle Tendenzen der historischen Armutsforschung. Hg. v. Ch. Kühberger/C. Sedmak. Wien 2005, 3–11.

Kühberger, Christoph/Sedmak, Clemens: Ethik der Geschichtswissenschaft. Zur Einführung. Wien 2008.

Kühberger, Christoph/Windischbauer, Elfriede: Individualisierung und Differenzierung im Geschichtsunterricht. Offenes Lernen in Theorie und Praxis. Schwalbach/Ts. 2012.

Kutteroff, Albrecht/Behrens, Peter/König, Tina/Schmid, Thomas: JIM-Studie 2007. Jugend, Information, (Multi-)Media. Basisuntersuchung zum Medienumgang 12–19-Jähriger, Medienpädagogischer Forschungsverbund Südwest. – www.mpfs.de/fileadmin/JIM-pdf07/Jim-Studie2007.pdf (10.2.2011)

Landau, Diana: Gladiator. Die Entstehung des Epos von Ridley Scott. Nürnberg 2001.

Lange, Kristina: Historisches Bildverstehen oder Wie lernen Schüler mit Bildquellen? Ein Beitrag zur geschichtsdidaktischen Lehr-Lern-Forschung. Berlin 2011.

Langner, Frank: Diagnostik als Herausforderung für die Politikdidaktik. In: Domänenspezifische Diagnostik. Wissenschaftliche Beiträge für die politische Bildung. Hg. v. J. Schattschneider. Schwalbach/Ts. 2007, 58–70.

Lee, Peter: Understanding History. In: Theorizing Historical Consciousness. Hg. v. P. Seixas. Orinto 2004, 129–164.

Lee, Peter: History Education and historical literacy. In: Debates in History Teaching. Hg. v. I. Davis. London 2011, 63–72.

Lee, Peter/Ashby, Rosalyn: Progression in Historical Understanding among Students Ages 7–14, in: Stearns, Peter/Seixas, Peter/Wineburg, Sam (Hrsg.): Knowing, Teaching, and Learning History, New York 2000, 199–122.

Lee, Peter/Dickinson, Alaric/Ashby, Rosalyn: Researching Children's Ideas about History. In: Learning and Reasoning in History. Hg. v. J. F. Voss/M. Carretero. New York (1998) 2006, 227–251.

Leinhardt, Gaea: History. A Time to Be Mindful. In: Teaching and Leraning History. Hg. v. G. Leinhardt/I. L. Beck/C. Stainton. New York (1994) 2010, 209–255.

Leinhardt, Gaea: Lessons on Teaching and Leraning in History from Paul's Pen. In: Knowing, Teaching, and Learning History. National and International Perspectives. Hg. v. P. N. Stearns/P. Seixas/S. Wineburg. New York 2000, 223–245.

Lersch, Edgar/Vierhoff, Reinhold: Folgenlose Unterhaltung oder Kunstvoller Wissenstransfer? Geschichtsfernsehen. In: History sells! Hg. v. W. Hardtwig/A. Schug. Stuttgart 2009, 91–105.

Lersch, Edgar/Vierhoff, Reinhold: Geschichte im Fernsehen. Eine Untersuchung zur Entwicklung des Genres und der Gattungsästhetik geschichtlicher Darstellungen im Fernsehen. 1995–2003. Berlin 2007.

Lipski, Stephan: Über Arbeitsaufgaben und Arbeitsanweisungen in Schulgeschichtsbüchern der Sekundarstufe I. In: GWU 30/1979, 611–621.

Manfred Bönsch: Zeitgeschichte lernen mit Filmen. Die didaktische Effizienz unterschiedlicher Medien. In: Medien praktisch, 2/1992, 59–64.

Marci-Boehncke, Gudrun und Rath, Matthias: Jugend – Werte – Medien. Die Studie. Weinheim 2007.

Markus, Allan et al. (Hg.): Teaching history with film: strategies for secondary social studies. New York 2010.

Martens, Matthias: Geschichtsunterricht als Ort historischen Lernens. Wie gehen Schülerinnen und Schüler mit Darstellungen von Vergangenheit um. In: Orte historischen Lernens. Hg. v. S. Handro/B. Schönemann. Berlin 2008, 62–73.

Martens, Matthias: Implizites Wissen und kompetentes Handeln. Die empirische Rekonstruktion von Kompetenzen historischen Verstehens im Umgang mit Darstellungen von Geschichte. Göttingen 2010.

Mayring, Philipp: Qualitative Inhaltsanalyse. Grundlagen und Techniken. Weinheim 2003[8].

Mc Diarmid, G. Williamson: Understanding History for Teaching. A Study of the Historical Understanding of Prospective Teachers. In: Cognitive and Instructional Processes in history ans the Social Sciences. Hg. v. M. Carretero/J. F. Voss. New York (1994) 2009, 159–185.

Mc Keown, Margaret G./Beck, Isabel L.: Making Sense of Accounts f History. Why Young Students Don't and How They Might. In: Teaching and Learning in History. Hg. v. G. Leinhardt/I. L. Beck/C. Stainton. New York (1994) 2010, 1–26.

Medienpädagogischer Forschungsverbund (Hg.): JIM-Studie 2011. Jugend, Information, (Multi-)Media. Stuttgart 2011. – http://www.mpfs.de/fileadmin/JIM-pdf11/JIM2011.pdf (1.3.2013).

Medienpädagogischer Forschungsverbund Südwest: JIM 2010. Jugend, Information, (Multi-Media). Basisstudie zur Mediennutzung 12–19-jähriger in Deutschland. Stuttgart 2010.

Menninger, Annerose: Historienfilme als Geschichtsvermittler. Kolumbus und Amerika im populären Spielfilm. Stuttgart 2012.

Meyen, Michael/Pfaff, Senta: Rezeption von Geschichte im Fernsehen. In: Media Perspektiven 2/2006, 102–106.

Meyers, Peter: Film im Geschichtsunterricht. Realitätsprojektionen in deutschen Dokumentar- und Spielfilmen von der NS-Zeit bis zur Bundesrepublik. Geschichtsdidaktische und unterrichtspraktische Überlegungen. Frankfurt/Main 1998

Meyers, Peter: Film im Geschichtsunterricht. In: Geschichte in Wissenschaft und Unterricht 4/2001, 246–259.

Mikos, Lothar: Die Geschichte im Kopf des Zuschauers, strukturfunktionale Film- und Fernsehanalyse, Teil 2. In: Medien praktisch 4/1996, 57–62.

Mikos, Lothar: Film- und Fernsehanalyse. Konstanz 2003.

Mittnick, Philipp (Hg.): Die kompetenzorientierte Reifeprüfung aus „Geschichte und Sozialkunde/Politische Bildung" Richtlinien und Beispiele für Themenpool und Prüfungsaufgaben. Wien 2011.

Munaretto, Stefan: Wie analysiere ich einen Film? Hollfeld 2009².

Mürwald-Scheifinger, Elisabeth/Weber, Waltraud: Kompetenzorientierter Unterricht. Sekundarstufe I. Mathematik. In: Kompetenzorientierter Unterricht in Theorie und Praxis. Hg v. bifie. Graz 2011, 109–137.

Nebe, Karl: Mit Filmen im Unterricht arbeiten. In: Geschichte lernen 42/1994, 20–24.

Neuss, Norbert: Fallstudien in der medienpädagogischen Forschung. In: Qualitative Medienforschung. Hg. v. L. Mikos/C. Wegener. Konstanz 2005, 152–161.

Neitzel, Sönke: Geschichtsbilder und Fernsehen. Ansätze einer Wirkungsforschung. In: GWU 9/2010, 488–502.

Nitsche, Martin: Die narrative Triftigkeitsprüfung historischer Narrationen – geschichtstheoretische Überlegungen und ihre praktische Umsetzung. In: Inventing the EU. Zur De-Konstruktion von „fertiger Geschichten" über die EU in deutschen, polnischen und österreichischen Schulgeschichtsbüchern. Hg. v. Ch. Kühberger/D. Mellies. Schwalbach/Ts. 2008, 109–123.

Nörenberg, Britta: Filmgenres 2007–2009. Eine Auswertung zum Genreangebot in deutschen Kinos und zur Genrevielfalt deutscher Filme (FFA). Berlin 2010. – http://www.ffa.de/downloads/publikationen/Filmgenres_2007–2009.pdf (1.6.2013)

o.A.: Der doppelte Christopher. In: Der Spiegel 34/1992, 184–185. – http://www.spiegel.de/spiegel/print/d-13680840.html (12.8.2012).

Ohler, Peter: Kognitive Filmpsychologie. Verarbeitung und mentale Repräsentation narrativer Filme. Münster 1994.

Ostkamp, Ursula: Rezeptionslenkung im Film – Wahrnehmung und Wirkung filmsprachlicher Mittel, in: Der fremdsprachliche Unterricht Englisch, 2/3/2002, 74–83.

Paul, Gernhard: Einführung. Zeitgeschichte in Film und Fernsehen. In: Zeitgeschichte – Medien – Historische Bildung. Hg. v. S. Popp et al. Göttingen 2010, 193–200.

Pandel, Hans-Jürgen: Bild und Film. Ansätze zu einer Didaktik der „Bildgeschichte". In: Geschichtsbewusstsein und Methoden historischen Lernens. Hg. v. B. Schönemann et al. Weinheim 1998, 157–168.

Pandel, Hans-Jürgen: Dimensionen des Geschichtsbewußtseins. Ein Versuch, seine Struktur für Empirie und Pragmatik diskutierbar zu machen, in: Geschichtsdidaktik 12/1987, 130–142.

Pandel, Hans-Jürgen: Geschichtsunterricht nach PISA. Kompetenzen, Bildungsstandards und Kernkurricula. Schwalbach/Ts. 2005.

Paradies, Liane/Linser, Hans-Jürgen: Diagnostizieren, Fordern und Fördern. Berlin 2007.

Paschen, Joachim (Hrsg.): Geschichte im Film. In: Geschichte lernen 42/1994.

Peter Meyers: Film im Geschichtsunterricht. In: Geschichte in Wissenschaft und Unterricht, 4/2001, 246–259.

Praxis Geschichte 5/2006 (mit DVD).

Prommer, Elizabeth: Kinobesuch im Lebenslauf. Eine historische und medienbiographische Studie. Konstanz 1999.

Rabenalt, Peter: Filmdramaturgie. Berlin 1999.

Rasch, Björn/Friese, Malte/Hofmann, Wilhelm/Naumann, Ewald: Quantitative Methoden. Einführung in die Statistik für Psychologen und Sozialwissenschaftler (3.Aufl.). Berlin – Heidelberg 2010.

Rebhorn, Marlette: Screening America – using Hollywood films to teach history. New York 1998.

Reeken, Dietmar von: Arbeit mit Filmen. In: Handbuch Methoden im Sachunterricht. Hg. v. D. von Reeken. Baltmannsweiler 2003, 97–106.

Reinhardt, Sybille: Tagungsrückblick. In: Forschungstrends in der politischen Bildung. Beiträge zur Tagung „Politische Bildung" empirisch 2010. Zürich 2012, 143–148.

Reinhart, Sibylle/Richter, Dagmar: Politik-Methodik. Handbuch für die Sekundarstufe I und II. Berlin 2007.

Reisz, Karel/Millar, Gavin: Geschichte und Technik der Filmmontage. München 1988.

Röcker, Timo: „Deutschland – Österreich 0:1". In: Marci-Boehncke, Gudrun und Rath, Matthias: Jugend – Werte – Medien. Die Studie. Weinheim 2007, 156–202.

Rother, Rainer: Geschichte im Film, in: Handbuch der Geschichtsdidaktik. Hg. v. K. Bergmann et al. Seelze-Velber 1997, 681–687.

Ruf, Urs/Keller, Stefan/Winter, Felix (Hg.): Besser lernen im Dialog. Dialogisches Lernen in der Unterrichtspraxis. Seelze-Velber 2008.

Ruf, Urs: Das Dialogische Lernmodell vor dem Hintergrund wissenschaftlicher Theorien und Befunde. In: Besser lernen im Dialog. Dialogisches Lernen in der Unterrichtspraxis. Hg. v. U. Ruf/St. Keller/F. Winter. Seelze-Velber 2008, 233–270.

Rüsen, Jörn: Historische Vernunft. Göttingen 1983.

Rüsen, Jörn: Objektivität. In: Handbuch der Geschichtsdidaktik. Hg. v. K. Bergmann et al. Seelze-Velber 1997[5], 160–163.

Salt, Barry: Filmstyle and Technology. History and Analysis. London 1983.

Sander, Günther: Politikkompetenz. Eckpunkte eines Modells für LehrerInnen. In: Informationen zur Politischen Bildung 30/2009, 61–64.

Sander, Wolfgang: Die Welt im Kopf. Konstruktivistische Perspektiven zur Theorie des Lernens. In: kursiv 1/05, 44–59.

Sauer, Michael: Methodenkompetenz als Schlüsselkompetenz. In: Geschichte, Politik und ihre Didaktik 3/4/2002, 183–192.

Sauer, Michael: Geschichte unterrichten. Eine Einführung in die Didaktik und Methodik. Seelze-Velber 2006⁵.

Schillinger, Jens: Kronzeugen der Vergangenheit? Historische Spielfilme im Geschichtsunterricht. In: Praxis Geschichte 5/2006, 4–9.

Schneider, Gerhard: Filme. In: Handbuch Medien im Geschichtsunterricht. Hg. v. H.-J. Pandel/G. Schneider. Schwalbach/Ts. 1999, 365–386.

Schneider, Ludwig: Suchte Kolumbus eine neue Welt für Spaniens verfolgte Juden? In: Israel Jahrbuch 1992, 104–109.

Schramm, Holger/Wirth, Werner/Bilandzic, Helena (Hg.): Empirische Unterhaltungsforschung. Studien zu Rezeption und Wirkung von medialer Unterhaltung. München 2005.

Schreiber, Waltraud: Reflektiertes und (selbst-)reflexives Geschichtsbewusstsein durch Geschichtsunterricht fördern – ein vielschichtiges Forschungsfeld der Geschichtsdidaktik. In: Zeitschrift für Geschichtsdidaktik. Grundfragen – Forschungsergebnisse – Perspektiven. Jahresband 2002, 18–43.

Schreiber, Waltraud: Leitfaden und Bausteine zur De-Konstruktion „fertiger Geschichten" im Geschichtsunterricht. In: Geschichte denken statt pauken. Hg. v. Sächsische Akademie für Lehrerfortbildung Meißen. Meißen 2005, 217–225.

Schreiber, Waltraud: Kompetenzbereich historische Methodenkompetenz. In: Kompetenzen historischen Denkens. Ein Strukturmodell als Beitrag zur Kompetenzorientierung in der Geschichtsdidaktik. Hg. v. A. Körber/W. Schreiber/A. Schöner. Neuried 2007a, 194–235.

Schreiber, Waltraud: Kompetenzorientierung als Ziel. Inhalt und Methode der (Geschichts-)Lehrerausbildung. In: Kompetenzen historischen Denkens. Ein Strukturmodell als Beitrag zur Kompetenzorientierung in der Geschichtsdidaktik. Hg. v. A. Körber/W. Schreiber/A. Schöner. Neuried 2007b, 771–801.

Schreiber, Waltraud: In: Zeitgeschichte als Event. Erinnerungsarbeit und Geschichtsvermittlung im deutschen Fernsehfilm. Hg. v. A. Drews. Rehburg-Loccum 2008, 121–143.

Schreiber, Waltraud/Schöner, Alexander: Überlegungen zur Förderung des reflektierten und (selbst)reflexiven Umgangs mit Geschichte durch Schulbücher. In: Geschichte denken statt pauken. Hg. v. Sächsischen Akademie für Lehrerfortbildung Meißen. Meißen 2005, 301–313.

Schreiber, Waltraud/Wenzl, Anna (Hg.): Geschichte im Film. Beiträge zur Förderung historischer Kompetenz. Neuried 2006.

Schreiber, Waltraud/Körber, Andreas/Borries, Bodo von et al.: Historisches Denken. Ein Kompetenzstrukturmodell, Neuried 2006.

Schreiber, Waltraud/Körber, Andreas/Borries, Bodo von et al.: Historisches Denken. Ein Kompetenz-Strukturmodell. In: Kompetenzen historischen Denkens. Ein Strukturmodell als Beitrag zur Kompetenzorientierung in der Geschichtsdidaktik. Hg. v. A. Körber/W. Schreiber/A. Schöner. Neuried 2007, 17–53.

Schrötter, Christian/Zöller, Oliver: Geschichte verstehen. Qualitative Fernsehforschung zur Rezeption der Geschichtsreihe „100 Deutsche Jahre". In: Fersehforschung in Deutschland. Themen – Akteure – Methoden. Hg. v. W. Klingler/G. Roters/O. Zöllner. Baden-Baden 1998, 385–398.

Schulz, Werner: Methoden der Filmauswertung. Diskussionsmethoden, schriftliche und spielerische Methoden (2. Teil). In: Medien praktisch 2/1986, 21–23.

Schwan, Stephan: Filmverstehen und Alltagserfahrung. Wiesbaden 2001.

Schweiger, Wolfgang: Theorien der Mediennutzung. Eine Einführung. Wiesbaden 2007.

Sommer, Andreas: Geschichtsbilder und Spielfilme. Eine qualitative Analyse zur Kohärenz zwischen Geschichtsbild und historischem Spielfilm bei Geschichtsstudierenden. Berlin 2010.

Steinmetz, Rüdiger: Filme sehen lernen: Grundlagen der Filmästhetik. Frankfurt/Main 2005.

Stutterheim, Kerstin/Kaiser, Silke: Handbuch der Filmdramaturgie: Das Bauchgefühl und seine Ursachen. Frankfurt/Main 2009.

Suhrkamp, Carola: Teaching Films. Von der Filmanalyse zu handlungs- und prozessorientierten Formen der filmischen Textarbeit. In: Der fremdsprachliche Unterricht Englisch 68/2004, 2–11.

Süss, Daniel/Waller, Gregor/Häberli, Rebekka/Luchsinger, Selina/Sieber, Vanda/Suppinger Iria et al.: Der Zugang Jugendlicher zur Filmkultur. Schweizer Jugendliche im Umgang mit Medien, mit einem besonderen Fokus auf Film und Kino. Zürich 2008.

Süss, Daniel: Mediensozialisation von heranwachsenden. Dimensionen – Konstanten – Wandel. Wiesbaden 2004.

Szöllösi-Janze, Margit: „Aussuchen und abschießen" – der Heimatfilm der fünfziger Jahre als historische Quelle. In: GWU 44/1993, 308–321.

Taubinger, Wolfgang/Windischbauer, Elfriede: Das Thema *Aufgabenstellung* in einem kompetenzorientierten Unterricht im Fach Geschichte und Sozialkunde/Politische Bildung. In: Kompetenzorientiert Unterrichten im Fach Geschichte und Politische Bildung. Diagnoseaufgaben mit Bildern. Hg. v. H. Ammerer/E. Windischbauer. Wien 2011, 4–11.

Teuscher, Gerhard: Filmanalyse. In: Praxis Geschichte 5/2006, I–IV.

Thompson, Kristin: Neoformalistische Filmanalyse. Ein Ansatz, viele Methoden. In: montage/av 4/1995, 23–62.

Torney-Purta, Judith: Adolescents' Schemata of Society, Self and Others. An Approach to Conceptualizing and Mesuraing Adolescents' Understanding of Public Good. (Paper presented at symposium an Adolescents' Conceptions of the Publi and Private Good, Society for Research in Child Development, Kansas City, Missouri, April 1989) – zitiert nach http://www.eric.ed.gov/ERICDocs/data/ericdocs2sql/content_storage_01/0000019b/80/1f/8e/bc.pdf (20.3.2008)

Trautwein, Ulrich/Lüdtke, Oliver: Die Erfassung wissenschaftsbezogener Überzeugungen in der gymnasialen Oberstufe und im Studium. Validierung des Fragebogens zur Erfassung des Entwicklungsniveaus epistemologischer Überzeugungen (FREE). In: Pädagogische Psychologie 22/2008/3–4, 277–291.

Treumann, Klaus Peter/Meister, Dorothee M./Sander, Uwe/Burkatzki, Eckhardt/Hagedorn, Jörg/Kämmerer, Manuela et al.: Medienhandeln Jugendlicher. Mediennutzung und Medienkompetenz. Bielefelder Medienkompetenzmodell. Wiesbaden 2007.

Treumann, Klaus Peter: Triangulation. In: Qualitative Medienforschung. Ein Handbuch. Hg. v. L. Mikos/C. Wegener. Konstanz 2005, 209–221.

Trümner, Hartmut et al.: „Jud Süß" – Propagandafilm im NS-Staat. Handreichung für Schulen. Sekundarstufe I und II [Sonderausstellung im Haus der Geschichte Baden-Württemberg, 14.12.2007–3.8.2008]. Haus der Geschichte Baden-Württemberg. Stuttgart 2008.

Tschirner, Martina: Kompetenzerwerb im Geschichtsunterricht. In: Geschichte lernen 96/2003, 34–38.

van Norden, Jörg: Was machst du für Geschichten? Didaktik eines narrativen Konstruktivismus. Freiburg 2011.

Van Sledright, Bruce A.: The Challenge of Rethinking History Education. On Practices, Theories, and Policy. New York – London 2011.

Vatter, Sigfried: Wie aus schlechten gute Unterrichtsfilme werden. In: Geschichte Lernen 42/1994, 25–27.

Venzke, Andreas: Christoph Kolumbus. Hamburg 1992.

Venzke, Andreas: Der „Entdecker Amerikas". Aufstieg und Fall des Christoph Kolumbus. Zürich 1992.

Verband der Geschichtslehrer Deutschlands: Bildungsstandards Geschichte. Rahmenmodell Gymnasium. 5.–10. Jahrgangsstufe. Schwalbach/Ts. 2006.

Vogelsang, Waldemar: Asymmetrische Wahrnehmungsstile. Wie Jugendliche mit neuen Medien umgehen und warum Erwachsene sie so schwer verstehen. In: Zeitschrift für Soziologie der Erziehung und Sozialisation 20/2000/2, 181–202

Voss, James F./Wiley, Jennifer: Geschichtsverständnis. Wie Lernen im Fach Geschichte verbessert werden kann. In: Wege zum Können. Determinanten des Kompetenzerwerbs. Hg. v. H. Gruber/A. Renkl. Bern 1997, 74–90.

Voss, James F./Wiley, Jennifer/Kennet, Joel: Student Perception of History and Historical Concepts. In: Learning and Reasoning in History. Hg. v. J. F. Voss/M. Carretero (= International Review of Historical Education Vol. 2). London – New York 1998, 307–330.

Wagner, Ulrike (Hg.): Medienhandeln in Hauptschulmilieus – Mediale Interaktion und Produktion als Bildungsressource. München 2008.

Walberg, Hanne: Filmbildung an den Grenzen des Verstehens? Bildungstheoretische Überlegungen am Beispiel Jugend im Film. In: Jugendliche im Film – Filme für Jugendliche. Medienpädagogische, bildungstheoretische und didaktische Perspektiven. In: Jugendliche im Film. Filme für Jugendliche. Hg. v. H. Decke-Cornill/R. Luca. München 2007, 31–44.

Wallisch, Robert (Hg.): Kolumbus. Der erste Brief aus der Neuen Welt. Stuttgart 2000.

Wehen, Britta Almut: „Heute gucken wir einen Film". Eine Studie zum Einsatz von historischen Spielfilmen im Geschichtsunterricht. Oldenburg 2012.

Weinert, Franz E.: Vergleichende Leistungsmessung in Schulen – eine umstrittene Selbstverständlichkeit. In: Leistungsmessungen in Schulen. Hg. v. F. E. Weinert. Weinheim – Basel 2001, 17–31.

Weißeno, Georg: Nationale Bildungsstandards für Gemeinschaftskunde. Wohin geht die Bildungspolitik? In: Informationen für Geschichts- und Gemeinschaftskundelehrer 67/2004, 72–76.

Wenzel, Anna: Was macht einen Film zum Film? – „filmische Mittel" in Theorie und Praxis. In: Geschichte im Film. Beiträge zur Förderung historischer Kompetenz. Hg. v. W. Schreiber/A. Wenzel. Neuried 2006, 19–27.

Werner, Tilo: Holocaust-Spielfilme im Geschichtsunterricht: Schindlers Liste – Der Pianist – Drei Tage im April – Das Leben ist schön – Zug des Lebens. Norderstedt 2004.

Wildt, Michael: „Der Untergang". Ein Film inszeniert sich als Quelle. In: Alles authentisch? Popularisierung der Geschichte im Fernsehen. Hg. v. Th. Fischer/R. Wirtz. Konstanz 2008, 73–86.

Windischbauer, Elfriede: Leistungen kompetenzorientiert diagnostizieren anhand von Karikaturen. In: Kompetenzorientierter Unterricht in Geschichte und Politischer Bildung. Diagnoseaufgaben mit Bildern. Hg. v. H. Ammerer/E. Windischbauer. Wien 2011, 50–51.

Winter, Rainer: Filmanalyse in der Perspektive der Cultural Studies. In: Film- und Photoanalyse in der Erziehungswissenschaft. Hg. v. Y. Ehrenspeck/B. Schäffer. Opladen 2003, 151–164.

Wuss, Peter: Filmanalyse und Psychologie. Strukturen des Films im Wahrnehmungsprozeß. Berlin 1999.

Zemon Davies, Natalie: „Jede Ähnlichkeit mit lebenden oder toten Personen …". Der Film und die Herausforderung der Authentizität. In: Bilder schreiben Geschichte: Der Historiker im Kino. Hg. v. R. Rothe. Berlin 1991, 38–63.

Zimmermann, Martin: Der Historiker am Set. In: Alles authentisch? Popularisierung der Geschichte im Fernsehen. Hg. v. Th. Fischer/R. Wirtz. Konstanz 2008, 137–160.

Zubayr, Camille/Gerhard, Heinz: Tendenzen im Zuschauerverhalten. Fernsehgewohnheiten und Fernsehreichweiten im Jahr 2006. In: Media Perspektiven 4/2007, 187–199.

Zurstrassen, Bettina (Hg.): Was passiert im Klassenzimmer? Methoden zur Evaluation, Diagnostik und Erforschung des sozialwissenschaftlichen Unterrichtes. Schwalbach/Ts. 2011.

Zvi, Dor-Ner: Kolumbus. Und das Zeitalter der Entdeckungen. Köln 1991.

Zwölfer, Norbert: Filmische Quellen und Darstellungen, in: Geschichts-Didaktik. Praxishandbuch für die Sekundarstufe I und II. Hg. v. H. Günther-Arndt. Berlin, 2003, 125–136.

Zwölfer, Norbert: Vom Umgang mit Filmen im Geschichtsunterricht. Möglichkeiten und Grenzen der Auswertung von Filmen am Beispiel der Schulfernsehserie „Jugend unter Hitler". In: Geschichte. Denk- und Arbeitsfach. Hg. v. E. Wilms. Frankfurt/Main 1986, 132–153.

8. Anhang

8.1. Schriftliche Erhebung/Essayimpuls

Du hast einen Ausschnitt aus einem modernen Kinofilm gesehen.
Zeigt uns dieser Filmausschnitt, wie die Ankunft des Kolumbus 1492 stattgefunden hat? Schreibe *alle* deine Überlegungen dazu in mindestens 50 Wörtern auf!

Ergänze bitte die Angaben zu deiner Person:

Geschlecht	O weiblich O männlich
Alter	Geburtsmonat: Geburtsjahr:
Wie lange siehst du ungefähr pro Tag fern?	O gar nicht O weniger als 2 Stunden O mehr als 2 Stunden O mehr als 4 Stunden
Wie lange nutzt du pro Tag ungefähr das Internet?	O gar nicht O weniger als 2 Stunden O mehr als 2 Stunden O mehr als 4 Stunden
Wie oft gehst du ins Kino?	O nie O 1x pro Monat O 2–4x pro Monat O mehr als 4x pro Monat
Wie sehr magst du das Fach Geschichte?	O sehr gern O gern O ist mir egal O gar nicht

Die Forscher/innen, die diese Untersuchung durchführen, sichern dir zu, deine Anonymität zu wahren!
Herzlichen Dank für deine Mitarbeit!
Elfriede Windischbauer und Christoph Kühberger

8.2. Tiefeninterview Schüler/innen

1. Ich möchte dir nochmals die gleich Frage von vorhin stellen: Du hast vorhin einen Ausschnitt aus einem modernen Kinofilm gesehen. Zeigt uns dieser Filmausschnitt, wie die Ankunft des Kolumbus 1492 stattgefunden hat? [Hier auf alles Mögliche genau nachfragen]
2. Wie oft siehst du dir im Fernsehen oder im Internet Filme an?
3. Welche Filme magst du besonders?
4. Welche Filme mit historischem Inhalt kennst du?
5. Wie gefallen dir diese historischen Filme?
6. Wie können wir wissen, wie es damals war?
7. Als Columbus an Land springt, wird eine Zeitlupe eingesetzt. Was soll damit deiner Meinung nach bewirkt werden?
8. Der Filmausschnitt will auch Spannung erzeugen. Hast du Dinge erkannt, durch die eine besondere Spannung aufgebaut wird?
9. Ist dir Columbus in diesem Filmausschnitt eher sympathisch oder unsympathisch. Warum hast du diesen Eindruck?

Ergänze bitte die Angaben zu deiner Person:

Geschlecht	O weiblich O männlich
Alter	Geburtsmonat: Geburtsjahr:
Wie lange siehst du ungefähr pro Tag fern?	O gar nicht O weniger als 2 Stunden O mehr als 2 Stunden O mehr als 4 Stunden
Wie lange nutzt du pro Tag ungefähr das Internet?	O gar nicht O weniger als 2 Stunden O mehr als 2 Stunden O mehr als 4 Stunden
Wie oft gehst du ins Kino?	O nie O 1x pro Monat O 2–4x pro Monat O mehr als 4x pro Monat
Wie sehr magst du das Fach Geschichte?	O sehr gern O gern O ist mir egal O gar nicht

8.3. Tiefeninterview Lehrer/innen

1. Wie oft setzen Sie durchschnittlich Filme oder Filmausschnitte im Geschichtsunterricht in den ersten drei Lernjahren ein?
2. Welche Filme haben Sie im Geschichtsunterricht bereits eingesetzt?
3. Nach welchen Kriterien wählen Sie diese Filme/Filmausschnitte aus?
4. Was ist Ihnen beim Einsatz von Filmen/Filmausschnitten im Geschichtsunterricht besonders wichtig? Welche Ziele verfolgen Sie damit?
5. Welche Probleme sehen Sie beim Einsatz von Filmen/Filmausschnitten im Geschichtsunterricht?
6. Wie bereiten Sie den Einsatz eines Filmes/Filmausschnittes vor und nach?
7. Im Film „1492 – Die Eroberung des Paradieses" aus dem Jahr 1994 wird die Landung des Columbus in Amerika dargestellt. Wie würden Sie den gezeigten Ausschnitt einsetzen? Welches Ziel/welche Ziele würden Sie damit verfolgen?
8. Wie schätzen Sie Ihre SchülerInnen ein? Wieviel Prozent der Klasse werden erkennen, dass der Film nicht die Vergangenheit zeigen kann, sondern nur eine Darstellung/Inszenierung ist?
9. Welches Schulbuch haben Sie mit dieser Klasse verwendet? Verwenden Sie das Buch regelmäßig?
10. Welches andere Material zu Filmen haben Sie in dieser Klasse eingesetzt? [Falls es dies gibt – bitte kopieren!]

Ergänzen Sie bitte die Angaben zu Ihrer Person:

Geschlecht	O weiblich O männlich
Alter	
Wie lange sehen Sie ungefähr pro Tag fern?	O gar nicht O weniger als 2 Stunden O mehr als 2 Stunden O mehr als 4 Stunden
Wie lange nutzen Sie pro Tag ungefähr das Internet?	O gar nicht O weniger als 2 Stunden O mehr als 2 Stunden O mehr als 4 Stunden
Wie oft gehen Sie ins Kino?	O nie O 1x pro Monat O 2–4x pro Monat O mehr als 5x pro Monat

Die Forscher/innen, die diese Untersuchung durchführen, sichern Ihnen zu, Ihre Anonymität zu wahren!
Herzlichen Dank für Ihre Mitarbeit!
Elfriede Windischbauer und Christoph Kühberger

Abbildungsverzeichnis

Abb. 1.1. Wechselbeziehungen im Umgang mit Filmen über die Vergangenheit
Abb. 1.2. Teilaspekte der Matrix der Projektgruppe FUER-Geschichtsbewusstsein/Basisoperation De-Konstruktion

Abb. 3.1. Erhebungsaufbau
Abb. 3.2. Aufgabenstellung zur Abfassung der Essays durch die Schüler/innen
Abb. 3.3. Ebenen für die Auswertung der von den Proband/innen verwendeten Konzepte
Abb. 3.4. Exemplarischer Auswertungsraster
Abb. 3.5. Concept Mapping/Schüleressay Nr. 93 (2003)
Abb. 3.6. Concept Mapping/Schüleressay Nr. 20 (2007)

Abb. 4.1. Altersverteilung der Proband/innen
Abb. 4.2. Verteilung der Proband/innen auf die Schulen
Abb. 4.3. Fernsehkonsum der befragten Schüler/innen
Abb. 4.4. Internetkonsum der Schüler/innen
Abb. 4.5. Anzahl der Kinobesuche pro Monat
Abb. 4.6. Einstellung zum Unterrichtsfach „Geschichte und Sozialkunde/Politische Bildung"
Abb. 4.7. Überlegungen der Proband/innen zu der Frage, ob der Film die Vergangenheit zeigt
Abb. 4.8. Anzahl der verwendeten narrativen Konzepte
Abb. 4.9. Anzahl der verwendeten empirischen Konzepte
Abb. 4.10. Anzahl der verwendeten metareflexiven Konzepte
Abb. 4.11. Anzahl der verwendeten konzeptionellen Verbindungen
Abb. 4.12. Gesamtgrafik der Anzahl der verwendeten Konzepte/Verbindungen
Abb. 4.13. Zusammenhang zwischen der Filmfrage und der Anzahl der jeweiligen Konzepte
Abb. 4.14. Zusammenhang zwischen der Filmfrage und dem Medienkonsum
Abb. 4.15. Zusammenhang zwischen der Filmfrage und dem Medienkonsum getrennt nach Geschlechtern
Abb. 4.16. Einschätzung der Lehrer/innen zum Einsatz von Filmen im eigenen Geschichtsunterricht
Abb. 4.17. Einschätzung zum kritischen Einsatz im Geschichtsunterricht pro Klasse entlang der Lehrerinterviews
Abb. 4.18. Einschätzung pro Klasse durch die Lehrer/innen, welcher Anteil ihrer Schüler/innen erkennen, dass der Filmausschnitt nicht die Vergangenheit zeigt
Abb. 4.19. Ergebnisse der Schüleressays („Nein") und Einschätzung der Lehrperson pro Klasse

Abb. 4.20. Fortschritt im Geschichtsverständnis von Schüler/innen über historische Darstellungen und ihr Verhältnis zur Vergangenheit
Abb. 4.21. Typen von Geschichtsverständnisses bei Schüler/innen in der Unterscheidung zwischen Geschichte und Vergangenheit (7. Schulstufe/Sekundarstufe I)
Abb. 4.22. Häufigkeit der Typen im untersuchten Korpus
Abb. 4.23. Häufig eingebrachte empirische Konzepte
Abb. 4.24. Häufig eingebrachte narrative Konzepte
Abb. 4.25. Schüleressay Nr. 24
Abb. 4.26. Schüleressay Nr. 99
Abb. 4.27. Schüleressay Nr. 1

Abb. 5.1. Dimensionen der fachdidaktische Diagnostik
Abb. 5.2. Beispiele für „Übersetzungen"
Abb. 5.3. Auswertungsschema (exemplarische Auswertungskategorien)
Abb. 5.4. Vorschlag für die Erstellung eines Diagnoserasters „Kritisches Arbeiten mit Spielfilmen über die Vergangenheit"
Abb. 5.5. Beispielaufgaben für einen Test mit geschlossenen Aufgabenstellungen
Abb. 5.6. Beispielaufgaben für ein Testformat mit halboffenen Aufgabenstellungen
Abb. 5.7. Exemplarische Aufgabenstellung

Abb. 6.1. Beispiele für neure geschichtsbezogene Filme
Abb. 6.2. Die drei Zeitebenen der Filmanalyse
Abb. 6.3. Spektrum der Möglichkeiten der Filmanalyse
Abb. 6.4. Kategorien der akustischen Filmanalyse
Abb. 6.5. Einzelfunktionen von Filmmusik
Abb. 6.6. Verlaufsprotokoll zur Analyse des Einsatzes von Filmmusik/Geräuschen
Abb. 6.7. Sequenzenprotokoll mit 37 Einzelbildern von 50 Szenen des Filmausschnittes
Abb. 6.8. Sequenzenprotokoll mit 15 Einstellungen der 50 Szenen des Filmausschnittes
Abb. 6.9. Fragestellungen zur inneren Quellenkritik
Abb. 6.10. Fragestellungen zur äußeren Quellenkritik
Abb. 6.11. Auszug Bordbuch
Abb. 6.12. Begriffserklärungen zum Quellenausschnitt
Abb. 6.13. Raster zum Vergleich des Bordbuches mit den Filmszenen
Abb. 6.14. Mögliche Adjektive zur Charakteristik von Protagonist/innen
Abb. 6.15. Auswahl an gattungsspezifischen Kennzeichen von filmischen Darstellungen der Vergangenheit
Abb. 6.16. Ausgewählte Bausteine einer Dokumentation und eines Spielfilmes über die Vergangenheit
Abb. 6.17. Mögliche Bedeutungen der Bausteine in einer Dokumentation und in einem Spielfilm über die Vergangenheit

Autor/innen

Heinrich Ammerer, MMag. et Dr. phil., geb. 1979, unterrichtet gegenwärtig Geschichte und Sozialkunde/Politische Bildung am Christian-Doppler-Gymnasium Salzburg. Seit 2009 ist er Mitarbeiter an der Zentralen Arbeitsstelle für Geschichtsdidaktik und Politische Bildung. Er ist Schulbuchautor, publiziert u.a. zu geschichts- und politikdidaktischen Fragestellungen und ist in der LehrerInnenbildung tätig. Seine Arbeitsschwerpunkte liegen im Bereich der geschichts- und politikdidaktischen Unterrichtspragmatik sowie der empirischen Geschichtsbewusstseinsforschung.

Sibylle Kampl, Mag.^{a} phil., B.Ed., geb. 1968, Studium der Kunstgeschichte an der Universität Salzburg, Lehramt für Deutsch und Geschichte und Sozialkunde/Politische Bildung an der Pädagogischen Hochschule Salzburg. Freiberuflich tätig als Kunsthistorikerin, Kunst- und Kulturvermittlerin sowie Fremdenführerin. Landeslehrerin.

Reinhard Krammer, Ao. Univ. Prof. Mag. et Dr. phil., ist Geschichtsdidaktiker. Ab 2001 Leiter des Teilprojektes „Unterrichtsanalyse und Unterrichtsprofilierung" des Internationalen Projekts „FUER Geschichtsbewusstsein". 2004 Habilitation im Fach Geschichtsdidaktik. Von 1992 bis 2011 war er als Universitätsprofessor am Fachbereich Geschichte der Universität Salzburg tätig.

Christoph Kühberger, Priv. Doz. Mag. et Dr. phil. habil., geb. 1975, ist Privatdozent für „Neuere und Neueste Geschichte und ihre Didaktik" am Institut für Geschichte der Universität Hildesheim, derzeit Vizerektor für Sozial- und Gesellschaftswissenschaften an der Pädagogischen Hochschule Salzburg und Leiter des österreichischen Bundeszentrums für Gesellschaftliches Lernen. Seine Forschungsschwerpunkte liegen im Bereich der theoretischen und empirischen Geschichts- und Politikdidaktik, der Ethik und Erkenntnistheorie der Geschichtswissenschaft sowie in der Neue Kulturgeschichte. Projektleiter und -initiator.

Bianca Schartner, B.A. et M.A., geb. 1986, studierte an der Universität Salzburg in den Fachbereichen Pädagogik, Erziehungswissenschaften und Psychologie. Ihre Arbeitsschwerpunkte liegen im Bereich der empirische Sozialwissenschaft, Sozialpädagogik, Frauen- und Geschlechterforschung.

Elfriede Windischbauer, Prof.^{in} Mag.^{a} et Dr.^{in} phil., war Projektinitiatorin und Leiterin des Instituts für Didaktik und Unterrichtsentwicklung (Schwerpunkt Politische Bildung) an der Pädagogischen Hochschule Salzburg und Mitarbeiterin der Zentralen Arbeitsstelle für Geschichtsdidaktik und Politische Bildung (ZAG). Seit 2012 ist sie Rektorin der Pädagogischen Hochschule Salzburg. Ihre Forschungsschwerpunkte liegen im Bereich der kompetenzorientierten Geschichts- und Politikdidaktik.

Weitere Bände der Reihe „Österreichische Beiträge zur Geschichtsdidaktik. Geschichte – Sozialkunde – Politische Bildung"

herausgegeben von Reinhard Krammer und Christoph Kühberger

Heinrich Ammerer/Franz Fallend/Elfriede Windischbauer (Hrsg.)
Demokratiebildung
Annäherungen aus Fachwissenschaft und Fachdidaktik
Österreichische Beiträge zur Geschichtsdidaktik, Band 6
220 Seiten
€ 29.90, ISBN 978-3-7065-5171-7

Heinrich Ammerer/Reinhard Krammer/Ulrike Tanzer (Hrsg.)
Politisches Lernen
Der Beitrag der Unterrichtsfächer zur politischen Bildung
Österreichische Beiträge zur Geschichtsdidaktik, Band 5
400 Seiten, zahlreiche s/w-Abbildungen
€ 39.90, ISBN 978-3-7065-4988-2

Christoph Kühberger/Elfriede Windischbauer (Hrsg.)
Politische Bildung in der Volksschule
Annäherungen aus Theorie und Praxis
Österreichische Beiträge zur Geschichtsdidaktik, Band 4
284 Seiten, zahlr. Tabellen u. Übersichtstafeln
€ 29.90, ISBN 978-3-7065-4894-6

Christoph Kühberger/Elfriede Windischbauer (Hrsg.)
Jugend und politische Partizipation
Annäherung aus der Perspektive der Politischen Bildung
Österreichische Beiträge zur Geschichtsdidaktik, Band 3
160 Seiten, zahlreiche s/w-Abbildungen
€ 19.90, ISBN 978-3-7065-4703-1

Christoph Kühberger
Kompetenzorientiertes historisches und politisches Lernen
Methodische und didaktische Annäherungen für Geschichte, Sozialkunde und Politische Bildung
Österreichische Beiträge zur Geschichtsdidaktik, Band 2
164 Seiten, zahlr. Tabellen u. Übersichtstafeln
€ 19.90, ISBN 978-3-7065-4702-4

Reinhard Krammer
Intention und Prozess im Geschichtsunterricht
Der Einfluss externer Faktoren auf die Praxis an den deutschsprachigen Mittelschulen Österreichs 1849–1914
Österreichische Beiträge zur Geschichtsdidaktik, Band 1
352 Seiten
€ 39.90, ISBN 978-3-7065-4630-0

www.studienverlag.at